Elemente des Komischen in der Autobiographie Thomas Bernhards

Europäische Hochschulschriften
Publications Universitaires Européennes
European University Studies

Reihe I
Deutsche Sprache und Literatur

Série I   Series I
Langue et littérature allemandes
German Language and Literature

Bd./Vol. 1925

PETER LANG
Frankfurt am Main · Berlin · Bern · Bruxelles · New York · Oxford · Wien

Annelie Morneweg

Elemente des Komischen in der Autobiographie Thomas Bernhards

PETER LANG
Europäischer Verlag der Wissenschaften

Bibliografische Information Der Deutschen Bibliothek
Die Deutsche Bibliothek verzeichnet diese Publikation in der
Deutschen Nationalbibliografie; detaillierte bibliografische
Daten sind im Internet über <http://dnb.ddb.de> abrufbar.

Zugl.: Kassel, Univ., Diss., 2004

Gedruckt auf alterungsbeständigem,
säurefreiem Papier.

ISSN 0721-3301
ISBN 3-631-38015-1
© Peter Lang GmbH
Europäischer Verlag der Wissenschaften
Frankfurt am Main 2005
Alle Rechte vorbehalten.

Das Werk einschließlich aller seiner Teile ist urheberrechtlich geschützt. Jede Verwertung außerhalb der engen Grenzen des Urheberrechtsgesetzes ist ohne Zustimmung des Verlages unzulässig und strafbar. Das gilt insbesondere für Vervielfältigungen, Übersetzungen, Mikroverfilmungen und die Einspeicherung und Verarbeitung in elektronischen Systemen.

Printed in Germany 1 2 3 4 5 7

www.peterlang.de

Für Kurt

„Und wenn man meine Arbeiten aufmacht, ist es so: Man soll sich vorstellen, man ist *im Theater*, man macht mit der ersten Seite *einen Vorhang* auf, der Titel erscheint, totale Finsternis – Wörter, die langsam zu *Vorgängen äußerer und innerer Natur*, gerade wegen ihrer Künstlichkeit besonders deutlich zu einer solchen werden."
Thomas Bernhard, „Drei Tage", 1971.[1]

„*Innere* Vorgänge, die niemand sieht, sind das einzige Interessante an Literatur überhaupt. Alles Äußere kennt man ja. Das was *niemand* sieht, das hat einen Sinn aufzuschreiben."
Thomas Bernhard, 1986.[2]

„Nur kann man natürlich auch sagen, es ist ein *philosophisches Lachprogramm*."
Thomas Bernhard, 1981.[3]

„Komisch ist jedes Geschehnis, das unsere Aufmerksamkeit auf das Äußere einer Person lenkt, während es sich um ihr Inneres handelt."
Henri Bergson, 1900.[4]

„Wie gut, daß wir immer eine ironische Betrachtungsweise gehabt haben, so ernst uns immer alles gewesen ist. Wir, das bin ich."
Thomas Bernhard, „Der Keller", 1976, S. 113.

---

[1] Thomas Bernhard: Drei Tage. In: T. B.: Der Italiener. Salzburg 1971, S. 144 – 159; S. 151.
[2] Krista Fleischmann: Thomas Bernhard – Eine Begegnung. Gespräche mit Krista Fleischmann. Wien 1991, S. 274.
[3] Dies., S. 43.
[4] Henri Bergson: Das Lachen. Ein Essay über die Bedeutung des Komischen. Frankfurt/M. 1988, S. 40 [Paris 1900].

INHALT

1	**EINLEITUNG**	**11**
2	**DER EXISTENZ AUF DIE SPUR KOMMEN**	**19**
2.1	Probleme des Autobiographie-Begriffs	19
2.2	Autobiographie und autobiographische Substanz	33
2.3	Wahrheit und *Ver*fälschung	45
2.4	Ein philosophisches Lachprogramm	51
3	**THEORIEN DES KOMISCHEN UND DES LACHENS**	**61**
3.1	Allgemeine Bedingungen des Komischen	61
3.2	Wirkungsweisen des Komischen	68
4	**TODESDESBODEN SALZBURG**	**77**
4.1	Stadt und Existenzumstände	77
4.2	Triumph der Form über den Inhalt	81
4.3	Das Komische der Anmaßung und des Übermaßes	86
4.4	„Die Stadt" als Verletzungschiffre	92
5	**DAS HÖCHSTE ZUM EINSTURZ BRINGEN**	**101**
5.1	Katholizismus und Nationalsozialismus	103
5.2	Sogenannte Mediziner	113
5.3	Das Komische der Gleichsetzung und der Degradierung	119
6	**VERSTÜMMELUNGSMASCHINERIE**	**129**
6.1	Die Fahrrad-Episode	129
6.2	Erzeuger und Erzieher	142
6.3	Schule und Lehrer	153
6.4	Das Komische des Kontrastes	164
7	**SELBSTMORDGEDANKENZWECKE**	**169**
7.1	Selbstmordspekulationen	169
7.2	Das Komische der Wiederholung und der Übertreibung	172
7.3	Die anderen sterben, ich nicht	188

ZUSAMMENFASSUNG	201
SIGLEN	205
LITERATURVERZEICHNIS	207
NACHWORT	227

1 EINLEITUNG

„Tatsache ist, daß ich in einem gewissen Moment meines Lebens Neugier auf meine Kindheit verspürte. Ich sagte mir: ‚Ich habe nicht mehr so lange zu leben. Wieso nicht versuchen, mein Leben bis zum Alter von neunzehn aufzuschreiben? Nicht so, wie es in Wirklichkeit war – Objektivität gibt es nicht – sondern so, wie ich es heute sehe.'"[5]

Als Thomas Bernhard (1931 – 1989) in diesem Interview das Motiv zur Niederschrift der ersten neunzehn Jahre seiner Lebensgeschichte benannte und zugleich den Anspruch auf eine wahrheits- und wirklichkeitsgetreue Darstellung relativierte, lag seine fünfteilige Autobiographie – erschienen zwischen 1975 und 1982 – bereits komplett vor.[6] Darin versetzt sich der Autor um Jahrzehnte zurück in die Zeit seiner Kindheit und Jugend, die er als eine Periode quälender und angsteinflößender Begebenheiten und Empfindungen beschreibt.

Im ersten Band der analytisch konzipierten Pentalogie mit dem Titel „Die Ursache. Eine Andeutung" (1975) beschreibt Bernhard seine Internats- und Gymnasialschulzeit in Salzburg während des Zweiten Weltkrieges. Ein Jahr später (1976) wurde „Der Keller. Eine Entziehung" veröffentlicht. Im Mittelpunkt dieses Bandes stehen Bernhards Schulabbruch und seine Lehrzeit in einem Lebensmittelgeschäft. Im 1978 veröffentlichten dritten Band „Der Atem. Eine Entscheidung" berichtet Bernhard über den Beginn seiner lebensbedrohenden Lungenkrankheit, erste Klinikaufenthalte des noch nicht Achtzehnjährigen und den

---

[5] Jean-Louis de Rambures: Ich behaupte nicht, mit der Welt gehe es schlechter. Aus einem Gespräch mit dem Schriftsteller Thomas Bernhard. Interview für „Le Monde". Übersetzt von Andres Müry, genehmigt von Thomas Bernhard. In: Frankfurter Allgemeine Zeitung v. 24. 2. 1983, Nr. 46.

[6] Es handelt sich um die Bände: Die Ursache. Eine Andeutung. Salzburg 1975 (München 1977); Der Keller. Eine Entziehung. Salzburg 1976 (München 1979); Der Atem. Eine Entscheidung. Salzburg und Wien 1978 (München, 7. Aufl. 1990); Die Kälte. Eine Isolation. Salzburg und Wien 1981 (München, 3. Aufl. 1987); Ein Kind. Salzburg und Wien 1982 (München, 6. Aufl. 1990).
Die Ortsangaben Salzburg und Wien beziehen sich auf die Erstausgabe der Bücher. Die in Klammern gesetzte Ortsangabe München kennzeichnet die Taschenbuchausgabe der Autobiographie, aus der in dieser Arbeit zitiert wird.
Zitate aus der Autobiographie werden im laufenden Text der Untersuchung mit Siglen und Seitenzahl in Klammern angegeben; Zitate aus Bernhards fiktionalem Werk werden entweder im Text mit Siglen und Seitenzahl oder als Fußnote angegeben. Seitenzahlen beziehen sich auf die Ausgabe, aus der zitiert wird; bei der Ersterwähnung von Bernhards oder historischen Texten steht das Erscheinungsjahr in eckigen Klammern.
Hervorhebungen in Zitaten sind, wenn ich nichts anderes angegeben, Bestandteile der Fundstellen.

Tod seines Großvaters, des einzigen Menschen, von dem er sich geliebt fühlte. „Die Kälte. Eine Isolation" (1981) setzt die Krankengeschichte in einer Lungenheilstätte fort, in der Bernhard wegen offener Tuberkulose behandelt wird. In dieser Zeit stirbt seine Mutter an Krebs. Im fünften und letzten Band „Ein Kind" (1982) greift der Autor zeitlich in die bisher ausgespart gebliebenen ersten Lebensjahre zurück und berichtet über seine Kindheit, über das problematische Verhältnis zu seiner Mutter und die Prägung durch den Großvater sowie über seine erste Schulzeit.

In seiner Kindheit und Jugend fühlte sich Bernhard ungewollt und ungeliebt, vor allem von seiner Mutter, die in ihm den „Zerstörer" (EK 38) ihres Glücks sah, unverstanden von Lehrern und Erziehern, gedemütigt wegen seiner ärmlichen Verhältnisse; und er litt darunter, ein uneheliches Kind zu sein, das seinen Vater nie kennengelernt hat. „Wenn ich nur sterben könnte!" war lange Zeit sein „ununterbrochener Gedanke" (EK 114). Aber weil er ein „Feigling" (EK 114) war – so Bernhards Begründung – scheiterte schon der erste, etwa mit acht Jahren verübte Selbstmordversuch, mit dem er seinem unerträglichen Dasein zu entkommen suchte. Aber er „mußte weiterleben, obwohl es [...] unmöglich erschien" (EK 114).

Einen so ernsten Stoff zum Gegenstand einer Untersuchung über Elemente des Komischen zu wählen, mag als Widerspruch erscheinen.[7] Doch ist der Anlaß zu der vorliegenden Untersuchung weder Bernhards real gelebtes Leben oder die Interdependenz zwischen seinem Leben und Werk,[8] noch geht es darum, mögliche Unstimmigkeiten zwischen biographischen (nachprüfbaren) Ereignissen und Schilderungen in der Autobiographie aufzudecken.[9] Vielmehr wird die Autobiographie als autonomes sprachliches und literarisches Kunstwerk mit eigener Wirklichkeit respektiert, wobei das Hauptinteresse der Darstellungs*form* gilt –

---

[7] Vgl. Johannes Volkelt, der als gemeinsames Moment von Tragischem und Komischem deren „Konflikthaltigkeit" nennt. J. V.: System der Ästhetik, Bd. II. München, 2. Aufl. 1925, S. 354. Bes. Kap. 16: Das Komische in seinen allgemeinen Zuegen.

[8] Eine frühe Arbeit hierzu liegt von Urs Bugmann vor. U. B.: Bewältigungsversuch. Thomas Bernhards autobiographische Schriften. Bern, Frankfurt/M., Las Vegas 1981 (=Europäische Hochschulschriften, R. 1, Bd. 435). Hierzu auch zwei neuere Biographien: Joachim Hoell: Thomas Bernhard. München 2000 (hrsg. v. Martin Sulzer-Reichel; dtv portrait). Gitta Honegger: Thomas Bernhard. „Was ist das für ein Narr?" München 2003 [Originaltitel: The Making of an Austrian: Yale University 2001].

[9] Vgl. Louis Huguet: Chronologie. Johannes Freumbichler, Thomas Bernhard (hrsg. v. Hans Höller). Wien, Linz, Weitra 1995.
Carolin Markolin: Die Großväter sind die Lehrer. Johannes Freumbichler und sein Enkel Thomas Bernhard. Salzburg 1988.

einer Form, die die Fragestellung direkt herausfordert und das Vorhaben der Untersuchung legitimiert: Denn hauptsächlich zur Schilderung unerträglicher Situationen, in denen sich das Kind und der Heranwachsende hilflos und ausgeliefert fühlte, und in denen zur Zeit des Geschehens keine Möglichkeit einer effektiven Gegenwehr bestand, verwendet Bernhard sprachliche Elemente, die sich auf Theoreme zur Wahrnehmung oder Konstituierung des Komischen zurückführen lassen.

Diese in einem traditionell ernsthaften Genre irritierende Darbietung exponiert sich sowohl auf syntaktischer als auch auf semantischer Ebene – im weitesten Sinn als sprachliche Deviation in Gestalt befremdender, unangemessener, dem erzählten Geschehen zuwiderlaufend erscheinender rhetorischer Figuren, Wort- und Textkonstruktionen. Im wesentlichen arrangiert Bernhard sie als Wiederholung und Variation nur weniger Sprachelemente, die in ihrer exzessiven Verwendung in der theoretischen Komik-Diskussion als probate Mittel zur Komisierung von Vorgängen und Sachverhalten genannt werden.

Angesichts der vom jungen Bernhard nicht als komisch, sondern im Gegenteil als erniedrigend und schmerzvoll erlebten Geschehnisse stellt sich die Frage nach der vom Autor beabsichtigten Funktion dieser artifiziellen Komisierung, die ja entscheidende Auswirkungen hat im Kommunikationsverhältnis zwischen Autor, Text und Leser.[10]

---

[10] Mit Hinweis auf die in den 60er Jahren des vergangenen Jahrhunderts entwickelte neuere Rezeptionsforschung betont Jürgen Schutte die „besondere Form der Kommunikation" im Lesevorgang. Da Texte auf Wirkung angelegt seien, sei ihnen „also bereits eine die Rezeption lenkende Funktion eingeschrieben." J. Sch.: Einführung in die Literaturinterpretation. Stuttgart 1990; S. 156 u. 157 (Zum Verhältnis Text – Leser – Wirklichkeit bes. Kap. 4.1: Der literarische Text als Rezeptionsvorgabe, S. 156 – 166).
Bereits vor dreißig Jahren hat Wolfgang Iser in seinen rezeptionsästhetischen Studien (W. I.: Die Appellstruktur der Texte. Unbestimmtheit als Wirkungsbedingung literarischer Prosa. Konstanz, 3. Aufl. 1972 [1970]; W. I.: Der Akt des Lesens. Theorie ästhetischer Wirkung. München, 2. Aufl. 1984 [1976]) auf das Interaktionsverhältnis zwischen Autor, Text und Leser aufmerksam gemacht: Neben dem Autor als Produzenten des Textes falle dem Leser als des Mitproduzenten und Aktualisierers dieses Textes jeweils neu im jeweiligen Leseakt zu. In einem neueren Beitrag zur Autobiographienforschung betont Birgit Nübel, daß der „(auto-)biographische Diskurs [...] den textproduzierenden und –rezipierenden Kommunikationspolen nicht allein die Möglichkeit der Identitätskonstitution über das Erzählen und Lesen von Lebensgeschichten [biete], sondern auch eine Einübung in den Modus der Selbstdistanzierung." B. N.: Autobiographische Kommunikationsmedien um 1800. Studien zu Rousseau, Wieland, Herder und Moritz. Tübingen 1994 (=Studien zur deutschen Literatur, Bd. 136, hrsg. v. Wilfried Barner, Richard Brinkmann u. Conrad Wiedemann), S. 28.

Aufschluß darüber könnte der „Fundamentalsatz der Bernhardschen Ästhetik"[11] geben, in dem Bernhard seine Kunstkonzeption erklärt. Wegen der Relevanz der poetologischen Aussage für die ästhetische Formgebung der Autobiographie und der von Bernhard vorgegebenen Lesehaltung wird das Zitat, auf das im folgenden häufig zurückgegriffen wird, ausführlich wiedergegeben.

>„In meinen Büchern ist alles *künstlich*, das heißt, alle Figuren, Ereignisse, Vorkommnisse spielen sich auf einer Bühne ab, und der *Bühnen*raum ist total finster. Auftretende Figuren auf einem *Bühnen*raum, in einem *Bühnen*viereck, sind durch ihre Konturen deutlicher zu erkennen, als wenn sie in der *natürlichen* Beleuchtung erscheinen wie in der üblichen uns bekannten Prosa. In der Finsternis wird alles deutlich. Und so ist es nicht nur mit den Erscheinungen, mit dem Bildhaften – es ist auch mit der Sprache *so*. Man muß sich die Seiten in den Büchern *vollkommen finster* vorstellen: Das Wort leuchtet auf, dadurch bekommt es seine *Deutlichkeit* oder *Überdeutlichkeit*. Es ist ein Kunst*mittel*, das ich von Anfang an angewendet habe. Und wenn man meine Arbeiten aufmacht, ist es so: Man soll sich vorstellen, man ist *im Theater*, man macht mit der ersten Seite *einen Vorhang* auf, der Titel erscheint, totale Finsternis – langsam kommen aus dem Hintergrund, aus der Finsternis heraus, Wörter, die langsam zu *Vorgängen äußerer und innerer Natur*, gerade wegen ihrer Künstlichkeit besonders deutlich zu einer solchen werden" (DT 150 u. 151).[12]

Mit der dogmatischen Präferenz für die morphologische Auffälligkeit des Wortes nimmt Bernhard maßgeblich Einfluß auf den Rezeptionsvorgang geschriebener Sprache: Während in der praktizierten Worterfassung während des Lesens das binäre Sprachzeichen visuell und intellektuell ganzheitlich wahrgenommen wird, erzwingt die „Künstlichkeit" der Bernhardschen Wortpräsentation zuerst die ungeteilte Aufmerksamkeit auf den materiellen Wortkörper; danach erst er-

---

[11] Wendelin Schmidt-Dengler: Bernhards Scheltreden. Um- und Abwege der Bernhard-Rezeption. In: W. Sch.-D.: Der Übertreibungskünstler. Studien zu Thomas Bernhard. Wien, 3. Aufl. 1997, S. 129 – 147; S. 129. (Künftig: Schmidt-Dengler, Scheltreden)

[12] Wenn im folgenden die Begriffe „Wörter" bzw. „Wort" unspezifiziert verwendet werden, so geschieht dies immer in Anlehnung an Bernhards oben wiedergegebenes Prinzip des exponierten Vorzugs der Wort-Gestalt. Dies gilt sowohl für das einzelne Sprachzeichen wie auch für Zeichenverknüpfungen zu Satzteilen, Sätzen oder auch Textsegmenten. Eine explizite Differenzierung wird immer dann vorgenommen, wenn es die Analyse erfordert.
In diesem Zusammenhang sei auf das bekannte Kuriosum hingewiesen, daß es in der Linguistik bisher keine einheitliche Definition des Wort-Begriffs gibt: „Soviele Linguisten es gibt, soviele Wortdefinitionen scheint es zu geben." Karl-Dieter Bünting: Einführung in die Linguistik. Königstein/Ts., 11. Aufl. 1984, S. 94.
Vgl. auch Hans Otto Spillmann: Einführung in die germanistische Linguistik. Kassel 2000 (=Germanistische Fernstudieneinheit 5, hrsg. v. Britta Hufeisen u. Volker Kilian), S. 91 ff.

folgt ein verzögertes und sukzessives Erfassen der Wortbedeutung, die dann aber – nach Bernhards Intention – „besonders deutlich" (DT 151) erkannt werden könne. Der von Bernhard aus ästhetischer Sicht postulierten rezeptionssteuernden Eigenschaft der Form-Exponiertheit und der daraus resultierenden Rezeptions-Reaktion hat sich aus philosophischem Interesse Henri Bergson in seiner berühmten Studie über das Lachen gewidmet.[13] Nach Bergsons Erkenntnis wirken auffällige Formen (u. a. des Wortes, des menschlichen Habitus) durch ihr Anders-Sein als das Gewohnte und als normal Erachtete provozierend auf den Beobachter dieser Erscheinung. Diesen hier vorerst sehr vereinfacht dargestellten Vorgang ermittelt Bergson als Ausgangssituation für etwas, das „den Eindruck des Komischen"[14] evoziert. Im vielschichtigen Prozeß des komischen Vorgangs (der nur im Zusammenspiel von dem als normabweichend, als komisch Eingestuftem und demjenigen, der dies so bewertet, erfolgen kann) sei der Beobachter bestrebt, den Normverstoß zu korrigieren, um die gewohnte Ordnung wieder herzustellen. Deshalb belege er das Komikerzeugende mit der Sanktion des Lächerlich-Machens durch Auslachen. Weil die Situation des Ausgelacht-Werdens für den Ausgelachten aber immer mit einer gewissen Demütigung verbunden sei, interpretiert Bergson das Lachen als Kritik und Bestrafung des Normverstoßes und als „wahre soziale Züchtigung."[15]

Da in Bernhards Poetik der Künstlichkeit ähnliche oder gleiche Ingredienzien wie im Phänomen des Komischen eine entscheidende Rolle spielen, liegt es nahe, anzunehmen, daß es Analogien gibt zwischen Bernhards Verfahrensweise und den in den Theorien des Komischen und des Lachens ermittelten Befunden bezüglich der Erzeugung, Funktion und Wirkung des Komischen.
Bernhard spielt selbst in einem Interview auf die Nähe seines Schreibens zum Komischen bzw. zum Lachen an. Er habe

> „ja *immer* schon Material zum Lachen geliefert. Das ist eigentlich alle Augenblick' hellauf zum Lachen [...]. Das sagt nicht, daß ich nicht auch ernste Sätze geschrieben hab', zwischendurch, damit die Lachsätze zusammengehalten werden. Das ist der Kitt. Das Ernste ist der Kitt für das Lachprogramm. Nur kann man natürlich auch sagen, es ist ein *philosophisches Lachprogramm* [...]."[16]

---

[13] Henri Bergson: Das Lachen. Ein Essay über die Bedeutung des Komischen. Frankfurt/M. 1988 [Paris 1900].
[14] Ders., S. 40 u. ff.
[15] Ders., S. 90.
[16] Krista Fleischmann: Thomas Bernhard – Eine Begegnung. Gespräche mit Krista Fleischmann. Wien 1991, S. 43.

Wenn sich Bernhard darüber wundert, daß sein „Lachprogramm" nicht als solches erkannt wird, muß das nicht nur daran liegen, daß, wie er vermutet, „die Leut' keinen Humor"[17] haben, sondern ein Grund dafür könnte auch in dem über Jahrzehnte konsensfähig gewordenen „Rezeptionsfilter" vermutet werden, der sich „zwischen Bernhards Werk und die Leser gelegt hat",[18] und durch den Bernhard als „der deutschen Literatur düsterster Poet und bitterster Prophet"[19] gesehen wird.

Die vorliegende Untersuchung wendet sich der in der Forschungsliteratur weniger populär gewordenen Seite des Bernhardschen „philosophischen Lachprogramms" in seiner Autobiographie zu. Sie ist ein Versuch, „jenen Sog und jene Suggestion" der Texte, „über die Bernhard-Leser ins Schwärmen geraten und süchtig werden",[20] aus einem anderen und bisher vernachlässigten Blickwinkel zu erfassen.

Den Überlegungen liegen folgende Thesen zugrunde:
1. Bernhard setzt in seiner Autobiographie Elemente des Komischen rezeptionssteuernd ein gemäß seines poetologischen Prinzips der forcierten Aufmerksamkeitslenkung des Rezipienten auf die Künstlichkeit der Darstellungsform.
2. Die pragmatische Funktion der von Bernhard exponiert placierten sprachlichen Elemente entspricht der dem Komischen immanenten Eigenschaft zielgerichteter Kritik durch Lächerlichmachen.
3. Diese Form der Sprachanwendung erweist sich als kontextgebundenes ästhetisches Medium des Widerstands, durch das Bernhard in intendierter Solidarität mit dem Leser die Verursacher seiner leidvollen Kindheits- und Jugenderfahrungen sozialer Ächtung aussetzt.

Es wird folgendermaßen vorgegangen:
Zunächst wird in Kapitel 2 die Rezeptionsliteratur zu Bernhards Prosa gesichtet. Dabei beschränke ich mich im wesentlichen auf Aspekte, die Berührungspunkte zum Thema der Untersuchung aufweisen. Da Bernhards Autobiographie in der Forschungsdebatte selbst wegen ihres Gattungsstatus unterschiedlich bewertet

---

[17] Ebd.
[18] Martin Huber: „Möglichkeitsfetzen von Erinnerung". Zur Rezeption von Thomas Bernhards autobiographischer Pentalogie. In: Wolfram Bayer (Hrsg.): Kontinent Bernhard. Zur Thomas-Bernhard-Rezeption in Europa. Wien, Köln, Weimar 1995, S. 44 – 57; S. 44.
[19] Marcel Reich-Ranicki: Thomas Bernhard. Aufsätze und Reden. Zürich 1990, S. 45. (Künftig: Reich-Ranicki, Aufsätze)
[20] Jochen Hieber: Thomas Bernhard. In: Die großen Deutschen unserer Epoche (hrsg. v. Lothar Gall). Frankfurt/M. 1995, S. 554 – 567; S. 566.

wird, sollen zuerst (in 2.1) Probleme des Autobiographie-Begriffs diskutiert und eine definitorische Eingrenzung vorgenommen werden. Abschnitt 2.2 erörtert Fragen, die nach Erscheinen der Autobiographie im Zusammenhang mit der autobiographischen Substanz in Bernhards fiktionaler Prosa gestellt werden. Probleme des theoretischen Autobiographie-Diskurses zum Authentizitäts- und Wahrheitsgehalt der Autobiographie kommen in Abschnitt 2.3 zur Sprache. Im Mittelpunkt von Abschnitt 2.4 stehen Äußerungen der Literaturkritik, in denen das Komische bei Bernhard angesprochen wird.

In einer Untersuchung des Komischen in Bernhards Autobiographie kann nicht darauf verzichtet werden, zumindest ansatzweise einen Überblick über Erkenntnisse aus der Theorie-Diskussion über die Phänomene des Komischen und des Lachens zu geben. Deshalb werden in Kapitel 3 diejenigen Problemstellungen und Befunde skizziert und kommentiert, die zum Verständnis des spezifischen Anliegens dieser Arbeit beitragen.

Um in den folgenden Analyse-Kapiteln (Kap. 4 – 7) die Beziehung sprachlicher Elemente des Komischen zum Ernst des Geschilderten ermitteln zu können, wird folgende Verfahrensweise gewählt: Aus den fünf Bänden der Autobiographie werden repräsentative Textpassagen aus dominierenden Themenkomplexen ausgewählt. Dies sind Familie, Schule, Lehre, Kirche, Staat, Krankheit und Selbstmordgedanken. Diese Teiltexte werden auf ihre faktischen Gestaltungsmittel geprüft, je nach besonderer Ausprägung auf Wort- oder Satzebene, über die Satzebene hinausgehend und jeweils unter Einbeziehung des Kontextes und des Kotextes. Sodann werden die isolierten Wörter, Satzsegmente, Sätze und Teiltexte auf der Grundlage von theoretischen Aussagen über das Komische nach Maßgabe ihres Potentials an komischen Elementen evaluiert, um Aussagen über die Funktion des Komischen in der Autobiographie erbringen zu können, nicht nur im jeweilig untersuchten Segment, sondern auch in der Auswirkung auf den Textsinn und somit auf die gesamte Autobiographie.

Um auf Parallelen der Gestaltung in Bernhards übrigem Werk aufmerksam zu machen, werden signifikante Passagen aus der fiktionalen Prosa oder den dramatischen Texten exemplarisch angeführt.

Die Kapitelüberschriften akzentuieren die in der Autobiographie dominierenden Themenkomplexe. Da sie in ihrer Gesamtheit Kritikpunkte von Bernhard sind, erfüllen sie neben ihrem Übersichts- und Ordnungsaspekt auch einen methodischen Zweck: Sie entstammen dem in der Autobiographie von Bernhard benutzten Vokabular und werden als komprimierte inhaltliche Aussagen des im jeweiligen Kapitel behandelten Gegenstands aufgefaßt.

Die hier gewählte Arbeitsweise ist weder der Chronologie der in der Autobiographie geschilderten Ereignisse noch der Reihenfolge der erschienenen Bücher verpflichtet, da es das vordringliche Bemühen der Untersuchung ist, markante Aspekte der Bernhardschen Sprachverwendung zu analysieren und zu bewerten sowie zu prüfen, ob sich auf Strukturmerkmale schließen läßt, die der gesamten Pentalogie zugrunde liegen. Daß es sich bei diesem Verfahren um keine restlos objektive oder objektivierbare Selektion und Wertung handeln kann, sondern daß es eine gewisse Subjektivität sogar voraussetzt und erfordert, ist dem subjektiven und relativen Charakter des Komischen geschuldet, das seine Ausprägung weitgehend erst durch die individuelle ästhetische Empfindung des Rezipienten erfährt, sich also unmittelbarer objektiver Kontrolle zwangsläufig entziehen muß.

2 DER EXISTENZ AUF DIE SPUR KOMMEN

2.1 Probleme des Autobiographie-Begriffs

Sieht man sich die Titel von Darstellungen, Aufsätzen und Rezensionen zur Autobiographie Thomas Bernhards an, fällt auf, daß anstelle des gattungsbezeichnenden Ausdrucks *Autobiographie* häufig auf Umschreibungen zurückgegriffen wird. Beispielsweise sprechen Urs Bugmann und Gerhard vom Hofe von „autobiographischen Schriften",[21] Christa Bürger von „autobiographischen Fragmenten"[22] und Martin Huber von Bernhards „autobiographischer Pentalogie".[23] In Reinhard Tschapkes Untertitel heißt es „Jugenderinnerungen",[24] und in Johann Strutz' Aufsatz geht es um das „Autobiographienwerk von Thomas Bernhard".[25] Innerhalb der Arbeiten wechseln die Formulierungen: Helmut Gross benutzt als „Quelle" seines Aufsatzes über Bernhard dessen „autobiographische[ ] Schriften",[26] die er ihrer „künstlerische[n] Gestaltungen" wegen als „gedichtete Biographien"[27] bezeichnet. Alexander Honold wechselt zwischen „fünf autobiographisch grundierten Erzählungen",[28] autobiographische[n] Fiktionen"[29] bzw. den „fünf Bände[n] der Bernhardschen Kindheits- und Jugendjahre".[30] Suitbert

---

[21] Urs Bugmann: Bewältigungsversuch. Thomas Bernhards autobiographische Schriften (a.a.O.).
Gerhard vom Hofe: Ecce Lazarus. Autor-Existenz und ‚Privat'-Metaphysik in Thomas Bernhards autobiographischen Schriften. In: Duitse kroniek (Den Haag), Jg. 32, H. 4, 1982, S. 18 – 36.

[22] Christa Bürger: Schreiben als Lebensnotwendigkeit. Zu den autobiographischen Fragmenten Thomas Bernhards. In: Alexander von Bormann (Hrsg.): Sehnsuchtsangst. Zur österreichischen Literatur der Gegenwart, Bd. 21, Amsterdam 1987, S. 43 – 64.

[23] Martin Huber (a.a.O.).

[24] Reinhard Tschapke: Hölle und zurück. Das Initiationsthema in den Jugenderinnerungen Thomas Bernhards. Hildesheim, Zürich, New York 1984 (=Germanistische Texte und Studien, Bd. 22).

[25] Johann Strutz: „Wir, das bin ich". – Folgerungen zum Autobiographienwerk von Thomas Bernhard. In: In Sachen Thomas Bernhard (hrsg. v. Kurt Bartsch, Dietmar Goltschnigg, Gerhard Melzer). Königstein/Ts. 1983, S. 179 – 198.

[26] Helmut Gross: Biographischer Hintergrund von Thomas Bernhards Wahrheitsrigorismus. In: Text und Kritik (hrsg. v. Heinz Ludwig Arnold), H. 43. München, 3. Aufl. 1991, S. 112 – 121; S. 112.

[27] Ders., S. 119.

[28] Alexander Honold: Bernhards Dämonen. In: Joachim Hoell, Alexander Honold, Kai Luehrs-Kaiser (Hrsg.): Thomas Bernhard – eine Einschärfung. Berlin, 2. Aufl. 1999, S. 17 – 25; S. 18.

[29] Ders., S. 20.

[30] Ebd.

Oberreiter wiederum spricht im gleichen Absatz sowohl von der „Autobiographie" als auch von „sogenannten Autobiographien",[31] und in Jochen Hiebers Aufsatz zu den „großen Deutschen unserer Epoche" liest man von den „fünf unmittelbar autobiographischen Bücher[n]."[32]
Während Oberreiter mit dem adjektivischen Zusatz auf den „Kunstcharakter der Autobiographie"[33] zielt, akzentuiert Hiebers Fassung sowohl das Vorhandensein auch *mittelbar* autobiographischer Bücher (im Zusammenhang des Aufsatzes wären das die fiktionalen Werke) als auch eine latente reservatio mentalis gegenüber einer eindeutigen Gattungsfestschreibung.
Gleich vier Mal innerhalb einer kurzen Passage ersetzt Eva Marquardt den in der Kapitelüberschrift und auch im hier zitierten Absatz genannten Ausdruck „Autobiographie" durch „Jugenderinnerung", „Selbstbiographie", „Jugenderinnerungen" und „Erinnerungsbücher".[34]
Wiewohl gerade im zuletzt genannten Beispiel die alternierenden Formulierungen offenbar aus stilistischen Gründen gewählt wurden, ist jedoch auch ein gewisser Vorbehalt gegenüber dem Fachterminus Autobiographie nicht auszuschließen.
Wenn auch von der literarischen Kritik zu Bernhards Œuvre die fünf Bände[35] als mehr oder weniger authentische Schilderung des Lebens von Thomas Bernhard akzeptiert werden, kann den mitunter diametral entgegengesetzten Lesarten entnommen werden, daß sich diese Texte offensichtlich aus unterschiedlichen Gründen jeder Eindeutigkeit zu widersetzen scheinen, vor allem, wenn als Bewertungsparameter Formen der traditionellen Autobiographie des 18. und 19. Jahrhunderts unterlegt werden.[36] So stellt Nicholas J. Meyerhofer in seiner Biographie über Bernhard fest, seine „fünfbändige[ ] Autobiographie"[37] sei „keine

---

[31] Suitbert Oberreiter: Lebensinszenierung und kalkulierte Kompromißlosigkeit. Zur Relevanz der Lebenswelt im Werk Thomas Bernhards. Wien, Köln, Weimar 1999, S. 348.
[32] Hieber, S. 563.
[33] Oberreiter, S. 348.
[34] Eva Marquardt: Entwicklungstendenzen in der Erzählprosa Thomas Bernhards. Tübingen 1990, S. 120.
[35] Horst Albert Glaser gibt keinen Grund an, warum er in seinem Aufsatz „zu Thomas Bernhards Autobiographie" den fünften Band, „Ein Kind", unberücksichtigt läßt. H. A. G.: Die Krankheit zum Tode oder der Wille zum Leben – Überlegungen zu Thomas Bernhards Autobiographie. In: Alexander von Bormann (Hrsg.): Sehnsuchtsangst. Zur Österreichischen Literatur der Gegenwart, Bd. 21. Amsterdam 1987, S. 65 – 73.
[36] Zur Geschichte der Autobiographie:
Martina Wagner-Egelhaaf: Autobiographie. Stuttgart, Weimar 2000. (Bes. Kap. III, S. 100 – 201.) Im Abschnitt über Thomas Bernhard geht die Verfasserin unumwunden von der „fünfbändigen Autobiographie" (S. 193) aus.
[37] Nicholas J. Meyerhofer: Thomas Bernhard. Berlin, 2. erg. Aufl. 1989 (=Köpfe des 20. Jahrhunderts, Bd. 104), S. 7. (Künftig: Meyerhofer, Biographie)

Autobiographie im herkömmlichen Sinne";[38] und Gerhard vom Hofe attestiert Bernhards „Autobiographie",[39] sie sei „keine auf vollständige Information und entwicklungspsychologische Fundierung Rücksicht nehmende ‚Bildungsgeschichte' (etwa nach dem Muster der klassischen bürgerlichen Autobiographik)."[40]
Das gattungsspezifische Kennzeichen der „Entfaltung und Weiterentwicklung der Persönlichkeit"[41] vermißt Martin Lüdtke, der, meiner Ansicht nach unzutreffend, in Bernhards Autobiographie „nicht einmal einen Entwicklungsprozeß"[42] feststellen kann. Franz Eyckeler wiederum kommt zu dem Schluß, „Bernhards Kindheitsautobiographie [stehe] in der europäischen Tradition der Bekenntnisdichtung, angefangen von den ‚Confessiones' des Augustinus über Rousseaus ‚Confessions'", weil „als einziger lohnender Erkenntnisgegenstand" das Ego des Autobiographen im Mittelpunkt stehe mit dem Ziel der „Selbstaufklärung und öffentliche[n] ‚Beichte'".[43]
Bezüglich der Gemeinsamkeiten zur Bekenntnisdichtung ist Eyckelers Auffassung zutreffend, da sich viele markante Komponenten dieser Autobiographien in allen fünf Bänden der Bernhardschen Autobiographie auch befinden, nicht nur in den Bekundungen zur Sinn- und Wahrheitssuche, zur Selbsterforschung und -erkenntnis, sondern auch (vor allem in der „Ursache") in zahlreichen Montaigne-Zitaten, die Bernhard zur Bekräftigung seiner eigenen Beichtbereitschaft ausgiebig verwendet, und häufig so, daß es nicht erkennbar wird, ob es sich um ein Zitat oder seine eigene Auffassung handelt.

---

[38] Ders. (Biographie), S. 17.
[39] Vom Hofe, S. 22.
[40] Ders., S. 20.
[41] Ingrid Aichinger: Probleme der Autobiographie als Sprachkunstwerk. In: Die Autobiographie. Zu Form und Geschichte einer literarischen Gattung (hrsg. v. Günter Niggl). Darmstadt 1989 (=Wege der Forschung, Bd. 565), S. 170 – 199; S. 179. (Künftig: Aichinger, Niggl)
[42] Martin Lüdtke: Ein „Ich" in der Bewegung: stillgestellt. Wegmarken der Bernhardschen Autobiographie. In: Merkur, H. 11, 1981, S. 1175 – 1183; S. 1178.
[43] Franz Eyckeler: Reflexionspoesie. Sprachskepsis, Rhetorik und Poetik in der Prosa Thomas Bernhards. Berlin 1995 (=Philologische Studien und Quellen, hrsg. v. Hugo Steger und Hartmut Steinecke, H. 133), S. 54. Da in Bernhards Erzählung „Wittgensteins Neffe. Eine Freundschaft." (Frankfurt/M. 1987 [1982]) nicht das Ego des Autobiographen „unverrückbar als einziger lohnender Erkenntnisgegenstand im Mittelpunkt" (Eyckeler, S. 54) steht, sondern das des Paul Wittgenstein, ist es verwunderlich, daß Eyckeler an anderer Stelle in Erwägung zieht, dieses Buch als sechsten Band der Autobiographie hinzuzufügen. Vgl. Eyckeler, S. 52, 54 u. 154.

Peter Laemmle wählt in seinen „Vorläufige[n] Anmerkungen zu Thomas Bernhards fünfteiliger Autobiographie"[44] den Ausdruck „Entwicklungsgeschichte",[45] während Marcel Reich-Ranicki zu den gleichen Texten bemerkt, daß „diese *Autobiographie* ein Salzburger Entwicklungs*roman*" ist.[46] Diese Auffassung teilt er mit Reinhard Tschapke, der ebenfalls befürwortet, Bernhards „*Autobiographie*" als „Entwicklungs*roman*"[47] zu verstehen.
Legt man den beiden letztgenannten prägnanten Beispielen präzise terminologische Maßstäbe an, kann kaum mehr von einer stilistischen Unschärfe der Formulierung gesprochen werden, da hier die germanistische Übereinkunft aufgekündigt wird, Texte entweder als Autobiographien *oder* als Romane zu behandeln.
Solche Rezeptionsunsicherheiten sieht Gerhard Melzer in der Besonderheit der Bernhardschen Satz- und Gegensatz-Konstruktionen begründet, in denen das „Ich, sobald es zu sich gefunden hat, seine Umrisse wieder verwischen" will; bei Bernhard sei „Selbstbestimmung [...] immer auch Selbstzerstörung", und deswegen sei es auch „kein Wunder, daß Bernhards Lebensgeschichte, anders als die Autobiographie ‚klassischen' Zuschnitts, keine lineare, aufsteigende Entwicklungsrichtung kennt."[48] Anders als Lüdtke argumentiert Melzer also nicht prinzipiell gegen eine Entwicklungsgeschichte des Autobiographen, sondern weist auf die Diskontinuität in der Darstellung seiner Entwicklung hin.

Die bisher angeführten Beispiele verdeutlichen, daß die vielfältige Begriffswahl für die zur Disposition stehenden Texte neben ihrer Substitutionsfunktion aus stilistischen Erwägungen oder aus Unbedachtheit auch als Zeichen des Vorbehalts und der Distanzierung gegenüber dem Terminus Autobiographie aufgefaßt werden kann, was ebenfalls in den unterschiedlichen Bewertungen zum Ausdruck gebracht wird. In ihnen bestätigen sich die Befunde der germanistischen Theorie-Diskussion, die die „eigentümliche Zwischenstellung"[49] der Gattung Autobiographie betont, welche exakte Grenzziehungen im weitläufigen Gebiet autobiographischen Schrifttums (wie Memoiren, Tagebuchaufzeichnungen, phi-

---

[44] Untertitel des Aufsatzes: P. L.: Karriere eines Außenseiters. In: Text und Kritik (hrsg. v. Heinz Ludwig Arnold), München, 2. erw. Aufl. 1982, S. 1 – 7.
[45] Ders., S. 2.
[46] Marcel Reich-Ranicki. In: Frankfurter Allgemeine Zeitung v. 8. 4. 1978. (Hervorhebung v. A. M.)
[47] Tschapke, S. 157. (Hervorhebung v. A. M.)
[48] Gerhard Melzer: Unterwegs auf dunklen Wegen. Versuch über Thomas Bernhards autobiographische Texte. In: Neue Zürcher Zeitung v. 2./3. 9. 1989.
[49] Ingrid Aichinger: Selbstbiographie. In: Reallexikon der deutschen Literaturgeschichte (hrsg. v. Werner Kohlschmidt u. Wolfgang Mohr). Berlin, New York, 2. Aufl. 1977, Bd. 3, S. 801 – 819; S. 805. (Künftig: Aichinger, Reallexikon)

losophische Reflexionen, Reisebeschreibungen) oder auch eine Absonderung des autobiographischen Romans von der „'eigentliche[n]', ‚echte[n]', ‚förmliche[n]' Autobiographie"[50] erschwert. Die Probleme ergeben sich einerseits aus Ähnlichkeiten und Überschneidungen, die diese Texte zumindest partiell zur Autobiographie zugehörig ausweisen, andererseits aus der Formenvielfalt der in großer Zahl in den siebziger Jahren des letzten Jahrhunderts entstandenen autobiographischen Literatur.[51] So konstatiert Ingrid Aichinger „im Benennungssystem [...] weitgehende Unsicherheit"[52] und bestätigt Roy Pascals schon 1959 geäußerte Feststellung, daß „der Begriff Autobiographie sehr unklar"[53] ist. Günter Waldmann geht sogar von der Unmöglichkeit „eine[r] generelle[n], die Gattung der Autobiografie definierende[n] Abgrenzung von der Fiktion"[54] aus; und Oliver Sill fühlt sich angesichts dieser vermeintlich nicht zu bewältigenden „Abgrenzbarkeit der Autobiographie im Sinne einer eigenständigen Gattung" wie jemand, der „'mit leeren Händen'"[55] dasteht.

In der Konfrontation mit der traditionellen Autobiographie, die sich schon im 18. Jahrhundert „nicht auf den gemeinsamen Nenner einer spezifischen gattungsgeschichtlichen Erscheinungsweise oder gar eines historischen Formtypus"[56] bringen ließ, mit der Flut autobiographischer Zeugnisse des 20. Jahrhunderts in ihren mannigfaltigen Ausprägungen ist eine solche verunsicherte Haltung nicht unbegründet. Dennoch ist es nicht notwendig, gleich „das Kind mit dem Bade auszuschütten" und den Gattungsbegriff an sich in Frage zu stellen. Vielmehr sollte die vielfältige Formengestalt der Autobiographie genug Anreiz bieten, in ihr entweder auf ein gemeinsames Fundament schließen – oder es ausschließen zu können.

---

[50] Dies. (Reallexikon), S. 803.
[51] Vgl. Aichinger (Niggl), bes. S. 175 – 179.
[52] Dies. (Niggl), S. 176.
[53] Roy Pascal: Die Autobiographie als Kunstform. In: Die Autobiographie. Zu Form und Geschichte einer literarischen Gattung (hrsg. v. Günter Niggl). Darmstadt 1989 (=Wege der Forschung, Bd. 565), S. 148 – 157; S. 148. (Künftig: Pascal, Niggl)
[54] Günter Waldmann: Autobiografisches als literarisches Schreiben: kritische Theorie, moderne Erzählformen und -modelle, literarische Möglichkeiten eigenen autobiografischen Schreibens. Hohengehren 2000, S. 19.
[55] Oliver Sill: Zerbrochene Spiegel. Studien zur Theorie und Praxis modernen autobiographischen Erzählens. Berlin, New York 1991 (=Quellen und Forschungen zur Sprach- und Kulturgeschichte der germanischen Völker. Begr. v. Bernhard Ten Brink und Wilhelm Scherer. Neue Folge, hrsg. v. Stefan Sonderegger, 98; 222), S. 44.
[56] Klaus-Detlef Müller: Die Autobiographie der Goethezeit. Historischer Sinn und gattungsgeschichtliche Perspektiven. In: Die Autobiographie. Zu Form und Geschichte einer literarischen Gattung (hrsg. v. Günter Niggl). Darmstadt 1989 (=Wege der Forschung, Bd. 565), S. 459 – 481; S. 459.

Im folgenden wird ein solcher Versuch unternommen, um in der vorliegenden Arbeit unmißverständliche Bezeichnungen zur Verfügung zu haben, die sich im Zusammenhang der Befunde zur Kritik und Korrektur stellen können. Da hier lediglich eine Begriffsbestimmung gegeben, aber auf die vielschichtigen Fragestellungen zur Autobiographienforschung[57] nicht eingegangen werden kann, soll lediglich anhand des bisher „überzeugendste[n] [...] Definitionsversuch[s] der Autobiographie",[58] dem Identitätsvertrag von Philippe Lejeune,[59] geprüft werden, ob und inwieweit die von ihm für eine Autobiographie ermittelten Kriterien auf Bernhards Lebensbeschreibung zutreffen.

Lejeune ging 1971 noch von einem Pakt oder Vertrag zwischen Autor und Leserschaft aus, der durch textinterne Indizien dem Leser die Vergewisserung gab, einen Text zu lesen, in dem die personale Einheit von Autor, Erzähler und Hauptfigur sichergestellt war.[60] Im Gegensatz zum autobiographischen Pakt po-

---

[57] Einen informativen Überblick zur Geschichte und Entwicklung der Autobiographie sowie eine ausführliche Bibliographie liefert unter anderem der von Günter Niggl herausgegebene Sammelband: Die Autobiographie. Zu Form und Geschichte einer literarischen Gattung. Darmstadt 1989 (=Wege der Forschung, Bd. 565).
Zur Theorie und Geschichte der Autobiographie: Martina Wagner-Egelhaaf (a.a.O.).
Zur Kultur autobiographischen Schreibens um 1800: Birgit Nübel (a. a. O).
Zu Autobiographien, in denen der Lebensabschnitt der Kindheit beschrieben wird: Werner Brettschneider: „Kindheitsmuster". Kindheit als Thema autobiographischer Dichtung. Berlin 1982.
Zum Verhältnis von Biographie und Autobiographie: Reinhold Grimm, Jost Hermand (Hrsg.): Vom Anderen und vom Selbst. Beiträge zu Fragen der Biographie und Autobiographie. Königstein/Ts. 1982.

[58] Nübel, S. 44 f.

[59] Vgl. Philippe Lejeune: Der autobiographische Pakt. In: Die Autobiographie. Zu Form und Geschichte einer literarischen Gattung (hrsg. v. Günter Niggl). Darmstadt 1989 (=Wege der Forschung, Bd. 565), S. 214 – 257.

[60] Lejeune führt aus, daß es verschiedene Formen der Identitätsversicherung gibt. *„Implizit*[e]" Indizien seien beispielsweise Buchtitel, „die keinen Zweifel aufkommen lassen darüber, daß die erste Person sich auf den Namen des Autors bezieht. (‚Geschichte meines Lebens', ‚Autobiographie' usw.) [oder] durch den *Eingangsabschnitt* des Textes, wo der Erzähler gegenüber dem Leser Verpflichtungen eingeht, indem er sich so benimmt, als wäre er der Autor, und zwar dergestalt, daß der Leser keinerlei Zweifel darüber hegt, daß das „ich" sich auf den vom Titelblatt angegebenen Namen bezieht, und zwar auch dann, wenn dieser Name im Text nicht wiederholt wird; [oder] *auf offenkundige Weise, auf der Ebene des Namens*, den sich die Erzählerfigur in der Erzählung selbst gibt und der identisch ist mit dem des Autors auf dem Titelblatt." Lejeune, S. 232.
Beispielsweise trägt Goethes Autobiographie den Titel: „Aus meinen Leben. Dichtung und Wahrheit". (Goethes Werke, Bd. 9; Autobiographische Schriften 1. Hamburger Aus-

stuliert Lejeune den „romanesken Pakt",[61] der sich durch unterschiedliche Namensgebung von Autor und Hauptfigur bzw. durch die ausdrückliche Nennung des Untertitels Roman auszeichnet. Doch angesichts der engen „Bezüge zwischen Biographie und Autobiographie, Bezüge zwischen Roman und Autobiographie"[62] sah sich Lejeune schon zwei Jahre später zur Ergänzung und Präzisierung seiner Bestimmung genötigt. Mit seiner verfeinerten Version intendiert er, „das Funktionieren der Texte [...] klarer zu erfassen", da sie „ja für uns, die Leser geschrieben worden [sind], und indem wir sie lesen, sind wir es, die sie zum Funktionieren bringen."[63]

Da im Rahmen dieser Arbeit keine systematische Darstellung der theoretischen Autobiographie-Diskussion erfolgen kann, und aus der Fülle der vorhandenen Bemühungen um eine Begriffsbestimmung selektiert werden mußte, ist die von Lejeune ausdrücklich „von der Position des Lesers"[64] erarbeitete Definition wegen ihres Gewichts auf dem Kommunikationsaspekt eine geeignete Grundlage für die vorliegende Untersuchung, in der schon im Titel die Behandlung einer *Autobiographie* annonciert wird, und deren Bestreben der Versuch ist, die Funktion des Komischen im Kommunikationsvorgang zwischen Bernhard, seiner Autobiographie und dem Leser zu ermitteln.

Nach Lejeunes Definition ist ein Text als Autobiographie dann zu bezeichnen, wenn er folgende Merkmale trägt:

> „Rückblickender Bericht in Prosa, den eine wirkliche Person über ihr eigenes Dasein erstellt, wenn sie das Hauptgewicht auf ihr individuelles Leben, besonders auf die Geschichte ihrer Persönlichkeit legt."[65]

Lejeune arbeitet anhand dieser Definition Bedingungen heraus, die verbindlich sein müssen, wenn es sich um eine Autobiographie und nicht um autobiogra-

---

gabe in 14 Bänden, hrsg. u. kommentiert v. Erich Trunz). München, 10. Aufl. 1982 [1981] [Tübingen 1811].
Elias Canettis erster Band seiner Autobiographien-Trilogie „Die gerettete Zunge". Geschichte einer Jugend. (Frankfurt/M. 1986; München 1977), beginnt mit dem Kapitel und dem gleichlautenden ersten Satz: „Meine früheste Erinnerung".
Marcel Reich-Ranickis Autobiographie heißt: „Mein Leben" (Stuttgart, 2. Aufl. 1999).

[61] Vgl. Lejeune, S. 232 ff., bes. das von ihm erstellte Schema der möglichen Kombinationen auf S. 234.
[62] Ders., S. 214.
[63] Ders., S. 215.
[64] Ebd.
[65] Ebd.

phie-ähnliche Texte handelt. Während er bei den Bedingungen „Bericht",[66] „Prosa", „rückblickend" und „individuelles Leben" einen gewissen Spielraum in ihren Ausführungen toleriert, und sie nur „in erster Linie"[67] erfüllt sein müssen, geht es bei der Bedingung „Identität" „um alles oder nichts"[68] – nämlich um die personale Identität des Autors und des Erzählers sowie die des Erzählers und der Hauptfigur:

> „Eine Identität ist vorhanden oder sie ist es nicht. Es gibt keinen möglichen Abstufungsgrad, und jeder Zweifel hat einen negativen Befund zur Konsequenz."[69]

Bernhard selbst bezeichnet seinen Text als einen „Bericht" (Kä 21; EK 105) über Geschehnisse und Gedanken, die mehr als drei Jahrzehnte zurückliegen. In den Ausgaben des österreichischen Residenz Verlages, in dem Bernhard zuerst publizierte, erscheint der informierende Hinweis, bei den Texten handele es sich um eine Autobiographie, noch nicht. Erst in der deutschen Taschenbuch-Edition bei Suhrkamp taucht das für die Rezeption wichtige Adjektiv „autobiographisch" im Verlagsvorwort auf, und zwar in der „Ursache" in Verbindung zu „Rechenschaftsbericht", im „Keller" und den weiteren Bänden zu „Jugenderinnerungen". Außer im ersten Band, in dem zwar, wie schon erwähnt, von einem „autobiographischen Rechenschaftsbericht" die Rede ist, einem direkten Hinweis auf Bernhard als Autor, Erzähler *und* Hauptperson aber ausgewichen wird, wird die Leserschaft in den Verlagsannoncen der Folgebände einer derartigen Identität vergewissert: Schon der „Keller" wird als „Thomas Bernhards unmittelbare autobiographische Weiterführung seiner Jugenderinnerungen" vorgestellt, und in „Der Atem", „Die Kälte" und „Ein Kind" stehen der Name Thomas Bernhard und seine entsprechenden Pronomina gleichermaßen für den Autor wie auch für das erlebende und handelnde Ich der Texte. In gleicher Weise verfahren die Rezensionszitate überregionaler Zeitungen auf den Einbänden der Bücher.

---

[66] Lejeune verwendet im Französischen den Ausdruck „recit", der mit Bericht oder Erzählung übersetzt werden kann. In Verbindung mit der referentiellen Textsorte Autobiographie bevorzuge ich den auch von Bernhard für seine Autobiographie verwendeten und mehr Unmittelbarkeit vermittelnden Ausdruck „Bericht" im Sinne Gert Uedings, wonach ein Bericht sich im wesentlichen durch seine Beschränkung „auf die Wiedergabe von Tatsachen und Beobachtungen" auszeichne. Vgl. Gert Ueding: Rhetorik des Schreibens. Eine Einführung. Weinheim, 4. Aufl. 1996, S. 91.
[67] Ders., S. 216.
[68] Ebd.
[69] Ders., S. 217.

Trotz des Fehlens explizit ausgewiesener Identitätsbeteuerungen seitens des Autors in den Eingangsworten der jeweils für sich abgeschlossenen Bände, die eine Kenntnis der anderen für das Verständnis des Erzählten nicht voraussetzen, gibt es innerhalb der Bücher viele Hinweise, daß es sich um seine eigene Lebensgeschichte handelt. Als nicht unwesentliches Indiz kann die Erzählhaltung geltend gemacht werden: In sämtlichen fünf Büchern macht Bernhard Gebrauch von der ersten Person oder deren Pronomina, einer der für Autobiographien am häufigsten verwendeten Form.[70] Der berechtigte Einwand, hierbei könne es sich um einen nicht ungewöhnlichen Kunstgriff des Autors handeln, um eine fiktive Person in einem fiktionalen Text wirklichkeitsgetreu erscheinen zu lassen, trüge allerdings nur, insoweit Gattungskriterien allein aufgrund dieses Merkmals und interner Textanalyse festgelegt würden. In diesem Fall könnte „überhaupt kein Unterschied"[71] zu fiktionalen Texten festgestellt werden, da einerseits jeder Roman die gleiche Erzählhaltung aufweisen kann und Autobiographien andererseits auch in der dritten Person Singular angelegt sein können. Wird aber der Autorname auf dem Titelblatt in die Überlegungen miteinbezogen, gibt sich der Erzähler auch als Autor des Textes zu erkennen, „verfügt man über ein allgemeines Textkriterium, die Identität des *Namens* (Autor – Erzähler – Figur). Der autobiographische Pakt ist die Bestätigung dieser Identität im Text, in letzter Instanz zurückverweisend auf den *Namen* des Autors auf dem Titelblatt."[72]

Die Namens- bzw. Personenidentität drückt sich in Bernhards Autobiographie auf „offenkundige Weise" aus „auf der Ebene des Namens, den sich die Erzählerfigur in der Erzählung selbst gibt und der identisch ist mit dem des Autors auf

---

[70] „Die Identität von *Erzähler* und *Hauptfigur,* die Voraussetzung für die Autobiographie, wird am häufigsten durch die Verwendung der ersten Person deutlich." Vgl. Lejeune, S. 217. Unter Hinweis auf Genette, der diese Erzählhaltung als „autodiegetisch" bezeichne, macht Lejeune auf Fälle aufmerksam, in denen zwar in der ersten Person erzählt werde, aber Erzähler und Hauptfigur nicht identisch seien; diese Erzählhaltung bezeichne Genette als „homodiegetische[s]" Erzählen. Vgl. Lejeune, Kap. „Ich, Du, Er". S. 217 – 221; zit. nach: Gérard Genette: Figures III. Paris 1972. Zur Problematik des „Ich" in mündlicher und schriftlicher Rede. Vgl. das Kap. „Ich Unterzeichneter" bei Lejeune, S. 221 – 243.
Hierzu auch Wulf Segebrecht: Über Anfänge von Autobiographien und ihre Leser. In: Die Autobiographie. Zu Form und Geschichte einer Gattung (hrsg. v. Günter Niggl). Darmstadt 1989 (=Wege der Forschung, Bd. 565), S. 158 – 169; bes. S. 160 ff.
[71] Lejeune, S. 230.
[72] Ders., S. 231.
Der u. a. von Wagner-Egelhaaf konstatierten „phänomenologischen Nichtunterscheidbarkeit von Autobiographie und fiktiver Lebenserzählung im Ich-Roman" (W.-E., S. 5) hat Lejeune mit dieser externen Analysemöglichkeit meines Erachtens einen Ausweg gewiesen.

dem Titelblatt:"[73] In „Ein Kind", dem in der Chronologie des Lebens am weitesten zurückgreifenden Band, schildert Bernhard eine Begegnung mit seinem Kinderfreund Schorschi. Die beiden sehen sich erst als fünfundvierzigjährige Männer wieder, und Schorschi, mittlerweile „verrückt geworden" (vgl. EK 32), erkennt Bernhard nicht gleich, so daß dieser „dreimal Thomas" sagen mußte, „bis er begriff" (EK 34).
An einer anderen Stelle im gleichen Buch offenbart dieser Ich-Erzähler Thomas auch seinen Nachnamen und seine Stellung innerhalb seiner Familie: Wie schon „tausende Male" (EK 141) hatte Bernhard als Junge die für ihn peinliche Frage „ertragen" (EK 141) und beantworten müssen, warum sein Name „Bernhard" sei und nicht „Fabjan", wie der seines Vaters. Ihm ist es unangenehm, erklären zu müssen, daß Fabjan nicht sein Vater, sondern als Ehemann seiner Mutter nur sein Vormund ist, ebenso, daß er seinen leiblichen Vater „niemals gesehen" (EK 141) habe.[74]

Solche Angaben im Text der Bernhardschen Autobiographie nicht als Beglaubigung personaler Identität zu verstehen, den Text nicht als Autobiographie zu lesen, hieße, auch anderen historischen oder biographischen Angaben nicht nur in Bernhards, sondern in jeder je geschriebenen und noch zu schreibenden Autobiographie zu mißtrauen und – konsequent zu Ende gedacht – die Existenz der literarischen Gattung Autobiographie als mißglücktes Denkkonstrukt zu verwerfen.

Folgendes Beispiel demonstriert anschaulich, welch verläßliches Mittel zur Unterscheidung zwischen Autobiographie und Roman die Feststellung der Identität sein kann: Wenn der Erzähler im Prosatext „Auslöschung"[75] gleich in den ersten Sätzen berichtet, Murau habe seinen Schüler Gambetti mit Literatur versorgt

---

[73] Lejeune, S. 232.

[74] Den Lesern der englischen Ausgabe von Bernhards Autobiographie, dort in einem Band zusammengefaßt in biographischer Reihenfolge (und nicht in der Reihenfolge der Veröffentlichungen) unter dem Titel „Gathering Evidence" erschienen, wird diese Versicherung personaler Identität also gleich im ersten Teil der Pentalogie zuteil. Vgl. Honegger, S. 18.

[75] Thomas Bernhard: Auslöschung. Ein Zerfall. Frankfurt/M. 1988 [1986].
Ähnlich verfährt Bernhard in „Wittgensteins Neffe. Eine Freundschaft" (Frankfurt/M. 1987 [1982]) mit der Anspielung auf ein Buch mit dem Titel „Verstörung", das der Erzähler geschrieben hat (WN 7), und der Nennung eines „Nestbeschmutzer[s] Bernhard und eines „Schriftsteller[s] Bernhard" (S. 118).
In „Auslöschung" handelt es sich um ein Rahmen- und ein Binnengeschehen. (Das gleiche Verfahren wendet Bernhard in „Beton" an; T. B.: Beton. Frankfurt/M. 1988 [1982]). Die Funktion des Erzählers in „Auslöschung" beschränkt sich auf das Zitieren einer hinterlassenen Schrift, die der eigentliche Roman ist.

und ihm auch „Amras von Thomas Bernhard" (Ausl 7 u. 8) empfohlen, ist dieser Sachverhalt ein entschieden anderer als der oben aus „Ein Kind" zitierte. Hier fehlt nämlich das „wesentliche Moment der Autobiographie, ihr prominentestes Strukturmerkmal", das der „Identität von Erzähler und Hauptfigur, von erzählendem und von erzähltem Ich."[76] Zwar sind der Autor des Romans „Auslöschung" und der im Text genannte Autor von „Amras"[77] namensgleich, sie sind aber Personen zweier Welten, der realen und der fiktiven und keinesfalls Bestandteile eines autobiographischen Paktes; auch bleibt der Erzähler bis zum Schluß nicht identifizierbar – er könnte zwar Gambetti sein, aber auch ein anderer, das bleibt ungesagt. Die Geschichte der Hauptfigur Franz-Josef Murau wird zwar in der Ich-Form dargeboten, aber nur in indirekter Form, und wir erfahren von ihr auch nur indirekt aus hinterlassenen Schriften, denn Murau ist „1983 in Rom" (Ausl 651) gestorben.

Mehr oder weniger biographische Details des historischen Bernhard in seinen fiktionalen Werken sind feste Bestandteile der Irritationsspiele des Autors, mit denen er seine Leser bewußt verunsichert, um eindeutige Aussagen zu erschweren, hier, um Fiktionalität zu verschleiern. Ein solches Verfahren, bei dem der Leser im Grunde raten müßte, wie die Konstellation der Personen Autor, Erzähler und Hauptfigur zueinander sei, bezeichnet Lejeune als „Rätselspiel" und „so ziemlich das Gegenteil" von einer Autobiographie, weil hier „Wesentliches" fehle, „nämlich das", was sich „als *autobiographischer Pakt* bezeichnen ließe."[78]

Eva Marquardts Vorschlag, gerade das von Lejeune abgewiesene „Rätselspiel" als „neueres Merkmal der Gattung [Autobiographie, A. M.] zu begreifen",[79] mutet verwirrend an und wenig geeignet, diskriminierende Kriterien zwischen einer Autobiographie, autobiographischen und fiktionalen Texten herausarbeiten zu können. Wie immens rezeptionslenkend eine nicht-rätselhafte, durchsichtige Klassifizierung eines Textes ist, zeigt Segebrecht in seiner Studie über die Wirkung von Autobiographie-Anfängen: Die Leseerwartungen, die an eine Autobiographie herangetragen werden, „sehen anders aus als diejenigen, die sich auf einen Roman oder eine Erzählung richten."[80] Der Leser einer Autobiographie stelle sich nicht „auf eine ‚pure Dichtung' ein, sondern darauf, daß der Autobio-

---

[76] Wagner-Egelhaaf, S. 8.
[77] Thomas Bernhard: Amras. Frankfurt/M. 1988 [1964].
[78] Lejeune, S. 230.
[79] Marquardt, S. 129.
[80] Segebrecht, S. 161.

graph, der zugleich Erzähler und Gegenstand seines Werkes ist, sich als nichtfiktiv ausweist [...]."[81]

Diese Rezeptionslenkung gibt Bernhard in der „Ursache", dem zuerst erschienenen Band (abweichend von den anderen Bänden) erst im zweiten Satz, dort aber mit der zusätzlichen, erinnerndes und erinnertes Ich vereinenden Orientierungshilfe „der ich vor dreißig Jahren [...] gewesen bin" (U 7). Nicht zufällig leitet Bernhard diese Aussage mit der Zwillingsformel „dem Lernenden und Studierenden" (U 7) ein: Die aufmerksamkeitserregende Formulierung taucht schon im ersten Satz auf, scheint dort aber niemand Bestimmtes zu meinen. Jetzt, mit dem „Ich" des Erzählers verbunden, bemerkt der Leser, daß es sich gleich beim Anlesen des Textes um das erinnerte Ich gehandelt hat, das das erinnernde Ich „gewesen" ist, wie Bernhard schreibt. Im Grunde genommen stellt somit bezüglich der Einführung des „Ich" auch die „Ursache" keine Ausnahme gegenüber den anderen Bänden dar.[82]

Neben zahlreichen Versicherungen im Text, daß es sich um seine eigene Lebensgeschichte handelt, gab Bernhard zahlreiche Interviews, in denen er dies bestätigt. Beispielsweise ließ er nach Erscheinen der „Ursache" in einem ausführlichen Interview für den ORF keinen Zweifel daran, daß die in diesem Buch beschriebenen Geschehnisse seine Autobiographie seien: Bernhard greift Szenen des Bandes auf, kommentiert sie und bestätigt, wie auch im Buch, eine „Andeutung" – so auch der Untertitel des Buches – der „Fakten, Erinnerungen, Gefühle, Empfindungen dieses Jünglings, der ich damals gewesen bin"[83] aufgeschrieben zu haben. „Die Zeitspanne ist zwischen dreizehn und fünfzehn Jahren, die Zeit von ein Jahr vor dem Kriegsende bis ein Jahr nach dem Kriegsende, eine für mich sehr entscheidende Zeit, *die* entscheidende Zeit, glaube ich, in meiner Jugend. Die Kindheit war abgeschlossen, die Jugend beginnt mit diesem Buch."[84]

In einem anderen, von Bernhard vor der Veröffentlichung autorisierten Gespräch mit Jean-Louis de Rambures, gab er Auskunft unter anderem über seine Herkunft, seine Lebensverhältnisse und seine Arbeitsweise, über seine Krank-

---

[81] Ders., S. 160.
[82] Es ist also keineswegs so, daß die „in allen Prosatexten [Bernhards, A. M.] umstandslos gebrauchte 1. Person [...] erst nach langen Anläufen verfügbar" ist, wie Marquardt feststellt (S. 139).
[83] Rudolf Bayr: „Aus Schlagobers entsteht nichts". Gespräch zwischen Rudolf Bayr und Thomas Bernhard, 12. 9. 1975 (ORF). In: Thomas Bernhard und Salzburg. 22 Annäherungen (hrsg. v. Manfred Mittermayer u. Sabine Veits-Falk). Salzburg 2001, S. 245 – 251; S. 245.
[84] Ebd.

heit sowie über den „autobiographischen Antrieb",[85] die Geschichte seiner Kindheit und Jugend aufzuschreiben: „Neugier" auf seine Kindheit habe ihn veranlaßt, sein „Leben bis zum Alter von neunzehn aufzuschreiben." Er habe anfangs nur „ein kleines Bändchen" schreiben wollen, aber „ein zweites entstand. Dann noch eins ... bis zum Punkt, wo es mich zu langweilen begann. [...] Nach dem fünften Band entschied ich mich, einen Schlußstrich zu machen."[86] Allerdings leitet Bernhard dieses Bekenntnis mit dem Widerspruch ein, daß er „nie ein autobiographisches Werk [habe] schreiben wollen."[87] Da er gleichzeitig aber auch beteuert, „nie einen Roman geschrieben"[88] zu haben, werden Bernhard-Kenner diese Aussagen als Ausdruck des Mißtrauens gegenüber den germanistischen termini technici Autobiographie und Roman werten, das heißt gegenüber (vermeintlich) festgefügten Wort/Bedeutungs-Zuweisungen, und nicht als Beleg für die Nichtzugehörigkeit der im Gespräch genannten fünf Bände zur Gattung Autobiographie bzw. seiner großen Texte zu den Romanen.[89]

Cornelius Hell macht zu Recht darauf aufmerksam, daß Bernhards Interviews nicht „unüberprüft als Faktenquelle zu lesen sind", weil Bernhard dabei oft „wie eine seiner Kunst-Figuren"[90] spreche. Aber auch in seiner Autobiographie nennt Bernhard mehrere Male den Beweggrund zur Niederschrift seiner Lebenserinnerungen. Im „Keller" heißt es am Schluß des Buches: „Die Idee ist gewesen, der Existenz auf die Spur zu kommen, der eigenen wie den anderen" (Ke 119; vgl. auch Ke 108). Und in der „Kälte" wiederholt er: „Ich hatte niemals aufgehört, an die Beweise zu kommen, mein ganzes Leben war ich nach Beweisen für meine Existenz aus gewesen, einmal mehr, einmal weniger intensiv, aber immer inständig und konsequent [...]" (Kä 80 f.). Es bleibt – wie bei allen Äußerungen

---

[85] Als maßgebliches Charakteristikum einer Autobiographie nennt Aichinger „die Frage nach der eigenen Existenz", dem von Pascal sogenannten „autobiographische[n] Antrieb" – im Gegensatz zur bloß „selbstbiographischen Substanz künstlerischer Schöpfungen", die ihren Impuls durch ein „Erlebnis" erfahren. Vgl. Aichinger (Reallexikon), S. 803.
[86] De Rambures, (a.a.O.).
[87] Ebd.
[88] Ebd.
[89] Eine absichtsvolle Destruktion von Gattungsgrenzen in Bernhards Werk liegt z. B. in seinem letzten Roman „Alte Meister" (Frankfurt/M. 1988 [1985]) vor, der als „Komödie" gekennzeichnet ist. Auch der mit „Wintermärchen" untertitelten Erzählung „Viktor Halbnarr" (In: Dichter erzählen Kindern, hrsg. v. Gertraud Middelhauve. Köln u. Zürich 1991 [1966], S. 250 – 269) fehlen typische Merkmale eines Märchens.
[90] Cornelius Hell: Zensierte Kampfgebete. Neues Licht auf Thomas Bernhards Verhältnis zur Religion. In: Orientierung, H. 68, Zürich 2004, S. 43 – 48; S. 43. Im gleichen Zusammenhang verzeichnet Schmidt-Dengler eine offenkundige „Deckungsgleichheit" zwischen den von Bernhard öffentlich gehaltenen Reden und „den Reden der Personen, die in den fiktionalen Texten Rollen sind [...]." Sch.-D. (Scheltreden), S. 135.

Bernhards, so auch hier in der Autobiographie – dem Rezipienten überlassen, welchen Authentizitätswert er ihnen beimißt, und das heißt auch, ob er sie als „Faktenquelle" versteht oder als literarische Aussage.

Aus dem bisher Erörterten läßt sich zusammenfassend feststellen, daß die fünf Bände der Bernhardschen Lebenserinnerungen Lejeunes Anforderungen an einen Text der Gattung Autobiographie erfüllen, sowohl diejenigen, die nur „in erster Linie"[91] vorhanden sein müssen (Prosabericht, individuelles Leben), als auch die unabdingbaren der personalen Identität. Aufgrund dieser Voraussetzungen, die kein anderes Prosawerk von Bernhard aufweist, gibt es keine plausiblen Gründe, diese Bücher nicht als Bernhards Autobiographie zu bezeichnen – als „'Darstellung des eigenen Lebens'",[92] wie Ingrid Aichingers Begriffsbestimmung im direkten Rückgriff auf die Wortübersetzung lautet (griech.: autos = selbst, bios = Leben, graphein = schreiben). Mit dem Aspekt der „Darstellung" unterstreicht Aichinger die „sprachkünstlerische Gestaltung [...] als trennendes Merkmal gegenüber der großen Anzahl von Werken, die lediglich zur Information und Unterhaltung geschrieben wurden."[93] Denn dieser Subjektivität und Interpretation implizierende Ausdruck „Darstellung" entbindet den Rezipienten, Autobiographien nur als Abbild überprüfbarer Fakten im Leben des Autors zu lesen, und den Autobiographen, auf künstlerische – und das heißt auch, wie in Bernhards Autobiographie – auf künstliche, wirklichkeitsverfremdende Verfahrensweisen zu verzichten.

Es wird sich in der vorliegenden Untersuchung zeigen, daß in dem oftmals verschobenen Verhältnis zwischen Darstellung und Dargestelltem in Bernhards Autobiographie gerade das Charakteristische dieser Autobiographie zu finden ist.

Trotz der begriffseinkreisenden Bestimmungen Lejeunes und der Öffnung auf künstlerische Freiheit der Gestaltung durch Aichinger darf nicht übersehen werden, daß hiermit zwar hilfreiche Modelle zur Verfügung stehen, die jedoch nur im theoretischen Idealfall mit Ja/Nein verifiziert oder falsifiziert werden könnten. Die Klassifizierung von Texten als Autobiographien, in denen – wie bei Bernhard – die Unterscheidbarkeit von Realität und Fiktion absichtlich erschwert wird, kann nicht allein an Einzelmerkmalen erfolgen,[94] sondern erfor-

---

[91] Lejeune, S. 216.
[92] Aichinger (Niggl), S. 199.
[93] Ebd.
[94] Beispielsweise sieht Marquardt das Merkmal der Authentizität in Bernhards Autobiographie nicht in so hohem Maße ausgeprägt, daß es als Kriterium für die Unterscheidung zwischen seiner Autobiographie und seinen Romanen gelten könne, mithin ließe sich „Bernhards Autobiographie [...] nicht auf Lejeunes Formel von der Identität von Autor, Erzähler und Figur bringen" (Marquardt, S. 170). Dies ist insofern nicht widerspruchsfrei, weil Marquardt ja (häufig) von Bernhards „Autobiographie" spricht – der Gattungs-

dert immer eine Überprüfung des gesamtem Textkorpus, um das Spezifische der jeweils zugrunde liegenden Autobiographie zu ermitteln. Solche Herausforderungen sollten jedes Erliegen einer Debatte um den umfangreichen und spannenden Bestandteil referentieller Literatur ausschließen.[95] Georges Gusdorf kritisierte schon 1956 das „Unterfangen", die Autobiographie erneut in Frage zu stellen, als „reichlich lächerlich".[96] Im Pathos seiner Zeit vertritt er die Auffassung: „Es kann also gar kein Zweifel daran bestehen, daß die Autobiographie existiert; sie fällt unter die Verjährungsvorschrift, die dem Schutz geheiligter Ruhmestaten dient [...]."[97] Etwas prosaischer, aber im gleichen Tenor, formuliert Sandra Frieden etwa dreißig Jahre später: „Die Gattung aber existiert weiter und entwickelt sich."[98] Ihr moderater und zukunftsweisender Vorschlag lautet, anstatt „das Ende der Autobiographie" zu proklamieren, „die historischen Veränderungen der Gattung" zu beobachten und „allzu festgefügte Theorien zu überprüfen, wie diese Textsorte „zu schreiben, zu lesen und zu erkennen"[99] sei.

2.2 Autobiographie und autobiographische Substanz

Bernhards Autobiographie hat seit der Veröffentlichung des ersten Bandes in der Forschungsdiskussion unterschiedlichste Reaktionen ausgelöst. Als sein „reichstes und reifstes Werk",[100] geschrieben „auf dem Höhepunkt seiner Laufbahn",[101] markiere sie einen „Wendepunkt",[102] „eine Wende";[103] sie sei der „An-

---

status also schon bestimmt ist. Diese Bezeichnung kann aber nur dann berechtigt verwendet werden, wenn die generischen Bedingungen einer Gattungsbeschreibung festgestellt sind. Stehen diese fest – und der Ausschlußcharakter der Lejeunschen Formel bietet gute Voraussetzungen dazu – ist der Authentizitätsgrad des als Autobiographie zu bezeichnenden Textes nicht mehr das maßgebliche Kriterium für die Gattungszugehörigkeit.

[95] Vgl. Sandra Frieden: „Falls es strafbar ist, die Grenzen zu verwischen": Autobiographie, Biographie und Christa Wolf. In: Vom Anderen und vom Selbst. Beiträge zu Fragen der Biographie und Autobiographie (hrsg. v. Reinhold Grimm und Jost Hermand). Königstein/Ts. 1982, S. 153 – 166; S. 153 ff.

[96] Georges Gusdorf: Voraussetzungen und Grenzen der Autobiographie. In: Die Autobiographie. Zu Form und Geschichte einer literarischen Gattung (hrsg. v. Günter Niggl). Darmstadt 1989 (=Wege der Forschung, Bd. 565), S. 121 – 147; S. 121.

[97] Ebd.

[98] Frieden, S. 154.

[99] Ebd.

[100] Reich-Ranicki: Thomas Bernhard (Aufsätze), S. 58.

[101] Honegger, S. 17.

fang eines neuen [...] nicht minder wichtigen Abschnitts im Werk Thomas Bernhards",[104] ein „Neuanfang", mit dem der Autor „seine Glaubwürdigkeit als Schriftsteller zurückgewinnen konnte."[105] Seit 1975 habe Bernhard „die besten und wichtigsten"[106] seiner Bücher geschrieben, urteilt Reich-Ranicki, während sie Sorg „flacher und beliebiger [...], streckenweise allzu selbstverliebt und zirkulär"[107] erscheinen. Jean Améry wiederum empfindet die Autobiographie zwar als „ehrlich", bleibt aber in der Frage, ob es sich um ein „'Meisterwerk'" handele, ambivalent: „Ich sage nicht ja, nicht nein."[108]

Den Bewertungen einer Zäsur in Bernhards Arbeiten kann ich mich nicht vorbehaltlos anschließen, weil die Texte, die nach dem Genre-Wechsel entstanden sind, Themen und Diktion der vorhergehenden weitgehend kontinuierlich fortführen.[109] Fließende Veränderungen im Erzählwerk sind von „Frost"[110] bis „Alte Meister" verschiedentlich nachgewiesen und entweder als fortschreitender Prozeß[111] oder als Phasen künstlerischer Entwicklung beschrieben worden.[112] Hin-

---

[102] Willi Huntemann: „Treue zum Scheitern". Bernhard, Beckett und die Postmoderne. In: Text und Kritik, H. 43, Thomas Bernhard (hrsg. v. Heinz Ludwig Arnold). München, 3. Aufl. 1991, S. 42 – 74; S. 47. (Künftig: Huntemann, Treue)

[103] Josef König: „Nichts als ein Totenmaskenball". Studien zum Verständnis der ästhetischen Intentionen im Werk Thomas Bernhards. Frankfurt/M., Bern, New York 1983 (=Europäische Hochschulschriften, R. 1, Bd. 682), S. 153.

[104] Marcel Reich-Ranicki: Thomas Bernhards entgegengesetzte Richtung. Seine autobiographischen Erzählungen „Die Ursache", „Der Keller" und „Der Atem". In: Frankfurter Allgemeine Zeitung v. 8. 4. 1978.

[105] Laemmle, S. 2.

[106] Reich-Ranicki (Aufsätze), S. 73.

[107] Bernhard Sorg: Thomas Bernhard. München, 2. Aufl. 1992, S. 8. (Künftig: Sorg, Bernhard)

[108] Jean Améry: Atemnot. Zum dritten Teil der Thomas Bernhardschen Autobiographie. In: Merkur. Deutsche Zeitschrift für europäisches Denken, H. 7, 32. Jg., Stuttgart, Juli 1978, S. 947 – 949; S. 949. (Künftig: Améry, Atemnot)

[109] Vgl. Julius Röntgen: Autobiographie und Dichtung. Ihr Wechselspiel bei Thomas Bernhard. In: Duitse kroniek, H. 1, Bd. 31, Amsterdam 1981, S. 14 – 34. Röntgen versucht, in seinem Aufsatz Beweise zu erbringen, „daß Bernhards fiktionales Werk autobiographische Züge enthält [...]". (S. 23)

[110] Thomas Bernhard: Frost. Frankfurt/M. 1994 [1963].

[111] Oliver Jahraus plädiert dafür, die Gesamtheit des Werkes zu erfassen, das durch die Einzeltexte nur immer weiter fortgeschrieben worden sei. O. J.: Das ‚monomanische' Werk. Eine strukturale Werkanalyse des Œuvres von Thomas Bernhard. Frankfurt/M., Berlin, Bern (u. a.) 1992 (=Münchener Studien zur literarischen Kultur in Deutschland, hrsg. v. Renate von Heydebrand, Georg Jäger, Jürgen Scharfschwerdt).
Alfred Pfabigan liest Bernhards Prosa als spannenden „Gesamttext", der „eine spekulative neue Sichtweise auf die Bernhard-Welt [ermögliche], die rückblickend auf einmal wie

gegen stimme ich Bernhard Sorgs Eindruck von der Autobiographie als „Zentrum und Ursprung zugleich"[113] zu, da seit dem Vorliegen der fünf Bände Stellungnahmen zu Bernhards Prosa vor und nach der Autobiographie ohne Einbeziehung seiner Jugenderinnerungen unvollständig erscheinen.

Es zeichnen sich im wissenschaftlichen Bernhard-Diskurs zwei dominierende, kausal aufeinander bezogene Problemstellungen ab, die sich in den Fragen zentrieren, wie autobiographisch die fiktionalen Texte bzw. wie fiktional die Autobiographie sei: Vermutlich, weil in der Autobiographie das literarische Erzähler-Ich der vorhergehenden Prosa mit dem realen Autor, „der bisher alles daran gesetzt hatte, sich zu mystifizieren, historisch konkret wurde",[114] dient die Schilderung von Bernhards Lebensgeschichte in den fünf Bänden nicht nur als Beglaubigung für biographische Studien, sondern auch für Interpretationen des fiktionalen Werkes. Doch wird die fiktionale Prosa irrtümlicherweise oft als jetzt dekuvrierte literarisch gespiegelte Welt seines eigenen Lebens gedeutet, und es wird festgestellt, Bernhard habe „schon immer"[115] „autobiographisch, wenn auch verdeckt durch Fiktion"[116] geschrieben. Infolgedessen werden die Äußerungen der Figuren nicht selten als „Sprachrohre des Dichters"[117] begriffen. In seiner Interpretation der Erzählung „Watten"[118] geht Pfabigan sogar so weit, die Figur des Erzählers als „authentisches Sprachrohr des Autors"[119] zu bezeichnen. Eine „nahezu komplette Austauschbarkeit"[120] von Figuren und Autor verführt Reich-Ranicki zu der (literaturwissenschaftliche Prinzipien vernachlässi-

---

ein von langer Hand geplantes Literaturunternehmen wirkt." A. Pf.: Thomas Bernhard. Ein österreichisches Weltexperiment. Wien 1999, S. 36.
Hans Höller macht auf „die sprachlichen Strukturen, ihre grammatische Gestalt und die zentralen Bildfelder" aufmerksam, die sich seit „Frost" von Buch zu Buch nicht entscheidend geändert" haben. H. H.: Kritik einer literarischen Form. Versuch über Thomas Bernhard. Stuttgart 1979 (=Stuttgarter Arbeiten zur Germanistik, hrsg. v. Ulrich Müller, Franz Hundnurscher u. Cornelius Sommer), S. 1. (Künftig: Höller, Lit. Form)

[112] So stellt Bernhard Sorg mit der Autobiographie den Beginn „eine[r] neue[n] Phase der schriftstellerischen Möglichkeiten [fest], nämlich den Übergang zur direkten monologischen Rede der achtziger Jahre." Sorg (Bernhard), S. 132.
[113] Ebd.
[114] Schmidt-Dengler (Scheltreden), S. 135.
[115] Vom Hofe, S. 19.
[116] Ebd.
[117] Andreas Razumovsky: Das Virtuosentum der Wutanfälle. In: Frankfurter Allgemeine Zeitung v. 7. 11. 1988.
[118] Thomas Bernhard: Watten. Frankfurt/M. 1987 [1969].
[119] Pfabigan, S. 161.
[120] Reich-Ranicki (Aufsätze), S. 6.

genden) Begründung: „[...] weil sich eben diese Ansichten auch in seinen publizistischen und essayistischen Äußerungen finden."[121]

Fehleinschätzungen einer Identität von Figuren, Protagonisten und Erzählern des fiktionalen Werkteils mit der Person des Autors finden sich vor allem in der Bernhard-Rezeption der frühen 80er Jahre, wobei hauptsächlich in psychologischen Deutungen Bernhards Publikationen als literarisch verbrämte subjektive Offenbarungen deklariert und Figuren und Autor gleichermaßen als krank, wahnsinnig und todessüchtig erachtet werden.[122]
Repräsentativ für diese Interpretationsweise ist Urs Bugmann, der den „Bezug der existentiellen Erfahrungen des Autors zu seinem fiktionalen Werk"[123] untersucht und schlußfolgert, daß den autobiographischen Schriften ebenso wie den fiktionalen „krankhafte Züge [...] ohne Zweifel eigen"[124] seien, mithin „Thomas Bernhards Werk [...] in seiner Ganzheit Bewältigungsversuch"[125] sei und sich lese „wie die Manifestation einer narzißtisch gestörten Persönlichkeit."[126]
Marquardt erhebt Einwand gegen Bugmanns Ansatz, da er auf Bernhards existentiellen Erfahrungen basiere, die dem Interpreten lediglich aus dem in der Autobiographie Dargestellten deutbar seien,[127] und weist hiermit auf ein Problem hin, mit dem sich jeder Interpret konfrontiert sieht, der das Verhältnis von Leben und Werk des Autors zum Gegenstand seiner Untersuchung macht. Mit einer Figuren- und Autorrede klar voneinander abgrenzenden Bewertung der ohne Zweifel einander ähnelnden literarischen und literarisch verarbeiteten biographischen Zeugnisse ist eine Deutung krankhafter Persönlichkeitsstrukturen sowohl der Figuren des fiktionalen Werkes oder selbst der des Autors anhand seiner autobiographischen Aussagen durchaus möglich, wie dies mit Hilfe von Bernhards real überprüfbarer Krankheitsgeschichte Monika Kohlhage überzeu-

---

[121] Ebd.
Auf die interpretatorische Zwickmühle der schwierigen Unterscheidbarkeit zwischen Figuren- und Autorrede reagiert Pfabigan mit der lakonischen Feststellung: „Strauch ist Bernhard, ist nicht Reger; Reger ist Bernhard, ist nicht Murau; Murau ist Bernhard und so fort." S. 19.
[122] Noch 2002 glaubt Reich-Ranicki in Bernhards Werken Spiegelungen der Befindlichkeit des Autors zu erkennen, indem er Bernhards Arbeiten als „Berichte eines Leidtragenden, Konfessionen eines Besessenen" beurteilt. M. R.-R.: Meine Bilder (Folge 18). In: Frankfurter Allgemeine Zeitung v. 27. 1. 2002.
[123] Bugmann, S. 13.
[124] Ders., S. 186.
[125] Ders., S. 157.
[126] Ders., S. 193.
[127] Vgl. Marquardt, S. 121.

gend darstellt.[128] Dagegen sind Interpretationsergebnisse, die sich einer nicht exakt durchgeführten Trennung von Autor- und Figurenrede verdanken, nicht imstande, haltbare Folgerungen über die jeweils individuelle psychische oder physische Beschaffenheit der zu bewertenden Person zu ziehen.[129]

In Kenntnis biographischer Daten und Begebenheiten, die sie aus der Autobiographie als „eine Art Baedeker für des Schriftstellers Erdenwandel"[130] entnehmen, vertreten einige Interpreten wegen der gegenseitigen Überlagerung fiktionaler und biographischer Elemente in beiden Werkteilen die Auffassung, Bernhard habe seine Autobiographie in der fiktionalen Prosa schon über Jahre vorbereitet. Insbesondere der im gleichen Jahr wie „Die Ursache" erschienene Roman „Korrektur"[131] mit seinem biographischen Bezug der Selbst- und Vergangenheitsklärung gilt Willi Huntemann als „stoffliche Beglaubigungsinstanz" dafür, daß die Autobiographie „strukturell aus dem fiktionalen Modell der Selbstverständigung gleichsam heraus[gewachsen]"[132] sei. Manfred Mittermayer vertritt die Ansicht, Bernhard spiele in „Korrektur" die „Grundkonstellation" der schmerzvollen Erlebnisse durch, bevor er sie „in der Autobiographie beschwört",[133] und Gudrun Mauch ist der Auffassung, daß das „Hauptanliegen" der Bernhardschen Autobiographien-Niederschrift „die biographische Fundierung und Rechtfertigung seines künstlerischen Werkes [ist], das aus den Bausteinen von Abstoßung von der feindlichen Umwelt, Krankheit und Todeserfahrung zusammengesetzt ist."[134]

Andere Interpreten sind der Ansicht, daß der „Hauptanteil des verarbeiteten Literarischen [!] Materials und die Perspektivierung bzw. die Strukturierung dieses Materials [...] auf Lebenserfahrung des privaten Autor-Ichs"[135] verweisen. So führt Helmut Gross „Bernhards Wahrheitsrigorismus"[136] auf „traumatische Er-

---

[128] Monika Kohlhage: Das Phänomen der Krankheit im Werk von Thomas Bernhard. Herzogenrath 1987.
[129] Wie irreführend eine solche Vermischung wäre, wird deutlich im hypothetischen Konstrukt einer Deutung, die nicht trennen würde zwischen dem Befinden des Ich-Erzählers Oskar Matzerath und seines Autors Günter Grass. G. G.: Die Blechtrommel. Darmstadt, 5. u. 6. Aufl. 1960.
[130] Ulrich Weinzierl: Zauberberg dritter Klasse. Der Dichter schweigt, die Exegeten reden. In: Frankfurter Allgemeine Zeitung v. 23. 3. 1999.
[131] Thomas Bernhard: Korrektur. Frankfurt/M. 1988 [1975].
[132] Huntemann (Treue), S. 50
[133] Manfred Mittermayer: Thomas Bernhard. Stuttgart 1995, S. 88.
[134] Gudrun Mauch: Thomas Bernhards Biographie des Schmerzes. In: Modern Austrian Literature. Journal of The International Arthur Schnitzler Research Assocation [!] (hrsg. v. Donald G. Daviau und Herbert Zeman), Vol. 13, No. 1, 1980, S. 91 – 110; S. 101.
[135] Vom Hofe, S. 19.
[136] Bestandteil des Aufatz-Titels von Gross, a.a.O.

lebnisse und Krankheiten in Kindheit und Jugend"[137] zurück, ebenso wie Ingrid Petrasch, die die erkenntnistheoretischen Reflexionen der fiktionalen Prosa in einer „persönlichen Grenzerfahrung"[138] begründet sieht.

Zweifellos üben lebensgeschichtliche Prägungen auch Einfluß auf das Werk eines Schriftstellers aus – nicht nur auf seine Autobiographie. Somit sind, wie Gusdorf resümiert, „Leben, Werk und Autobiographie [...] drei Aspekte derselben Aussage, die durch ein System dauernder Interferenz zusammengehalten werden."[139] Wenn Paul Konrad Kurz aber weitreichend folgert, daß „die dem gesamten Werk innewohnende Nekrophilie" im „ins Metaphysische reichende[n] Nichtversöhntseinkönnen des epischen, dramatischen und lyrischen Autors Bernhard"[140] verwurzelt sei, so ist dies eine möglicherweise von der Psychologie, aber nicht von der Literaturwissenschaft befriedigend beantwortbare Frage. Sollte Kurz jedoch den Begriff „Nekrophilie" über die Bedeutung der Abartigkeit hinausgehend und im Sinne fortwährender Hinwendung zum Tode verstehen, wie aus seinem Aufsatz gefolgert werden könnte, so träfe dies für die Autobiographie und ihren Autobiographen – im Gegensatz zum fiktionalen Werk und den Figuren – nicht zu. Wie ich zu zeigen versuche, wird in Bernhards Lebenserinnerungen in vielen geschilderten Episoden und selbst in den variationsreich ausgeführten Gedanken über Selbstmordabsichten ein geradezu ungebärdiger, oftmals vermessener, den Tod mißachtender Lebenswille thematisiert.

Als im Jahr 1982 mit dem letzten Band der Autobiographie zugleich die Texte „Beton" und „Wittgensteins Neffe" erschienen, wurden dort erneut Parallelen zur Autobiographie festgestellt und vor allem das letztgenannte Werk (allerdings nur vereinzelt) als sechster Band der Autobiographie deklariert. So faßt Reich-Ranicki die Erzählung (ähnlich wie es das Vorwort des Verlages[141] nach dem

---

[137] Ders. S. 112.
[138] Ingrid Petrasch: Die Konstitution von Wirklichkeit in der Prosa Thomas Bernhards. Sinnbildlichkeit und groteske Überzeichnung. Frankfurt/M., Bern, New York 1987 (=Münchener Studien zur literarischen Kultur in Deutschland, hrsg. v. Renate v. Heydebrand, Georg Jäger, Jürgen Scharfschwerdt, Bd. 2), S. 318. Petrasch bezieht sich hier auf die Sterbeszene in „Der Atem".
[139] Gusdorf, S. 146 f.
[140] Paul Konrad Kurz: Gegen die Sinnlosigkeit aufstehen. Thomas Bernhards autobiographische Inszenierungen. In: P. K. K.: Apokalyptische Zeit. Zur Literatur der mittleren 80er Jahre. Frankfurt/M. 1987, S. 281 – 289; S. 287.
[141] „Mit seiner 1982 vorgelegten Arbeit über die Geschichte einer Freundschaft führt Bernhard seine Autobiographie, die Beschreibung seiner Kindheit und Jugend in fünf Bänden, weiter in die Jahre 1967 bis 1979." Weiter unten heißt es jedoch relativierend: „Bernhards Notizen sind zum Bericht der Sterbegeschichte des Paul Wittgenstein geworden. Zwölf Jahre hindurch hatte er das Sterben des Freundes beobachtet. Und durch diese Be-

weltweiten Erfolg der Autobiographie nahelegt) als „Fortführung" des „großen Salzburger Entwicklungsroman[s]"[142] auf, da der „Ich-Erzähler und der Autor wieder identisch" seien.[143]
Und auch Paul Kurz' Argument für die Zugehörigkeit dieser Erzählung zur Autobiographie basiert auf der Auffassung, „literarisches Ich und biographisches Ich" seien hier „untrennbar verbunden."[144] Zwar nennt Kurz in seinem Aufsatz mit dem Untertitel „Thomas Bernhards autobiographische Inszenierungen" „Wittgensteins Neffe" nicht Autobiographie, sondern einen „autobiographischen Bericht",[145] setzt aber (ebenso wie Reich-Ranicki) durchgehend den Erzähler mit dem historischen Thomas Bernhard und die Figur des Paul Wittgenstein mit dem historischen Wittgenstein gleich.
Mit dem Rückverweis auf biographische Details ist „Wittgensteins Neffe" auch für Franz Eyckeler dem „Inhalt nach in der Hauptsache ein weiteres explizit autobiographisches Buch (das sechste und letzte), in welchem, wie immer, Wahrheit und Lüge, Realität und Fiktion bis zur Unkenntlichkeit miteinander verwoben sind [...]".[146] Auch Herwig Walitsch zählt Bernhards Erzählung ausdrücklich zu der „Hexalogie seiner Autobiographie"[147] ebenso wie Ingrid Petrasch, die im Anhang ihrer Untersuchung der fiktionalen Prosatexte von Bernhard die fünf

---

obachtung hat sich auch die Selbstbeobachtung Thomas Bernhards verschärft – so daß durch den Porträtierten auch das Bild des Porträtisten starke Konturen gewinnt." Vorwort des Suhrkamp Verlages zu Thomas Bernhard: Wittgensteins Neffe. Eine Freundschaft. Frankfurt/M. 1987, o. S.

[142] Marcel Reich-Ranicki: Der Sieg vor dem Abgrund. Thomas Bernhards Buch „Wittgensteins Neffe – Eine Freundschaft". In: Frankfurter Allgemeine Zeitung v. 5. 2. 1983.
Trotz der hier erfolgten Zuweisung zum Roman legt sich der Rezensent dennoch nicht eindeutig auf eine Textsorte fest, sondern fragt: „Aber was ist das Ganze? Ein Bericht? Eine Erzählung? Eine psychologische Studie? Ein Porträt? Sind es Erinnerungen? Autobiographische Aufzeichnungen?" An anderer Stelle bezeichnet Reich-Ranicki den „Salzburger Entwicklungsroman" allerdings eindeutig als „Autobiographie" (vgl. R.-R., Aufsätze, S. 50). Die Zitation bezieht sich auf eine Stellungnahme aus dem Jahr 1978 zu „Die Ursache", „Der Keller" und „Der Atem"). Die Formulierung „Fortführung" (s. o.) läßt daher die Vermutung zu, Reich-Ranicki ordne „Wittgensteins Neffe" auch der Textsorte Autobiographie zu.

[143] Ders., Frankfurter Allgemeine Zeitung v. 5. 2. 1983.
[144] Kurz, S. 288.
[145] Ders., S. 287.
[146] Eyckeler, S. 154.
[147] Herwig Walitsch: Thomas Bernhard und das Komische. Versuch über den Komikbegriff Thomas Bernhards anhand der Texte „Alte Meister" und „Die Macht der Gewohnheit". Erlangen 1992 (=Erlanger Studien, Bd. 96, hrsg. v. Detlef Leistner-Opfermann u. Dietmar Peschel-Rentsch), S. 84.

Bände der Autobiographie und „Wittgensteins Neffe" als „Autobiographische Texte von Thomas Bernhard"[148] anführt.

Zahlreiche Déja-vu-Erlebnisse, die sich dem Leser von „Wittgensteins Neffe" eröffnen, weil er hier mit lebensgeschichtlichen Analogien aus der Autobiographie konfrontiert wird, könnten ihn glauben lassen, tatsächlich einen weiteren Autobiographienband des Autors in den Händen zu halten. Doch unterscheidet sich diese Erzählung wesentlich von den fünf Bänden der Autobiographie und weist Indizien auf, die mit der Textsorte Autobiographie unvereinbar sind. Abgesehen von der nicht nachweisbaren Identität des Autors mit dem Erzähler, ist die Hauptperson eine andere als der Autor und eine andere als der Erzähler. Auch liegt der Schwerpunkt nicht auf dem Lebenslauf eines sich selbst beschreibenden Autors und nicht „auf dem *Werden* des Selbst, des Ich"[149] als Kennzeichen einer Autobiographie. Auch geht es nicht um das „erkennende Subjekt" oder um die „innere Entwicklung"[150] des Autobiographen: Am Ende der Entwicklungsphase des Jünglings und dem entscheidenden Punkt der Selbstfindung hatte der durch Leid und Krankheit früh gereifte 20jährige Bernhard ja bereits den „Schlußstrich"[151] gezogen.

---

[148] Petrasch, S. 338.
[149] Pascal (Niggl), S. 149.
[150] Aichinger (Niggl), S. 180.
[151] Vgl. das Interview mit de Rambures, a.a.O.
Während Gusdorf die „eigentliche Absicht der Autobiographie" in der Darstellung eines „Leben[s] in seiner Gesamtheit" (S. 133) erkennt, kann sie nach Pascal auch einen geringeren Zeitraum beschreiben, nämlich von der Kindheit bis zu dem Punkt, an dem „die Persönlichkeit ihre ureigenste Prägung erhält" (Pascal, Niggl, S. 149). Auch Jean Starobinski legt sich zeitlich nicht fest und fordert nur, daß „eine ausreichende Zeitspanne" beschrieben werden sollte. Jean Starobinski: Der Stil der Autobiographie. In: Die Autobiographie. Zu Form und Geschichte einer literarischen Gattung (hrsg. v. Günter Niggl). Darmstadt 1989 (=Wege der Forschung, Bd. 565), S. 200 – 213; S. 200. Ingrid Aichinger gilt eine Autobiographie dann als „'vollständige'" (selbst wenn nur über eine kurze Zeitspanne des Lebens berichtet werde), wenn „die wesentlichen Züge der späteren Persönlichkeit bereits vorgeformt erscheinen." Auch eine „Situation, die einen markanten Einschnitt" im Leben des Autobiographen bezeichne, „eine „Lebenswende", könne eine Autobiographie beenden. Vgl. Aichinger (Reallexikon), S. 808.
Die Beschränkung der Lebensbeschreibung auf Kindheit und Jugend oder bis zu einer „Lebenswende" ist keineswegs ungewöhnlich. Ein berühmtes Beispiel ist Goethes Autobiographie „Dichtung und Wahrheit", die im ausgeführten Teil von 1749 – 1775 reicht und die ersten 26 Jahre seines Lebens vor seiner Weimarer Zeit umfaßt. Bernhards Autobiographie endet, bevor sein Leben als Schriftsteller beginnt.
Zu Kindheitsautobiographien vgl. Werner Brettschneider: „Kindheitsmuster", (a.a.O.). Hierzu auch: Kindheiten. Gesammelt aus Lebensberichten (hrsg. v. Ursula Voß u. mit einem Vorwort v. Gabriel Laub). München 1979.

Von einer Fortführung der Autobiographienbände auszugehen, hieße zudem (neben den schon erwähnten Fakten, die dagegen sprechen) nicht nur die vom Autor bezeugte Beendigung des Projekts zu ignorieren, sondern auch die große literarisch unausgefüllte Phase von siebzehn Jahren in Bernhards Leben, die zwischen dem Ende der „Kälte" im Jahr 1950 und dem Beginn von „Wittgensteins Neffe" 1967 liegt. In diesem Buch geht es um eine Freundschaft (so auch der zweite Teil des Titels) des Erzählers mit dem „damals mit mir auf dem Wilhelminenberg stationierte[n], isolierte[n], abgeschobene[n] und abgeschriebene[n] Freund Paul" (WN 32), der im „Mittelpunkt dieser Notizen" (WN 32) steht. Eindeutig liegt hier das Hauptgewicht"[152] nicht auf dem individuellen Leben des Autors als Signatur einer Autobiographie, sondern auf dem des Erzählerfreundes, der mit dem historischen Paul Wittgenstein bloß namensidentisch ist.

In den Erinnerungen an den Freund und an gemeinsame Erlebnisse findet zwar auch eine Gewissensbefragung des Erzähler-Ichs statt, die der Autor als immer gleichbeginnende Vergleichsformeln („wie der Paul", so – „war auch ich", „hatte ich", „habe ich selbst", „bin ich", „habe ich"; WN 32 ff.) anlegt, doch erstens ist die Selbstbefragung des Erzähler-Ichs nicht das Ziel des Erkenntnisses, sondern die des Freundes, den er sich „mit diesen Notizen noch einmal deutlich machen will" (WN 32), und zweitens ist der Erzähler nicht identisch mit dem Autor, so daß auch dessen Gewissensbefragung als Indiz einer Autobiographie nicht geltend gemacht werden könnte.

So kann trotz der allgegenwärtigen „selbstbiographischen Substanz"[153] dieser Erzählung nicht von „Gestaltung des Autobiographischen in einem eigenständigen Werk"[154] ausgegangen werden und somit nicht von einem weiteren Autobiographienband. Legt man aber der Gattungszuordnung Erkenntnisse aus der neueren Biographien-Forschung zugrunde, die als Charakteristikum biographischer Texte des 20. Jahrhunderts neben dem Bemühen um eine differenzierte Sicht des Porträtierten auch die Selbstfindung des Biographen hervorhebt, der sich in verschiedenen Erzähler-Ichs verbergen kann,[155] ist es denkbar, die von Marquardt für diesen Text nur halbherzige Zuordnung zum „Roman" oder „direkt zu den autobiographischen"[156] Texten zu konkretisieren und „Wittgensteins

---

[152] Lejeune, S. 215.
[153] Aichinger (Reallexikon), S. 802.
[154] Ebd.
[155] Vgl. Helmut Scheuer: Biographische Romane der 70er Jahre – Kunst und Wissenschaft. In: Der Deutschunterricht 43, H. 4, 1991, S. 32 – 42; S. 40: „Wie die Autobiographie den Versuch eines einzelnen darstellt, sich selbst zu erkennen und damit anderen verständlich zu werden, so glaubt der Biograph einer fremden Person gerade über den anderen auch den Weg zum Selbst zu finden."
[156] Vgl. Marquardt, S. 131.

Neffe" als biographischen Roman zu bezeichnen. Dieser Gattungsstatus berücksichtigt die literarisch verarbeitete Perspektivierung eines anderen (hier in der komplizierten Anlage durch einen Ich-Erzähler), schließt aber eine Identität zwischen dem Autor Bernhard und dem Biographen dieser Person aus.

Erwies sich eine Übertragung geistiger und körperlicher Lädierungen der Figuren auf die Person des Autors in der Diskussion um das fiktionale Werk schon als problematisch, so erhält sie, sofern diesbezüglich die Hauptperson einer Autobiographie bewertet wird, ungleich höhere Brisanz: Während in fiktionalen Texten einer Gleichsetzung von Autor- und Figurenrede mit dem Verweis auf die personale Nichtidentität begegnet werden kann, und somit der Autor als außerhalb des Textes Stehender nur mittelbar den Denk- und Handlungsbereich seiner Figuren zu verantworten hat, ändert sich die Situation in der Bewertung einer Autobiographie, da hier der Autor als Referent seiner eigenen Lebensgeschichte mit dessen (geschilderter) Haltung unmittelbar identifiziert werden kann.

Diese exklusive Autor/Text-Situation wirft für den Interpreten einer Autobiographie die Frage auf, ob aus der direkten Konfrontation mit dem Selbsterlebten eine psychische Unterlegenheit des Autors unter sein Sujet abzuleiten sei. In einigen Beiträgen wird das durchaus so gesehen. So liest Bugmann, gestützt auf psychologische Theorien, die Autobiographie als „Manifestation einer narzißtisch gestörten Persönlichkeit".[157] Und auch Eyckeler, der ebenso wie Bugmann Bernhards Werk in seiner Gesamtheit als „Bewältigungsversuch"[158] und „Existenzüberbrückung"[159] begreift, begründet seine Auffassung mit der Erklärung, Bernhard habe geschrieben, „um auf diese Weise mit dem Leben fertig zu werden."[160] Die Niederschrift der Autobiographie sei somit, wie Eyckeler und ebenfalls Tschapke einstimmig beurteilen, „wesentlich als ein funktionales, autotherapeutisches Geschehen"[161] anzusehen bzw. sie habe „autotherapeutische Funktion",[162] durch die sich „ein Gegenwartsautor durch das Feld seiner zwanghaften Kindheits- und Jugenderinnerungen"[163] freischreibe.

Dieser Denkansatz ist deshalb prekär, weil er über intime Erfahrungen eines realen Menschen spekuliert (nicht über die einer fiktiven Figur), die im Zeicheninventar des Textes nicht ablesbar sind.

---

[157] Bugmann, S. 193.
[158] Eyckeler, S. 52, Anm. 7, zit. nach Bugmanns Titel.
[159] Ebd.
[160] Ebd.
[161] Ebd.
[162] Tschapke, S. 165.
[163] Ebd.

Die ähnliche Gefahr, eher eine psychoanalytische Diagnose als eine literaturwissenschaftliche Bewertung von Form und Gehalt der Autobiographie zu liefern, verbirgt sich in Befunden, in denen geschlußfolgert wird, Bernhard habe durch den Schreibprozeß oder durch die Niederschrift eine Last abgeworfen,[164] er habe sich „autobiographisch abarbeiten müssen",[165] um seine bedrückende Vergangenheit bewältigen zu können.
Wenn aber Kurz in seinem im wesentlichen psychoanalytisch argumentierenden Aufsatz[166] Bernhard schließlich doch als „grandiose[n] Dramaturg[en] seiner frühen Verletzungen"[167] einschätzt, so verlagert er die fragwürdige Sicht vom Schreibprozeß als Kompensationsmedium der Vergangenheitsbewältigung zutreffend auf die ästhetischen Gestaltungsambitionen des Autors.
Ebenso differenziert verfährt Laemmle, der das Problem der Selbstfindung vom Textproduzenten und der Textproduktion abstrahiert und aus textinternen Äußerungen der Autobiographie schließt: „Thomas Bernhards Autobiographie *beschreibt*, wie sich einer, inmitten von inneren und äußeren Katastrophen selbst findet."[168]

Das Defizitäre einer „ausschließlich psychoanalytische[n] Lektüre der Autobiographien Bernhards" führt Strutz vor Augen, wenn er daran erinnert, daß die „Psychoanalyse über dem Tatsachencharakter der Kunstwerke 'deren eigene Objektivität, ... ihre kritischen Impulse, ihr Verhältnis zur nicht-psychischen Realität' versäumt."[169]
Um dieses Versäumnis begleichen zu können, schlägt Strutz vor, in Bernhards Autobiographie zwischen einem „fiktionalen" und einem „autobiographischen Erzähler"[170] zu unterscheiden. Es ist nicht auszuschließen, daß eine solche Dop-

---

[164] Vgl. Améry (Atemnot), S. 949.
[165] Annegret Mahler-Bungers: Die Anti-Autobiographie. Thomas Bernhard als ‚Antiautobiograph'? In: Über sich selber reden. Zur Psychoanalyse autobiographischen Schreibens (hrsg. v. Johannes Cremerius, Wolfram Mauser, Carl Pietzcker, Frederick Wyatt). Würzburg 1991 (=Freiburger literaturpsychologische Gespräche, Bd. 11), S. 121 - 133; S. 122.
[166] Zum Beispiel: Bernhard sei in „Ein Kind" in den „untersten Raum der bewußtseinseigenen Katakomben" (S. 281) gestiegen. In diesem Band „wagte" es der Autor, „das Urdrama des unehelichen Kindes aufzudecken (S. 284); und Kurz spricht von „Trauerarbeit gegenüber dem Urtrauma" (S. 285).
[167] Ders., S. 285.
[168] Laemmle, S. 6. Hervorhebung von mir.
[169] Strutz, S. 196, Anm. 16, zit. nach Theodor W. Adorno: Ästhetische Theorie. Frankfurt/M. 1973, S. 21.
[170] Strutz, S. 182. Vgl. auch Klaus Michael Bogdal, der die Autorposition in der „Selbstverdoppelung" in das „autobiographische Ich" und den „'Dichter'" anspricht. K. M. B. (Hrsg.): Historische Diskurs-Analyse der Literatur. Opladen/Wiesbaden 1999, vgl. S.

pelperspektivierung in der Bewertung eines autobiographischen Romans versucht werden könnte,[171] doch in Anbetracht der personalen Identität und der sich daraus ergebenden identischen Bewußtseinsebenen von Autor, Erzähler und Figur erscheint sie nicht zweckdienlich.

Huntemanns Denkmodell dagegen, im Roman „Korrektur" „den Erzähler und Roithammer als zwei Seiten eines Bewußtseins"[172] aufzufassen, ist eine schlüssige Interpretation der vom Autor absichtsvoll komplementär angelegten fiktiven Entitäten.

Keineswegs soll der erhellende Wert psychologischer Erkenntnisse und deren Anwendung in Literaturinterpretationen in Abrede gestellt werden,[173] aber das tiefere Interesse sollte doch den literarischen Kriterien gelten. Eine Vermengung unterschiedlicher Argumentationsebenen führt in Bernhards Autobiographie – beispielsweise in Äußerungen zum Problem der Selbstfindung – zu Unklarheiten bei der Behandlung des Ichs der Kinderjahre und dem des erwachsenen Autors, der sich rückblickend in die vergangene Zeit versetzt. Ich teile wie Bernhard Judex die Ansicht Helga Gallas', daß ein literarischer Text zwar weiterhin auch als „Ausdruck einer psychischen Konfliktstruktur des Schreibenden" verstanden werden kann, jedoch „nicht länger als eine Art Ersatzbefriedigung oder als Hort regressiver Wünsche."[174]

---

183. (Darin bes.: Kap. III, 3: Hinter der Blindtür. Thomas Bernhards Auto(r)biographie, S. 172 – 185.)

[171] Möglicherweise böte sich eine solche Verfahrensweise an für die autobiographischen Romane von
Karl Philipp Moritz: Anton Reiser. Ein psychologischer Roman. Leipzig 1987 [1785].
Sergéj Timoféjewitsch Aksákov: Bagrovs Kinderjahre. Zürich 1978 [Moskau 1858].
In diesen Texten haben die Autoren, obwohl es sich um ihre eigene Lebensgeschichte handelt, für ihre Hauptperson ein Pseudonym gewählt. Zur unterschiedlichen Bedeutung des Pseudonyms für den Autorennamen und für die Hauptfigur vgl. Lejeune, S. 228 f.

[172] Huntemann (Treue), S. 50.

[173] Kritisch zu den überhand nehmenden psychologischen Wertungen der Bernhardschen Autobiographie äußern sich beispielsweise:
Martin Huber: „Romanfigur klagt den Autor." Zur Rezeption von Thomas Bernhards „Die Ursache. Eine Andeutung". In: Wendelin Schmidt-Dengler, Martin Huber: Statt Bernhard. Über Misanthropie im Werk Thomas Bernhards. Österreichische Staatsdruckerei 1987, S. 59 – 110; vgl. S. 95 sowie Bogdal, vgl. S. 179.

[174] Bernhard Judex: Wild wächst die Blume meines Zorns ... Die Vater-Sohn-Problematik bei Thomas Bernhard. Biographische und werkbezogene Aspekte. Frankfurt/M. (u. a.) 1977 (=Europäische Hochschulschriften, R. 1, Deutsche Sprache und Literatur, Bd. 1600). Vgl. S. 17. Zit. nach Helga Gallas: Psychoanalytische Positionen. In: Helmut Brackert, Jörn Stückrath (Hrsg.): Literaturwissenschaft. Reinbek 1992, S. 593 – 606; S. 603.

2.3 Wahrheit und *Verfälschung*

In der bisher diskutierten germanistischen Literatur zeigte es sich, daß vorwiegend psychologisch argumentierende Deutungsversuche biographischer Einflüsse auf Bernhards Prosa unter anderem der Gefahr ausgesetzt sind, mit der dem Autor attestierten emotionalen Befangenheit gleichzeitig eine Schmälerung seines Autonomiepotentials gegenüber seinem Werk anzunehmen. In Umkehrung dieses Problems wird der „Kunstcharakter"[175] der Autobiographie einer Fiktionalitätsdebatte unterworfen, in der die Literarität der Texte nicht ausschließlich gewürdigt, sondern von einzelnen Interpreten auch als authentizitätsmindernd aufgefaßt wird. So führte der Befund „hochgradig sprachliche[r] und inhaltliche[r] Stilisierung und Selbstinszenierung"[176] bzw. der Mischung aus „Realitätserfahrung und Stilisierung"[177] dieser Autobiographie mitunter zu wenig weiterführenden Ergebnissen: Marquardt stellt beispielsweise fest, daß Bernhards Autobiographie „in gleichem Maße fiktional [sei] wie die Romane autobiographisch";[178] Maier deckt Bernhards „Chuzpe"[179] auf, den Leser seiner Autobiographie fortwährend mit „Fälschungen"[180] zu konfrontieren, obwohl er behaupte, die Wahrheit sagen zu wollen, und Bogdal ist erstaunt, in dieser Schriftsteller-Autobiographie „nichts als Literatur"[181] vorzufinden.

Während niemand ernstlich die Qualität fiktionaler Texte an ihrem nachprüfbaren Wahrheits- oder Phantasiegehalt bemessen würde, müssen Autobiographien gewissermaßen einer Glaubwürdigkeitsprüfung durch den Leser standhalten können, um ihrem Anspruch, „eine wahre Geschichte"[182] zu sein, gerecht zu werden. Was aber ist in diesem Zusammenhang unter dem in der Forschung vieldiskutierten Problem der Wahrheit zu verstehen, wenn große Lebensabschnitte oder ein langes Leben rückblickend aus der Erinnerung beschrieben werden sollen – Bernhard schreibt immerhin aus einem Abstand von dreißig Jahren? Wieso erscheint Améry gerade der metaphernbeladene Band „Der

---

[175] Meyerhofer (Biographie), S. 17; Röntgen, S. 16.
[176] Jahraus, S. 86.
[177] Josef Donnenberg: Thomas Bernhard (und Österreich). Studien zu Werk und Wirkung (1970 – 1989). Stuttgart 1997 (=Stuttgarter Arbeiten zur Germanistik, Nr. 352, hrsg. v. Ulrich Müller, Franz Hundnurscher u. Cornelius Sommer), S. 99.
[178] Marquardt, S. 176.
[179] Andreas Maier: Die Verführung. Thomas Bernhards Prosa. Göttingen 2004, S. 161.
[180] Ders., S. 160.
[181] Bogdal, S. 185.
[182] Roy Pascal: Die Autobiographie. Gehalt und Gestalt (übers. v. M. Schaible). Stuttgart 1965 (=Sprache und Literatur, Bd. 19), S. 77. (Künftig: Pascal, Gehalt)

Atem" als „ein ehrliches Buch"[183] – während Bernhard von „Lüge" (Ke 33; Ke 89) und „Verfälschung" (Ke 32) spricht?

Wenn Goethe, den programmatischen Titel seiner Autobiographie erläuternd, die „halb poetische, halb historische Behandlung"[184] des Projekts hervorhebt, geschieht das aus erlebter Erfahrung, dem Rankeschen Vorhaben, zu rekonstruieren, „wie es gewesen", niemals gerecht werden zu können, und im Wissen, „daß der Vorgang des Erinnerns Gesetzlichkeiten unterliegt, die eine adäquate Reproduktion vergangenen Lebens grundsätzlich unmöglich machen."[185] Da anstelle realitätsgetreuer „Rekonstruktion der Vergangenheit" zwangsläufig „Interpretation" des Autobiographen trete, erachtet Pascal „die Verfälschung der Wahrheit" nolens volens als „grundlegendes Wesensmerkmal" und „notwendige Bedingung"[186] von Autobiographien.

Wegen dieser ja nicht nur von akademischer Erkenntnis, sondern auch von fast schon trivial zu nennender Lebenseinsicht geleiteten Selbstverständlichkeit die üblich gewordene Zweiteilung der Literatur in fiktionale und nicht fiktionale Texte in Zweifel zu ziehen, halte ich für unnötig.[187] Ein die herkömmliche Zuordnung ersetzender Oberbegriff wie beispielsweise „autobiographische Texte" erforderte in jedem Fall eine weitere Differenzierung, bei der schließlich doch Definitionskriterien, den entsprechenden Textkorpus der einen (fiktionalen) oder der anderen (nichtfiktionalen) zuzuordnen, entscheiden müßten.

Lejeune, dessen Autobiographie-Definition bisher keine überzeugendere Alternative zur Seite steht, weist ausdrücklich auf die „Vielfalt von Kriterien" hin, die eine solche Zuordnung beeinflussen, und die sich „entsprechend den Zeiten und den Individuen ändern können" und betont, daß vor allem die Berücksichtigung der „Lektürekontrakte"[188] zwischen Autor und Leser wesentliche Orientierungshilfen für die Klassifizierung leisten können.[189]

Die Gegebenheiten nicht auszuschließender bzw. immer anwesender Fiktionalität sind für Oliver Sills Denkmodell ausschlaggebend, Autobiographien nicht mehr nach konventioneller germanistischer Praxis „auf den Status einer Gebrauchsform" zu fixieren und die „weithin unangetastete Differenz zwischen

---

[183] Améry (Atemnot), S. 949.
[184] Vgl. Goethe: Aus meinem Leben. Dichtung und Wahrheit (a.a.O.), S. 10.
[185] Aichinger (Reallexikon), S. 806.
[186] Pascal (Gehalt), S. 32.
[187] Vgl. Brettschneider, S. 11.
[188] Lejeune, S. 257.
[189] Zur Fiktionalitätsproblematik in autobiographischen Kommunikationsmedien vgl. Nübel, S. 46 ff.

literarischer Form der Autobiographie und autobiographischem Roman"[190] aufzuheben. Dieser Vorschlag der Einebnung von fiktionaler und nichtfiktionaler Literatur ist ebenfalls nicht unproblematisch. Denn wer das „Grenzgängertum [der Autobiographie, A. M.] zwischen Geschichte und Literatur"[191] zu eliminieren sucht, könnte leicht verkennen, daß erst die Existenz von Grenzen die Voraussetzung für ihre Wahrnehmung und den Reiz der Überschreitung bietet. Daher ist Matthias Hattemer zuzustimmen, der in Bernhards Autobiographie[192] zwar auch kein typisches Beispiel einer zeitgenössischen Autobiographie sieht, aber feststellt, daß trotz des „ausgewiesen hohe[n] Grad[es] an erfundenen Elementen" die „Fiktion [...] nicht in das Programm des Ich implementiert [sei] und der autoriale Entwurf [...] alle, die Autobiographie sprengenden Elemente entschärfe[ ] [...]. Unter Berufung auf das Authentische des beschriebenen Lebens" könne sich „die zeitgenössische Autobiographie [...] gestalterische Freiräume zurückerobern."[193]

Diese abwägende Haltung weiß einerseits die Kraft bewährter literaturwissenschaftlicher Ordnungskriterien zu schätzen, andererseits prononciert sie den künstlerischen (und kulturellen) Gewinn, der in ihrer bewußten Übertretung liegen kann. Allerdings müßte im Falle von Bernhards provozierender Darstellungsweise nicht von Zurückeroberung „gestalterischer Freiräume" gesprochen werden (denn das hieße ja, daß das zur Disposition stehende Terrain schon einmal eingenommen gewesen war), sondern von einer beispiellosen Eroberung bisher unbekannter Gestaltungsbereiche der Autobiographie.[194]

Die desillusionierende Erkenntnis, Wahrheit ohnehin nur als „Möglichkeitsfetzen von Erinnerung" (A 69) erfassen oder mitteilen zu können, reflektiert Bernhard in vielen Stellen seiner Autobiographie. Wie aber können wenigstens diese rudimentären Wahrheitspartikel wiedergegeben und erfahrbar gemacht werden, wenn dem Menschen nur die Sprache für ihre Darstellung zur Verfügung steht? Die aber ist

---

[190] Sill, S. 42.
[191] Wagner-Egelhaaf, S. 1.
[192] Ebenso wie in Peter Handkes „Kindergeschichte". Frankfurt/M. 1961.
[193] Matthias Hattemer: Das erdichtete Ich. Zur Gattungspoetik der fiktiven Autobiographie bei Grimmelshausen, E. T. A. Hoffmann, Thomas Mann und Rainer Maria Rilke. Frankfurt/M., Bern, New York, Paris 1989 (=Europäische Hochschulschriften, R. 1, Deutsche Sprache und Literatur, Bd. 1151), S. 148.
[194] Einen ungewöhnlichen Weg wählt auch Roland Barthes: Im Mißtrauen gegenüber kontinuierlicher Beschreibung und widerspiegelbarer Realität stellt der Autor sein Leben alphabetisch dar. R. B.: Roland Barthes par Roland Barthes. Paris 1975. Titel der deutschen Ausgabe: Über mich selbst. München 1978.

„unbrauchbar, wenn es darum geht, die Wahrheit zu sagen, Mitteilung zu machen, sie läßt dem Schreibenden nur die Annäherung, immer nur die verzweifelte und dadurch auch nur zweifelhafte Annäherung an den Gegenstand, die Sprache gibt nur ein gefälschtes Authentisches wider [!], das erschreckend Verzerrte, sosehr sich der Schreibende auch bemüht, die Wörter drücken alles zu Boden und verrücken alles und machen die totale Wahrheit auf dem Papier zur Lüge" (Kä 89).

Mit dieser Zwangslage jedes Autobiographen hat sich Bernhard am intensivsten im „Keller" auseinandergesetzt. In typisch Bernhardscher Radikalität verweist er „alles Mitgeteilte" in den Bereich der „Fälschung und Verfälschung" (Ke 32). Das Gedächtnis halte sich zwar „genau an die Vorkommnisse und [...] an die genaue Chronologie", aber trotz des „*Wahrheitswillen[s]* des Beschreibenden" sei „Wahrheit [...] überhaupt nicht mitteilbar" (Ke 32). Daraus folgert Bernhard, daß der Autobiograph entweder schweigen oder sich damit zufrieden geben müsse,

„die Wahrheit schreiben und beschreiben zu wollen [...], auch wenn wir wissen, daß die Wahrheit niemals gesagt werden kann. Die Wahrheit, die wir kennen, ist logisch die Lüge, die, indem wir um sie nicht herumkommen, die Wahrheit ist. [...] Es kommt darauf an, *ob wir lügen wollen oder die Wahrheit sagen und schreiben*, auch wenn es niemals die Wahrheit sein kann, niemals die Wahrheit ist. [...] Letzten Endes kommt es nur auf den Wahrheitsgehalt der Lüge an" (Ke 33).[195]

In den stetig wiederholten Reflexionen über „Widerstände" und „Schwierigkeit[en]" (DT 149 u. ff.), die sich dem Schreibenden entgegenstellen, und über dabei zwangsläufig auftretende „Mängel, ja Fehler" (A 68), geraten diese selbst zu wesentlichen Aussagen von Bernhards Autobiographie und somit zu Komponenten des „Lebensakt[es]".[196] Das Kriterium der Reflexion über den Schreibprozeß unterscheidet Bernhards Autobiographie von der Autobiographie konventioneller Provenienz, der Reflexionen dieses Ausmaßes in Bezug auf den Schreibakt fremd sind, und kennzeichnet sie als eine moderne Autobiographie-Form, die sich in den 70er Jahren des 20. Jahrhunderts entwickelte.

---

[195] Über die Unmöglichkeit, sich lückenlos und präzise an „über mehrere Stunden andauernde Wahrnehmungen" (W 8) nur des vorangegangenen Tages zu erinnern, handelt Bernhards Erzählung „Watten". Die Rekonstruktionsversuche des Erzählers bilden den Text des Buches.

[196] Hans Rudolf Picard: Die existentiell reflektierende Autobiographie im zeitgenössischen Frankreich. In: Die Autobiographie. Zu Form und Geschichte einer literarischen Gattung (hrsg. v. Günter Niggl). Darmstadt 1989 (=Wege der Forschung, Bd. 565), S. 520 – 538; S. 523. Vgl. auch Bianca Theisen: „Bernhard schreibt eine Autobiographie über das Schreiben einer Autobiographie." B. Th.: Im Guckkasten des Kopfes. Thomas Bernhards Autobiographie. In: Politik und Medien bei Thomas Bernhard (hrsg. v. Franziska Schößler u. Ingeborg Villinger). Würzburg 2002, S. 246 – 265; S. 259.

Carola Hilmes sieht in den Reflexionen über Möglichkeiten und Schwierigkeiten, Erlebtes und Gedachtes sich selbst und anderen wieder vorstellbar zu machen, ein Novum der modernen Autobiographie, durch das „die sinnstiftende Funktion der Sprache deutlich hervor[trete]", und die als „Orientierungsmodell [...] auch dem Leser angeboten" werde: „Die neue, entschieden moderne Selbstbiographie wird vom Leser gemacht."[197]
Das Einbeziehen des Lesers in Bernhards Reflexionen als Bestandteil seines poetologischen Programms der „Künstlichkeit", nach dem auch die Autobiographie angelegt ist (vgl. die „Finsternis-Metapher, DT 150 und 151), erweist sich als rezeptionsbestimmendes Moment seiner Autobiographie. Im Unterschied zum traditionell schreibenden Autor fühlt sich Bernhard selbst – ebenso wie es seine Leser sind – als „Zuschauer"[198] einiger Szenen seines Lebens, die sich wie „auf einem *Bühnen*raum, in einem *Bühnen*viereck" (DT 150 u. 151) abspielen, als Zuschauer vergangener und nun vergegenwärtigter Geschehnisse, die mit Hilfe der mangelhaften Ausdrucksmöglichkeiten der Sprache in die Vorstellungskraft des Autors und des Lesers transportiert werden sollen:

> „Hier sind Bruchstücke mitgeteilt, aus welchen sich, wenn der Leser gewillt ist, ohne Weiteres [!] ein Ganzes zusammensetzen läßt. Nicht mehr. Bruchstücke meiner Kindheit und Jugend, nicht mehr" (A 69).

Dieses „Ganze" kann niemals das *ganze* Leben, niemals die *ganze* Wahrheit des Mitgeteilten sein, so sehr auch der Autobiograph bemüht ist, dies zu vermitteln – und so sehr der Leser wünscht, über die Wahrheit eines anderen Lebens auch etwas mehr über sein eigenes zu erfahren. Möglicherweise sind es aber gerade die „Leerstellen"[199] der Bernhardschen Autobiographie, die den „elementaren Ansatzpunkt"[200] für ihre Faszination darstellen.
Im Kriterium fortwährenden Thematisierens des Schreibprozesses und des Erinnerungsvorgangs liegt die Nähe von Bernhards Autobiographie zur existentiell reflektierenden Autobiographie, wie sie von Picard beschrieben wird. Doch erfüllt Bernhard nicht den rigorosen theoretischen Anspruch, „jeden Verdacht der Fiktion"[201] zu vermeiden. In realistischer Einschätzung dieser Unmöglichkeit

---

[197] Carola Hilmes: Das inventarische und das inventorische Ich. Grenzfälle des Autobiographischen. Heidelberg 2000 (=Frankfurter Beiträge zur Germanistik; Bd. 34), S. 24.
[198] Picard, S. 523: „Der moderne reflektierende Autobiograph [...] bedenkt sein Zuschauen ständig mit, ja sieht in dem Zuschauen *als beobachtetes* einen wichtigen Anlaß seiner autobiographischen Tätigkeit."
[199] Vgl. Iser (Appellstruktur), S. 14 ff.
[200] Ders. (Appellstruktur), S. 15.
[201] Picard, S. 537, vgl. auch S. 538. Picards Aufsatz bezieht ausdrücklich die Erkenntnisse Michel Leiris zur existentiell reflektierenden Autobiographie mit ein.

geht er bisher nicht erprobte Wege autobiographischen Schreibens: Da Authentizität und Realität eines Lebens mit den Mitteln der Sprache nur als Um-Schreibung und somit De-Formation sichtbar gemacht werden können, gestaltet Bernhard seine Autobiographie mit *den* Elementen literarischen Sprechens, die als genuines Merkmal das paradoxe Potential gleichzeitiger Distanz und subjektiver Unmittelbarkeit in sich tragen – mit den Elementen des Komischen.
Das Neue, Andere, das Irritierende und Provozierende ist die Originalität des Einsatzes dieser Elemente in einer Autobiographie. Zwar stehen, wie Waldmann ausführt, Autobiographien grundsätzlich die gleichen sprachlichen Mittel zur Verfügung, die „zum allgemeinen literarischen Formfundus gehören";[202] so verwende Bernhard beispielsweise „intensivierende, überzeichnende, verzerrende und verfremdende Rede- und Erzählformen, literarische Bildformen und Formen der Groteske", die „dann eine literarische, von der konventionellen Form unterschiedene Gestaltung bewirken [...]."[203]

Der „literarische[n] und künstlerische[n] Funktion" der Autobiographie mißt Gusdorf sogar „größere Bedeutung" bei als der „historische[n] und objektive[n]"[204] und distanziert sich somit von einer ohnehin nicht zu verwirklichenden Reproduktion von endgültiger Wahrheit, die sich ja keineswegs allein in der „Konfrontation der Autobiographie mit geschichtlichen Tatsachen"[205] erschöpft. Gerade die „sogenannten Unzulänglichkeiten" empfindet auch Pascal als ästhetisch reizvoll, da durch sie „eine Autobiographie zur Würde der Kunst aufsteigt, die die poetische im Gegensatz zur historischen Wahrheit verkörpert."[206] Die literarische Moderne erweise sich somit „als Integrationseinheit von Autobiographie und Poesie", wie Hilmes folgerichtig formuliert, „denn die Dichtung und Wahrheit verbindende Kraft ist die Subjektivität selbst."[207]
Dieser Erkenntnis Rechnung tragend, verstehen auch die meisten Interpreten Bernhards Autobiographienbände als „Materialien", die „selbst auch wieder literarische Werke und damit von zwangsläufig fiktionalem Charakter sind",[208] also so, wie sie nach Brändles Zeugnis in seinem Buch über den Freund Thomas Bernhard auch von ihm konzipiert sind, nämlich „auch als Dichtung".[209] Humorvoll äußert sich Bernhard selbst zu seiner Autobiographie als Konstruktion

---

[202] Waldmann, S. 70.
[203] Ebd.
[204] Gusdorf, S. 141.
[205] Pascal (Niggl), S. 154.
[206] Ders. (Niggl), S. 155.
[207] Hilmes, S. 13.
[208] Bugmann, S. 14.
[209] Rudolf Brändle: Zeugenfreundschaft. Erinnerungen an Thomas Bernhard. Suhrkamp Taschenbuch 3232, 2001 [Salzburg und Wien 1999].

seines Lebens am Ende vom „Keller", weil er zu der Erkenntnis gelangt ist, daß trotz redlicher Bemühungen authentische Re-Konstruktion der Vergangenheit unmöglich ist: „Hätte ich, was alles zusammen heute meine Existenz ist, nicht tatsächlich durchgemacht, ich hätte es wahrscheinlich für mich erfunden und wäre zu demselben Ergebnis gekommen" (Ke 110).

Unter Berücksichtigung der skizzierten Voraussetzungen, Bedingungen und Möglichkeiten der Produktion und Rezeption von Autobiographien wird in der vorliegenden Untersuchung Bernhards fünfteilige Autobiographie in ihrer „zweifache[n] Lesbarkeit" aufgefaßt – als „historisches Zeugnis und als literarisches Kunstwerk",[210] wiewohl es die Themenwahl nahelegt, daß das vorrangige Interesse der künstlerischen Darstellung gilt.

2.4 Ein philosophisches Lachprogramm

„Wenn man „Frost" liest zum Beispiel, ich hab' ja *immer* schon Material zum Lachen geliefert. Das ist eigentlich alle Augenblick' hellauf zum Lachen. Aber ich weiß nicht, haben die Leut' keinen Humor oder was? Ich weiß es nicht. Mich hat's immer zum Lachen gebracht, bringt mich auch heut' noch. Wenn mir fad ist, oder es ist irgendwie eine tragische Periode, schlag' ich ein eigenes Buch von mir auf, das bringt mich noch am ehesten zum Lachen. [...] Das sagt nicht, daß ich nicht auch ernste Sätze geschrieben hab', zwischendurch, damit die Lachsätze zusammengehalten werden. Das ist der Kitt. Das Ernste ist der Kitt für das Lachprogramm. Nur kann man natürlich auch sagen, es ist ein *philosophisches Lach*programm, das ich irgendwie aufgemacht hab' vor zwanzig Jahren, wie ich zum Schreiben angefangen hab'."[211]

---

[210] Wagner-Egelhaaf, S. 1.
[211] Eine Äußerung Bernhards von 1981. In: Fleischmann, S. 43 u. 44.
Da in Bernhards Texten häufig Philosophen erwähnt oder zitiert, ihre Aussagen aber kaum ernsthaft erörtert werden, bezweifelt Andreas Maier, daß Bernhard überhaupt „einen dieser Philosophen" gelesen habe – dies sei für ihn „die größte Spaßfrage der gesamten Bernhardforschung" (Maier, S. 227). Im Zusammenhang des oben zitierten Interviews steht meines Erachtens das mit dem Adjektiv „philosophisch" versehene „Lachprogramm" in keiner unmittelbaren Beziehung zu irgendeiner bestimmten philosophischen Theorie, obwohl Bernhard Schopenhauer, Kant und Pascal nebenbei nennt (so daß sich hier diese Frage nicht stellt), sondern ist allgemein als Eigenschaft der Werkkonstante „Lachprogramm" zu verstehen, in dem, ebenso wie in der Philosophie, im Umkreisen von Wörtern und ihren Bedeutungen Fragen gestellt und nach Antworten gesucht wird, das aber nicht den Anspruch erhebt, Endgültigkeiten zu formulieren.
Zu Reflexionen der Schopenhauerschen Philosophie bei Bernhard: Stephan Atzert: Schopenhauer und Thomas Bernhard. Zur literarischen Verwendung von Philosophie. Freiburg im Breisgau 1999. Zum Einfluß Schopenhauers vgl. auch Honegger, S. 37 f.

Wie Bernhard selbst sagt, ist das Komische seit seinem ersten Roman „Frost" (1963) ein fester Bestandteil seiner Texte. Aber noch im oben zitierten Interview von 1981, also achtzehn Jahre nach Veröffentlichung von „Frost", wunderte er sich, daß sich die Leser seiner Bücher nicht wie er selbst „alle Augenblick'" zum Lachen animiert fühlten.[212]
Erst mit etwa zehnjähriger Verspätung machte (meines Wissens als erster) Eckhard Henscheid auf Bernhard als einen der „mächtigsten Spaßmacher" aufmerksam, „welche die deutsche Sprache je beackert haben";[213] und bis Laemmle Bernhard „Hofnarr, Eulenspiegel, böser Kobold"[214] nannte, verging ein weiteres Jahrzehnt.
Obwohl sich Bernhard schon früh gegen eine allzu enge Festschreibung als „sogenannter *ernster Schriftsteller*" (DT 152) aussprach und dies als „sehr schlechte[n] Ruf" (DT 152) empfand, nahm die Forschung nur zögernd Kenntnis auch von der „humoristischen Attitüde"[215] des bis Mitte der siebziger Jahre einseitig als düster, nihilistisch und pessimistisch klassifizierten Werkes und seines Autors.[216]

---

[212] Vgl. zum Komischen in „Frost" z. B. Josef König, der das Lachen des Malers Strauch als „Merkmal von Stärke und Überwindung" interpretiert." S. 204 u. ff.
Vgl. auch Schmidt-Dengler, der auf Bernhards „Poetik der Lächerlichkeit" als bestimmendes Konzept in „Frost" hinweist: W. Sch.-D.: Die Tragödien sind die Komödien oder Die Unbelangbarkeit Thomas Bernhards durch die Literaturwissenschaft. In: Wolfram Bayer (Hrsg.): Kontinent Bernhard. Zur Thomas-Bernhard-Rezeption in Europa. Wien, Köln, Weimar 1995, S. 15 – 30; S. 24. (Künftig: Schmidt-Dengler, Tragödien)
Auch Nicholas Meyerhofer macht in seinem Aufsatz über „humor" in Bernhards „recent prose and dramatic pieces" (S. 269) auf „Frost" aufmerksam und interpretiert Strauchs Gelächter als „[his] last bastion against entirely caving in to the absurdity of life." (S. 272). Obwohl die Autobiographie ausgeblendet bleibt, folgert Meyerhofer: „No doubt it will continue to be humor that offers Bernhard safe haven from the storms to his own passions" (S. 277). N. M.: To Laugh or not to Laugh: Humor in the Works of Thomas Bernhard. In: Humor. International Journal of Humor Research. Berlin 1988, Vol. 1 – 3, S. 269 – 277. (Künftig: Meyerhofer: Humor)

[213] Eckhard Henscheid: Der Krypto-Komiker. Wie der österreichische Schriftsteller Thomas Bernhard seine Bewunderer, seine Kritiker und wahrscheinlich sich selber an der Nase rumführt. In: Pardon, H. 7, 1973, S. 21 u. 23; S. 21. Diese und weitere Hyperbolisierungen im Aufsatz sind wohl eher als Pastiche denn als wörtlich zu nehmende Charakteristika aufzufassen.

[214] Laemmle, S. 1.

[215] König, S. 203. Bereits 1983 forderte König eine „Perspektivkorrektur" (S. 221) der bisherigen Sicht auf Bernhard, die helfen könnte, Bernhards Humor zu erklären.

[216] Vgl. Wendelin Schmidt-Dengler: Thomas Bernhard. In: Literaturlexikon. Autoren und Werke deutscher Sprache (hrsg. v. Walther Killy u. a.), Bd. 1. Gütersloh u. München 1988, S. 461 – 464: Ab etwa 1975 dominiere „Grotesk-Komisches und Lächerliches" (S. 462).

Mittlerweile ist es nicht mehr ungewöhnlich, statt des ausschließlich Misanthropie produzierenden Autors nun auch den „großformatigen Humoristen Bernhard hinter dem Maskenspiel obsessiver contempus mundi- und memento mori-'Predigt'zu entdecken"[217] und eine „Geisteshaltung" der „provokative[n] Auflehnung gegen Ideologien und kollektive Normen, einen Hang zur Ironie und Satire, zum Humor und zur Parodie"[218] zumindest zu erwähnen oder in die Bewertungen zu den fiktionalen Texten einzuflechten. Alfred Pfabigan spricht von zwei „Rezeptionsgenerationen", in denen sich die erste auf die „einzigartige Negativität" Bernhards und die zweite auf den „Humoristen"[219] konzentriert habe. Allerdings wird Bernhards poetisches Verfahren der kunstvollen Verfremdung durch Komik zumeist nur dort bemerkt und kommentiert, wo es offenkundig zutage tritt, so in den Theaterstücken, in denen „Gestalten und Verhaltensweisen vorgeführt [werden], die durch die Art ihrer Darstellung als komisch erkannt und zurückgewiesen werden",[220] oder in dem von Bernhard rezeptionsbeeinflus-

---

Annegret Mahler-Bungers registriert in Bernhards fiktionalem, nach der Autobiographie erschienenem Werk „ironische, satirische, ja komödiantische Züge" (S. 122).
Schmidt-Dengler und Zeyringer verweisen auf die allgemeine Vernachlässigung des Komischen in der germanistischen Literaturwissenschaft „von ihrer Begründung bis in die siebziger Jahre des 20. Jahrhunderts." Vgl. Wendelin Schmidt-Dengler, Klaus Zeyringer: Komische Diskurse und literarische Strategien. Komik in der österreichischen Literatur – eine Einleitung. In: Komik in der österreichischen Literatur (hrsg. v. Wendelin Schmidt-Dengler, Johann Sonnleitner und Klaus Zeyringer). Berlin 1996 (=Philologische Studien und Quellen, hrsg. v. Hugo Steger, Hartmut Steinecke, Horst Wenzel, H. 142), S. 9 – 19; S. 9.

[217] Vom Hofe, S. 19.
[218] Georgetta Vancea: Das tragikomische Lachen Thomas Bernhards und seine Resonanz in der Gegenwartsliteratur. In: Zeitschrift für Literaturwissenschaft und Linguistik (LiLi) 31, H. 124, 2001, S. 164 – 176; S. 164. Die von Bernhards Texten auf jüngere Gegenwartsautoren ausgehende Inspiration vermutet Vancea in der „Durchbrechung der Stereotypie eines vertrauten Kulturcodes" und in der „ironisch-satirische[n] Grundhaltung in der Thematisierung der Klassiker, der Geistesgrößen und des kulturellen Erbes" (S. 171). Bernhard sei ihnen zur „Leitgestalt einer tragikomischen Wahrnehmung der Wirklichkeit" (S. 176) geworden. Dem entspricht Königs Äußerung, der die „Prägnanz des Bernhardschen Stils" geeignet findet, „ohne besondere Schwierigkeit" parodiert zu werden. Vgl. König, S. 190.
[219] Pfabigan, S. 11.
[220] Ulrich Klingmann: Begriff und Struktur des Komischen in Thomas Bernhards Dramen. In: Wirkendes Wort. Deutsche Sprache in Forschung und Lehre (hrsg. v. Theodor Lewandowski u. a.), 34. Jg., H. 2, 1984, S. 78 – 87, S. 84. In seinem Aufsatz zeichnet Klingmann eine inhaltliche Entwicklung in Bernhards Dramen nach. Während in den frühen Stücken die Hauptfiguren ausschließlich „Repräsentanten und Teil einer zerfallenden Welt" seien, habe Bernhard ihr Verhalten in der Folge so angelegt, daß der Zuschauer es „als komisch rezipiert und sich infolge einer überlegenen Perspektive von ih-

send als „Komödie" gekennzeichnetem Roman „Alte Meister",[221] der sich wegen der kauzigen Schimpftiraden der Hauptfigur Reger über Gott und die Welt zur Interpretation unter dem Aspekt des Komischen direkt anbietet.[222] Anhand ausgesuchter Textsequenzen weist Herwig Walitsch nach, daß sich das Komische in „Alte Meister" und „Die Macht der Gewohnheit" in Paradoxien und Widersprüchen sowohl als „punktuelle Komik" (Figurenrede) als auch als „sequentielle Komik"[223] (Textkonstruktion) äußert. Die aus diesen textimmanent unmotivierten Widersprüchen entstehende Irritation des Zuschauers oder Lesers wertet Walitsch nicht unzutreffend als Bernhards „Ur-Intention".[224]
Dem Untersuchungsobjekt gemäß argumentiert Walitsch auf der Grundlage von Komödientheorien, die besonders den Doppelcharakter des Komödienlachens hervorheben. Dieses Lachen gilt nicht nur – wie beim lebensweltlich Komischen – dem Ungewohnten, Auffälligen, aus der Norm Fallenden, sondern gleichzeitig der gesamten Präsentation der Textvorlage auf der Bühne, also auch der schauspielerischen Darstellung, den Kostümen und den Requisiten.

Obgleich Bernhard, wie wiederholt betont wurde, seine Texte wie auf einem „Bühnenraum, in einem Bühnenviereck" (DT 151) arrangiert, muß die Perspektive auf das Komische der fiktionalen Texte zwangsläufig eine andere sein als diejenige, die sich auf die Autobiographie richtet. Denn während sich in fiktio-

---

nen distanziert." Diese Darstellungsweise erlaube es, das Geschehen wertend zu durchschauen und es in Abwägung eigener Normvorstellungen „auf Kosten des Verlachten" zu bestätigen (S. 83).

[221] Hierzu sei auf die Dissertation von Franz Eyckeler (a.a.O.) hingewiesen, die sich um die Probleme Sprachskepsis und Sprachkritik in Bernhards Prosawerk bemüht; bes. zu „Alte Meister": S. 94 – 105 u. 199 – 231.

[222] In einem Interview gibt Bernhard eine Kostprobe dessen, was seiner Meinung nach am ehesten geeignet ist, Zuschauer zum Lachen zu bringen: „Das Scherzmaterial ist ja immer da, wo's nötig ist, wo ein Mangel ist, irgendeine geistige oder körperliche Verkrüppelung. Über einen Spaßmacher, der völlig normal ist, lacht ja kein Mensch, nicht, sondern der muß hinken oder einäugig sein oder jeden dritten Schritt hinfallen oder (*lacht*) sein Arsch explodiert und schiaßt a Kerz'n heraus oder was. Darüber lachen die Leut', immer über Mängel und über fürchterliche Gebrechen. [...] Aber über völlig Normales, sogenanntes Normales, hat ja noch nie jemand auf der Welt gelacht." Fleischmann, S. 38 u. 39.

[223] Vgl. Walitsch, S. 80.

[224] Walitsch, S. 34. Bezugnehmend auf Walitschs Untersuchung erkennt Martin Huber in „Die Macht der Gewohnheit" ein „Spannungsfeld zwischen ‚tragischem', ernstem Inhalt und ‚komischer', persiflierender Form". Martin Huber: Rettich und Klavier. Zur Komik im Werk Thomas Bernhards. In: Komik in der österreichischen Literatur (hrsg. v. Wendelin Schmidt-Dengler, Johann Sonnleitner u. Klaus Zeyringer). Berlin 1996 (=Philologische Studien und Quellen; hrsg. v. Hugo Steger, Hartmut Steinecke, Horst Wenzel, H. 142), S. 275 – 284; S. 280.

nalen Texten Fragestellungen und Ergebnisse ausschließlich auf Vorgänge einer fiktiven Welt beziehen, tritt in der Autobiographie die Dimension der Lebenswirklichkeit einer historischen Person hinzu, die die Situation von Lachendem und Belachtem um ein wesentliches Moment im Rezeptionsvorgang verändert: Auch wenn Bernhard in der Autobiographie durch die Art der Darstellung (beispielsweise durch fortwährende Repetition eines Wortes oder Satzes) ähnliche oder gleiche Lachimpulse wie in einer Komödie bietet, wird sich der Leser seiner Autobiographie dennoch einer weiteren und tieferen Deutung des Lachanlasses nicht entziehen können, weil ihm bewußt wird, daß es sich um Begebenheiten handelt, die einen jungen Menschen „in seinen hauptsächlichen *Gefühls*- und Nervenzentren eingeebnet und gestört und zerstört" (U 63) haben.

Trotz der Tatsache, daß sich die germanistische Forschung nicht mehr ausschließlich auf das Bernhardsche Negationsdenken kapriziert, sondern auch der komischen Komponente in den fiktionalen Texten größere Beachtung schenkt,[225] werden komische Elemente der Autobiographie nach wie vor kaum wahrgenommen, jedenfalls in keiner mir bekannten Untersuchung ins Zentrum des Interesses gestellt, sondern lediglich im Rahmen anderer Fragestellungen marginal angesprochen. Erklärungsversuche für dieses Defizit können nur hypothetischer Natur sein. So könnte (trotz der in beiden Werkteilen nahezu gleichen „Bernhardschen Grauensthematik"[226]) Komisches in Situationen und Figurenrede der Dramen[227] oder des skurrilen Personals der fiktionalen Prosa eher erwartet und selbstverständlicher empfunden werden, als das Komische in der Autobiographie.

---

[225] Vgl. hierzu Eyckelers Beobachtung vermehrt lächerlich werdender Handlungs- und Verhaltensweisen der Figuren im fiktionalen Prosawerk (vor allem in „Gehen", „Der Untergeher", „Alte Meister") als Akt des Widerspruchs gegen eine als absurd erkannte Existenz und Welt (S. 267 ff.), die dem Befund grotesk-komischer Überzeichnung in Petraschs Untersuchung der gleichen Texte entspricht (bes. Petrasch, Kap. 4.3: Verfahrensweisen der grotesken Überzeichnung, S. 147 – 175).

[226] Hans Joachim Piechotta: „Naturgemäß". Thomas Bernhards autobiographische Bücher. In: Text und Kritik (hrsg. v. Heinz Ludwig Arnold), H. 43, München, 2. Aufl. 1982, S. 8 – 24; S. 16.

[227] Vgl. hierzu: Eun-Soo Jang: Die Ohn-Machtspiele des Altersnarren. Untersuchungen zum dramatischen Schaffen Thomas Bernhards. Frankfurt/M. (u. a.) 1993 (=Europäische Hochschulschriften, R. 1, Deutsche Sprache und Literatur, Bd. 1417). Bes. Kap. 7: Der Altersnarr: Die Leiden des komischen Alten, S. 134 – 159.

Bei Durchsicht der Sekundärliteratur zu Thomas Bernhards Werk[228] erweist sich diese Vermutung als nicht unberechtigt. Weil seine Autobiographie aber zu den „großen literarischen Dokumenten unserer siebziger Jahre"[229] zählt, sollte man annehmen, daß sie mehr als nur „illustrierenden Charakter"[230] für die Bewertung des Bernhardschen Gesamtwerkes habe. Im Interesse einer umfassenden ästhetischen Würdigung wäre vor allem zu prüfen, ob, wie und in welcher Absicht Bernhard auch in diesem Werkteil sein poetologisches Prinzip des „philosophische[n] Lachprogramm[s]"[231] organisiert hat.

Daß Klärungsbedarf besteht, ist unübersehbar angesichts der „eigenartige[n] Irritation"[232] die diese Autobiographie beim Lesen auslöst, und der oftmals unklaren Bemerkungen und Kommentierungen, mit denen Rezeptionseindrücke des Unerwarteten, Unüblichen – ja irgendwie Komischen – wiedergegeben werden. Beispielsweise könnte eine Analyse sprachlicher Mittel Aufschluß darüber geben, welche Indizien Peter Laemmle zu der Bewertung geführt haben, in „Ein Kind" fänden sich „Spuren von Humor, von Selbstironie (die in den anderen Bänden fehlen),"[233] Martin Lüdtke aber gerade in diesen „anderen Bänden der Autobiographie noch eine ganze Reihe grotesk-komischer Szenen"[234] und einen „Humor, der kein Lachen duldet",[235] bemerkt.

Auch in den Feuilletons der überregionalen Presse registriert die Literaturkritik ebenfalls Außergewöhnliches in Bernhards Werk und ordnet dies auch im Begriffsfeld des Komischen ein, geht jedoch dem leichteren Genre entsprechend und der essayistischen Kürze Rechnung tragend, nicht ins Detail. Doch fällt in dem begrenzten Zeilenraum einer Buchbesprechung um so mehr auf, wie zahlreich Begriffe aus diesem Bereich gewählt werden – zumeist, um ambivalente Texteindrücke zu vermitteln. So beurteilt Rolf Michaelis „Die Kälte" als „nicht

---

[228] Zur ersten Orientierung über Bernhards Werk:
Jens Dittmar (Hrsg.): Thomas Bernhard. Werkgeschichte. Frankfurt/M., 2. Aufl. 1990.
Die von Willi Huntemann besorgte und teilweise kommentierte Bibliographie in: Text und Kritik (hrsg. v. Heinz Ludwig Arnold), H. 43, München, 3. Aufl. 1991, S. 125 – 151.
Manfred Mittermayer: Thomas Bernhard. Stuttgart 1995. Die sorgfältige Auflistung im Anhang der Einführung in das gesamte publizierte Werk des Autors liefert einen informativen Überblick über Arbeiten von und zu Thomas Bernhard bis Mitte der neunziger Jahre.

[229] Reich-Ranicki (Aufsätze), S. 58.

[230] Pfabigan, S. 33. In seiner Studie zu Bernhard und seinem Werk läßt Pfabigan sowohl die Autobiographie als auch die Theaterstücke weitgehend unberücksichtigt.

[231] Fleischmann, S. 43.

[232] Bürger, S. 191. Röntgen spricht von einem „eigentümlichen Sprachgebrauch" (S. 17).

[233] Laemmle, S. 3.

[234] Lüdtke, S. 1180. Bei Veröffentlichung des Aufsatzes war „Ein Kind" noch nicht erschienen.

[235] Ders., S. 1176.

deprimierend, sondern Mut machend – und oft auf groteske Weise witzig",[236] und sieht „Szenen herzzerreißender Lebensqual in Situationen schreiender Komik"[237] kippen, die für Hansres Jacobi eine Inszenierung „fortgesetzter Grotesken und Schauerszenen"[238] darstellen. Was Harald Hartung als „Übersteigerung zum Grotesken und Komischen"[239] bewertet, zeigt sich für Burghard Damerau als „tragikomische Kunst des Scheiterns."[240] Diese „Kunst des Scheiterns" – wieso wirkt sie auf Thomas Anz „meist komisch",[241] obwohl sich in „Ein Kind" (wie auch in den anderen Bänden der Autobiographie) nur mit Mühe komische Situationen finden lassen? Die von Anz angeführten Beispiele der Groteske (der von Bernhards Großvater in dreißig Jahren verfaßte Roman „Ulla Winblatt" wird von einer Ziege aufgefressen, und ein im Krieg abgeschossenes Flugzeug stürzt auf einen Schweinestall) verdeutlichen die Beobachtung „meist komisch" nur unzureichend und werden von Anz auch nur nebenbei erwähnt. Überall da, wo diese „literarisch vollkommen durchstilisiert[e]"[242] Autobiographie als komisch, grotesk, witzig beschrieben wird, wo Grotesk-Komisches, Selbstironie und Humor registriert und synonym für etwas Nicht-Ernsthaftes verwendet werden, ist in den meisten Fällen keine thematische, sondern nur eine formale Herleitung des Eindrucks möglich.[243]

In diesem Zusammenhang sei etwas ausführlicher auf den eingangs erwähnten Aufsatz von Henscheid eingegangen, dessen Anlaß ein Brief von Bernhard war – hier geht es also ebenso wie in den fünf Bänden der Autobiographie um einen Text, der zum „Gesamtkomplex des ‚autobiographischen Schrifttums'"[244] gehört. Es handelt sich um einen 1972 von Bernhard verfaßten Beschwerdebrief an

---

[236] Rolf Michaelis: Einmal Hölle und zurück. In: Die Zeit, Nr. 14, v. 27. 3. 1981.
[237] Ders.: Himmelssturz, Höllenflug. In: Die Zeit v. 4. 6. 1982.
[238] Haj.(Hansres Jacobi): Inszenierung frühen Schreckens. In: Neue Zürcher Zeitung v. 25. 8. 1982.
[239] Harald Hartung: Das Scheitern und das Höchste. In: Tagesspiegel v. 16. 5. 1982.
[240] Burghard Damerau: Der Geschichtenzerstörer. In: Wochenpost v. 21. 11. 1993.
[241] Thomas Anz: Thomas Bernhard, der große Komödiant. In: Frankfurter Allgemeine Zeitung v. 6. 4. 1982.
[242] Ebd.
[243] Im Mittelpunkt des Interesses der vorliegenden Arbeit steht das Bemühen, das Komische als komplexes Phänomen und Medium der Darstellungstechnik der Autobiographie zu beschreiben. Sowohl für die Autobiographie als auch für das übrige Werk von Bernhard böte sich als interessantes neues Untersuchungsprojekt eine eingehende Überprüfung seines Diktums aus dem „Keller" an, er habe *„immer* eine ironische Betrachtungsweise gehabt, so ernst [ihm] *immer alles"* gewesen sei [Hervorhebung von mir]. Erkenntnisse einer solchen Untersuchung könnten die hier ermittelten Ergebnisse möglicherweise gewinnbringend weiterführen.
[244] Aichinger (Reallexikon), S. 802.

den Festspielleiter der Salzburger Festspiele, Josef Kaut, in dem das Problem behandelt wird, ob am Ende des gerade uraufgeführten (und wegen des Streitpunktes abgesetzten) Stückes „Der Ignorant und der Wahnsinnige"[245] so, wie es der Autor Bernhard und der Regisseur Peymann vorsahen, im gesamten Theaterraum totale Dunkelheit herrschen solle, oder ob aus Sicherheitsgründen die Notbeleuchtung eingeschaltet bleiben müsse.

Henscheid bezeichnet diesen Brief, in dem Bernhard sein heute hinlänglich bekanntes Beschimpfungsvokabular einsetzt (z. B. Kaut habe „tatsächlich hinterhältig" gehandelt, sei „absolut vertrauens- und vertragsbrüchig" geworden und habe durch „infame Angaben" den Regisseur und die Schauspieler „listig zu hintergehen" getrachtet), zutreffend als „ehrlich und ernst", dennoch sei er „nichts als hoffnungslos komische Prosa."[246] Die Ursache dieser an sich divergierenden Bewertung führt Henscheid auf das „Auseinanderklaffen von Form und Inhalt"[247] zurück.

Nach meiner Auffassung von Bernhards Konzeption des Komischen trifft diese Begründung aber nur insofern zu, als sie lediglich – wie in der Autobiographie – den ersten Rezeptionseindruck wiedergibt, nämlich den der Unkonventionalität des Schreibens. Werden aber die für die Unkonventionalität ursächlichen sprachlichen Mittel (hier polemische Übertreibungen) im Gesamttext auf Intention und Funktion befragt, ist es gerade die Unangemessenheit ihres Einsatzes, die prägnant den von Bernhard empfundenen „skandalösen Eingriff"[248] in seine künstlerische Freiheit abbildet.

Die von Henscheid bemerkte Diskrepanz, also ein sich bewahrheitender, tatsächlicher Bruch zwischen Form und Inhalt, ergäbe sich vielmehr dann, wenn Bernhard seine Unzufriedenheit mit der Festspielleitung in die erwartete konventionelle höflich-devote Form eines offiziellen Schreibens an eine übergeordnete Institution gepreßt hätte. Bernhards Brief jedoch muß als hochkalkulierte Öffentlichkeitsarbeit gewertet werden, die auf Wirkung geradezu inszeniert ist, damit er imstande ist, dem neuen Stück erhöhte Aufmerksamkeit zu verschaffen. Wenn Bernhard beispielsweise den Festspielleiter wegen des an sich vernünftigen Verdunkelungsverbots einer „kriminelle[n] Handlung"[249] bezichtigt, so weiß er sicher genau, daß ein solcher strafbarer Tatbestand in der notwendigen Durchsetzung feuerrechtlicher Bestimmungen zwar nicht gegeben ist, daß aber

---

[245] Thomas Bernhard: Der Ignorant und der Wahnsinnige. In: T. B.: Stücke 1. Frankfurt/M. 1988 [1972], S. 79 – 169.
[246] Henscheid, S. 21.
[247] Ebd.
[248] Ebd.
[249] Ebd.

erst im Kunstmittel der Übertreibung sein Unmut über diese Maßnahme annähernd wiedergegeben werden kann.
In diesem Text zeigt sich, daß der von Henscheid trefflich als „Krypto-Komiker" bezeichnete Bernhard seine Leser (mal wieder) „an der Nase rumführt",[250] denn was beim ersten Lesen den Eindruck einer Diskrepanz von Form und Inhalt erweckt, gerät – wenn der Rezipient bereit ist, auf unkonventionelle Kommunikationsakte einzugehen – zum ästhetischen Genuß einer kunstvollen Symbiose von buchstäblichem Sinn und seiner darüber hinausweisenden Bedeutung, die den Emotionen und Intentionen des Absenders dieses Protestbriefes in vortrefflicher Weise entspricht.
Die bewußt provokative Spannung des Brieftextes und das „Scherzmaterial",[251] das Bernhard zu ihrer Realisierung einsetzt, finden sich in reichem Umfang in seiner Autobiographie, in der er, ähnlich wie in diesem Protestbrief, Mechanismen gesellschaftlicher Machtgefüge dekuvriert, denunziert und kritisiert.

---

[250] Hierbei handelt es sich um Bestandteile des Aufsatztitels von Henscheid.
[251] Fleischmann, S. 38.

3 THEORIEN DES KOMISCHEN UND DES LACHENS

3.1 Allgemeine Bedingungen des Komischen

Da sich das Komische in Bernhards Autobiographie im Medium der Literatur darbietet und somit als „Ergebnis eines Verarbeitungsprinzip[s]"[252] aufzufassen ist, werden im Rahmen des folgenden Überblicks einige grundlegende Theorien des Komischen und des Lachens referiert und kommentiert, deren Aussagen zu Entstehung, Wirkung und Funktionalität des Komischen die Überlegungen zu der vorliegenden Untersuchung gelenkt haben. Weil aus der Fülle der über Jahrhunderte angewachsenen Literatur zum Phänomen des Komischen[253] zwangsläufig ausgewählt werden mußte, werden in den hier präsentierten Ansätzen und Deutungsversuchen diejenigen Aspekte vernachlässigt, die das Untersuchungsthema nicht unmittelbar tangieren, und statt dessen diejenigen hervorgehoben, die die Subjektivität und Relativität des Komischen sowie seine Distanzierungs- und Abwehrreaktion gegenüber dem als bedrohlich Empfundenen betonen. Ebenfalls aus rationellen Gründen wird in diesem Kapitel auf eine Differenzierung zwischen dem Komischen als einer artifiziell erzeugten Erscheinung und dem Lächerlichen als einem pragmatischen Verhalten der Lebenswelt verzichtet und verallgemeinernd vom Komischen gesprochen, zumal selbst in den Theorien des Komischen beide Begriffe zumeist synonym gebraucht werden und „eine präzise Abgrenzung des Komischen vom Lächerlichen [...] nicht möglich"[254] zu sein scheint.
Die fünf Bücher der Autobiographie von Bernhard nehmen jedoch einen besonderen Status ein, der ebenso am Komischen wie auch am Lächerlichen partizi-

---

[252] Schmidt-Dengler und Zeyringer, S. 14.
[253] Einen weitreichenden Überblick über die Bemühungen um das Komische liefert die Anthologie: Das Komische (hrsg. v. Wolfgang Preisendanz und Rainer Warning). München 1976 (=Poetik und Hermeneutik VII).
Zur Vertiefung sei auf die umfassende, keineswegs überholte Bearbeitung des Themas aus philosophischer Sicht von Johannes Volkelt (a.a.O.) hingewiesen.
Zu literarischen Formen des Komischen: András Horn: Das Komische im Spiegel der Literatur. Versuch einer systematischen Einführung. Würzburg 1988.
[254] Andreas Kablitz. Lexikonartikel in: Reallexikon der deutschen Literaturwissenschaft. Neubearb. d. Reallexikons der dtsch. Literaturgeschichte (hrsg. v. Harald Fricke). Berlin, New York, 3. neubearb. Aufl. 2000, S. 289 – 294; S. 289 [Stichwort: Komik, Komisch].
Eine Differenzierung zwischen Komischem und Lächerlichem erfolgte in Deutschland im 18. Jahrhundert. Ältere Unterscheidungsbemühungen diskutierten die Antipoden komisch/tragisch bzw. komisch/erhaben. Vgl. den Lexikonartikel von Klaus Schwind unter dem Lemma ‚Komisch' in: Ästhetische Grundbegriffe. Historisches Wörterbuch in 7 Bänden, Bd. 3 (hrsg. v. Karlheinz Barck u. a.). Stuttgart 2001, S. 332 – 384; S. 332.

piert: Einerseits handelt es sich um ein Kunstwerk mit intendierter perlokutionärer Wirkung, die sich aus dem Komischen speist, andererseits ahmt der Autor eine virtuelle Lebenswirklichkeit nicht bloß nach (wie z. B. in einer Komödie), sondern formt sie als „Symbol oder Parabel eines Bewußtseins"[255], seines Bewußtseins und seiner realen Lebenswelt, so daß in der oben angedeuteten Differenzierung auch das Lächerliche bedeutsam ist. Um diesen Umstand zu berücksichtigen, soll an entsprechender Stelle der Untersuchung auf das Problem eingegangen werden, „ob und wie sich der Antwortcharakter des Lachens ändert",[256] wenn sich der Leser bewußt wird, daß sich das Komische dieser Texte auf die vom Autor erlebte Lebenswirklichkeit bezieht.[257]

Sämtliche Theorien des Komischen enthalten Theorien des Lachens oder beziehen sich auf sie – und umgekehrt.[258] Die Kohärenz zwischen Komischem und Lachen beruht darauf, daß Komisches im allgemeinen durch Lachen beantwortet wird. Aber ebenso wie es verschiedene Arten des Komischen[259] gibt, sich das Komische in allen sinnlich wahrnehmbaren Erscheinungen finden läßt (z. B. in den bildenden Künsten, in der Musik) und allein in der Literatur in Form von Wort- Situations- oder Charakterkomik auftreten kann, drückt sich die Reaktion des jeweiligen Betrachters auf die von ihm als komisch eingestufte Erscheinung verschieden aus. Sie kann sich im Lachen in seinen vielfältigen Abstufungen zeigen, angefangen vom stummen, innerlichen Lachakt über nur mimisches Lä-

---

[255] Gusdorf, S. 141.
[256] Hans Robert Jauß: Ästhetische Erfahrung und literarische Hermeneutik. Frankfurt/M. 1991 [1982], S. 209. (Künftig: Jauß, Ästhetische Erfahrung)
[257] Jauß stellt in seinem Aufsatz die gegenläufige Frage: Es soll versucht werden zu klären, „ob und wie sich der Antwortcharakter des Lachens ändert, wenn sein Worüber nicht mehr eine Grenzlage der Lebenswirklichkeit, sondern ein komischer Vorgang der Bühnenwelt ist" (S. 209).
[258] Die enge Beziehung zwischen Komischem und Lachen zeigt sich häufig schon in den Titeln der Arbeiten, in denen beide Begriffe genannt werden, z. B.: Henri Bergson: Das Lachen. Ein Essay über die Bedeutung des Komischen (a.a.O.).
Renate Jurzik: Der Stoff des Lachens. Studien über Komik. Frankfurt/M., New York 1985.
Auch der Lexikonartikel von Wolfgang Preisendanz steht unter dem Doppel-Lemma Komische (das), Lachen (das). In: Historisches Wörterbuch der Philosophie (hrsg. v. Joachim Ritter und Karlfried Gründer). Völlig neubearb. Ausg. d. Wörterbuches der philosophischen Begriffe v. Rudolf Eisler, Bd. 4. Darmstadt 1976, Sp. 889 – 893. (Künftig: Preisendanz, Histor. Wörterbuch)
[259] Vgl. hierzu Volkelt, Kap. 17: Die Arten des Komischen: Vor allem derbe und feine Komik, S. 407 – 445 u. Kap. 18: Vor allem objektive, freie und unfreie Komik, S. 446 – 478.

cheln bis hin zu eruptiven Lachsalven.²⁶⁰ Da aber dieselbe Erscheinung, über die sich jemand krank-, kaputt- oder totlachen möchte, jemand anderen völlig gleichgültig lassen oder Ausdrucksweisen des Unverständnisses oder unangenehmen Berührtseins hervorrufen kann, da Gelächter sowohl gutmütig-verbindend als auch feindselig-aggressiv sein kann, ist es nicht überraschend, daß sich in dieses „kleine Problem", wie Bergson ironisiert, seit der Antike „die größten Denker [...] vertieft"²⁶¹ haben. Doch „entzieht es sich jedem, der es fassen will,"²⁶² und trotz aller philosophischer, anthropologischer, psychoanalytischer oder ästhetischer Bemühungen und damit einhergehender methodologischer und terminologischer Vielfalt hat sich das Komische bisher noch in keiner wissenschaftstheoretischen, das heißt objektivierbaren, zeit- oder raumunabhängigen Definition bündeln lassen. Insofern enthält jeder erstellte „Ordnungsversuch"²⁶³ des Phänomens immer auch eine gewisse Vorläufigkeit. Wolfgang Preisendanz faßt die Ursache für ein fehlendes Axiom folgendermaßen zusammen:

> „Voraussetzungen und Bedingungen dafür, daß sich etwas komisch ausnimmt, als Komik aufgefaßt, akzeptiert und quittiert wird, sind aufgrund der historischen, sozialen, kulturellen, psychischen, situativen Faktoren so komplex und problematisch, ein allgemein verbindlicher und gültiger Begriff des Komischen ist so unabsehbar, daß ich es für ausgeschlossen halte, die Behauptung, hier handele es sich – im Hinblick auf Intention oder Rezeption – um Komik, so zu verifizieren, daß diese Behauptung (und mithin der sie bestimmende Eindruck) absolute intersubjektive Verbindlichkeit gewönne."²⁶⁴

---

²⁶⁰ An dieser Stelle sei hinzugefügt, daß nur der Mensch als einziges Lebewesen das Privileg besitzt, aus einer Vielzahl von Sinneseindrücken Komisches herausfiltern und mit Lachen quittieren zu können. Ein Verlust dieser Fähigkeit würde zweifellos eine wesentliche Einschränkung und Veränderung des menschlichen Bewußtseins und seiner im zwischenmenschlichen Umgang notwendigen Äußerungsformen bedingen. Vgl. hierzu den Aufsatz von Wolfram Buddecke, der (u. a.) dieses Problem am Beispiel des Jugendbuches von James Krüss (Timm Thaler oder Das verkaufte Lachen. Hamburg 1962) thematisiert. W. B.: Phantastik in Kunstmärchen und Jugendliteratur am Beispiel motivverwandter Texte. In: Literarische und didaktische Aspekte der phantastischen Kinder- und Jugendliteratur (hrsg. v. Günter Lange und Wilhelm Steffens). Würzburg 1993 (=Schriftenreihe der Deutschen Akademie für Kinder- und Jugendliteratur Volkach e. V., Bd. 13), S. 51 – 69.

²⁶¹ Bergson, S. 13.

²⁶² Ebd.

²⁶³ Untertitel des Aufsatzes von Wolfgang Trautwein: Komödientheorien und Komödie. In: Jahrbuch der deutschen Schillergesellschaft (hrsg. v. Fritz Martini u. a.), 27. Jg. 1983, S. 86 – 123.

²⁶⁴ Wolfgang Preisendanz: Zum Vorrang des Komischen bei der Darstellung von Geschichtserfahrung in deutschen Romanen unserer Zeit. In: Das Komische (hrsg. v. Wolf-

Aristoteles skizziert[265] das Lächerliche als etwas Be- oder Verlachbares, als eine Erscheinung, die sich ästhetischen oder moralischen Normen widersetzt. Aber „was steckt hinter dem Lächerlichen?", fragt Bergson, „wie destillieren wir die immer gleichbleibende Substanz heraus",[266] die sowohl eine ästhetische Wahrnehmungserfahrung aus dem künstlerischen Bereich als auch aus dem lebensweltlichen Bereich ist und in der Alltagskommunikation internalisiert ist?[267] Wenn András Horn seiner Studie über das Komische das Diktum voranstellt, daß er „alles, was zum Lachen ist, [...] ‚komisch'"[268] nennen werde, so erscheint diese Aussage auf den ersten Blick schlagkräftig und geeignet, weitere Definitionsprobleme aus dem Weg zu räumen, denn es wäre ja widersinnig, auf etwas Komisches nicht mit Lachen zu reagieren. Doch weil es sehr wohl vorstellbare „Formen und Anlässe des Lachens [gebe], die nichts mit Komik zu tun haben"[269] (z. B. in positiver Konnotation: Freude, Glück; oder in negativer: Verlegenheit, Verzweiflung), räumt Horn ein, daß das Komische nur „in erster Nähe-

---

[265] gang Preisendanz und Rainer Warning). München 1976 (=Poetik und Hermeneutik VII), S. 153 – 164; S. 156. (Künftig: Preisendanz, Zum Vorrang des Komischen)
Aristoteles: Poetik (Griechisch/Deutsch). Übers. u. hrsg. v. Manfred Fuhrmann. Stuttgart 1984. Es handelt sich in Aristoteles' Poetik bezüglich des Komischen oder der Komödie in der Tat nur um einige kurze Bemerkungen. Die Schrift, in der er sich ausführlich zu diesem Teil dramatischer Dichtung äußert, ging verloren. Dieser nicht überlieferte Teil veranlaßte Umberto Eco zu seinem Roman „Der Name der Rose" (München 1982): Die Suche nach einer umfassenden Poetik der Komödie und die Vermutung, darin ein Plädoyer für das den Mönchen untersagte Lachen zu finden, bestimmt die Handlung des Buches.

[266] Bergson, S. 13.

[267] Wurde bis ins 17. Jahrhundert der Begriff „komisch" im Sinne von „zur Komödie gehörig" ausschließlich als literarischer terminus technicus verwendet, ist ab dem 17. Jahrhundert eine Ausweitung des Begriffsumfangs zunächst auf andere Dichtungen festzustellen (die komische genannt werden), etwa in der Bedeutung „nach Art der Komödie". Ab der Mitte des 18. Jahrhunderts wird das Wort „sehr schnell allgemein gebräuchlich" und bezeichnet „alles irgendwie Belachenswerte." Schwind, S. 338; vgl. S. 337.
Bemerkenswerterweise wird im heutigen zumeist unreflektierten Sprachgebrauch weitaus häufiger als das Substantiv „das Komische" (griech. komos = Festzug, Umzug) das Adjektiv bzw. die Adverbform „komisch" (griech. komikos = witzig, lächerlich) des Begriffs verwendet: Etwas oder jemand ist oder verhält sich komisch. Vgl. auch die Beispiele im Grimmschen Wörterbuch unter „Komisch": „(ein komischer mensch, komisches betragen [...])", wonach diese Wortanwendung, die „jetzt so fest und verbreitet ist, [...] erst spät im 18. jh. aufgekommen" zu sein scheint. Deutsches Wörterbuch von Jacob und Wilhelm Grimm, Bd. 11 = Bd. 5 (bearb. v. Rudolf Hildebrand). München 1984 [1873].

[268] Horn, S. 13.

[269] Ebd.

rung"[270] als das bestimmt werden könne, worüber gelacht werde – es also in jedem betrachteten Vorgang einer weiteren Feinabstimmung bedarf.[271]

Im Bemühen, das Komische zu ergründen, herrscht weitgehend Konsens in der Auffassung, daß das Komische nicht für sich allein existent ist, sondern als solches erst den Betrachter braucht, der etwas als komisch bewertet, also als kommunikativer bzw. sozialer Akt bezeichnet werden kann, an dessen Realisierung „im allgemeinen zwei Personen"[272] beteiligt sind – „außer meinem Ich die Person, an der ich das Komische finde; [...] eine dritte Person kann hinzukommen, wird aber nicht erfordert."[273]

Ausgehend von dieser Prämisse sowie den grundlegenden Erfahrungen, daß Komisches auf inkongruenten, kontrastierenden und normabweichenden Kontexten verschiedenster Art beruht und Lachen hervorruft, lassen sich in der umfangreichen Forschungsliteratur zum Thema drei maßgebliche Denkrichtungen erkennen.
Die älteste läßt sich als Superioritäts-Theorie subsumieren, deren Hauptinteresse die Relation zwischen den am komischen Vorgang Beteiligten liegt: Der Rezipient bemißt etwas als komisch und fühlt sich gegenüber dem Komik-Produzenten überlegen. Sein Lachen vollzieht sich aus einer höheren, erhabeneren Position, und in ihm werden Tadel und Aggressivität gegenüber der Normabweichung zum Ausdruck gebracht. Hier geht es um „eine individuelle oder kollektive Unvollkommenheit, die nach einer unmittelbaren Korrektur verlangt.

---

[270] Ebd.
[271] Mit den Ausdrucksformen des Lachens in seinen vielfältigen Formen hat sich meines Erachtens am gewinnbringendsten Helmuth Plessner beschäftigt. H. P.: Lachen und Weinen. Eine Untersuchung der Grenzen menschlichen Verhaltens. In: H. P.: Philosophische Anthropologie (hrsg. v. Günter Dux). Frankfurt/M. 1970 [1941] (=Conditio humana. Ergebnisse aus den Wissenschaften vom Menschen, hrsg. v. Thure von Uexküll und Ilse Grubrich-Simitis), S. 5 – 171; bes. Anlässe des Lachens: S. 78 – 125.
[272] Sigmund Freud: Psychologische Schriften, Bd. IV (hrsg. v. Alexander Mitscherlich, Angela Richards, James Strachey). Frankfurt/M. 1970 [1905] (=Conditio humana. Ergebnisse aus den Wissenschaften vom Menschen), S. 135.
[273] Ebd. Bergson hingegen stellt eine Einzelperson einer Gruppe gegenüber. Der Einzelne isoliert sich durch sein regelwidriges, komisches Verhalten und bewegt sich „außerhalb des von der Gesellschaft gebildeten Kreises" (S. 23).
Freud bezeichnet den Verursacher des Komischen als „Objektperson" (S. 135).
Ich werde die am komischen Vorgang Beteiligten künftig als Komik-Produzenten bzw. Komik-Rezipienten bezeichnen, wenn eine andere Wortwahl mißverständlich wäre. Ob das Komische freiwillig oder unfreiwillig erfolgt, wird nur dann explizit erwähnt, wenn diese Unterscheidung zum Verständnis beiträgt.

Und diese Korrektur wird durch das Lachen besorgt."[274] Das Lachen ist hauptsächlich Verlachen und hat die Funktion der Maßregelung, Degradierung und Demütigung. Als Theoretiker dieser Lehrmeinung sind beispielsweise aus der Antike Aristoteles zu nennen und aus dem 20. Jahrhundert mit Einschränkung Bergson und Bachtin.

Eine zweite Richtung kann als Entlastungs-Theorie bezeichnet werden. Sie profitiert von den Erkenntnissen der Psychologie und konzentriert sich auf die individuelle psychische Verfassung des Rezipienten. Im Lachen, in der Lust am Komischen entlade sich eine zwischen individuellen Triebbedürfnissen und sozialen Reglementierungen aufgestaute Spannung. Nach Freuds Auffassung sind „beim Lachen [...] die Bedingungen dafür gegeben, daß eine bisher zur Besetzung verwendete Summe psychischer Energie der freien Abfuhr unterliege."[275] Einer der Hauptvertreter dieser Richtung ist Freud.

Im allgemeinen beruhen alle Theorien des Komischen und des Lachens „in irgend einer Form"[276] auf Inkongruenzen und Kontrastierungen. Insofern ist die seit dem ausgehenden 18. Jahrhundert als Inkongruenz-Theorie bezeichnete dritte Richtung nur aus dem Grunde herauszuheben, weil sie den Plötzlichkeits- und Überraschungsmoment im (durch Inkongruenz verursachten) komischen Vorgang betont. Diese Theorie als ein Bestandteil der Schopenhauerschen Philosophie fokussiert und analysiert die intellektuelle Bewegung beim Entstehen, Erkennen und Beantworten des Komischen.
Nach Schopenhauer (1788 – 1860), den Bernhard als „*Lach*philosoph[en]" und als einen der „großen Spaßmacher in der Geschichte"[277] bezeichnet, entsteht das Lachen

> „jedesmal aus nichts Anderem, als aus der plötzlich wahrgenommenen Inkongruenz zwischen einem Begriff und den realen Objekten, die durch ihn, in irgendeiner Beziehung, gedacht worden waren, und es ist selbst eben nur der Ausdruck dieser Inkongruenz. Sie tritt oft dadurch hervor, daß zwei oder mehrere reale Objekte durch EINEN Begriff gedacht und seine Identität auf sie übertragen wird [...]. Ebenso oft jedoch ist es ein einziges reales Objekt, dessen Inkongruenz zu dem Begriff, dem es einerseits mit Recht subsumirt worden, plötzlich fühlbar wird. [...] Jedes Lachen also entsteht auf Anlaß einer paradoxen und daher unerwarteten Subsumtion; gleichviel

---

[274] Bergson, S. 62.
[275] Freud, S. 139.
[276] Schwind, S. 333.
[277] Fleischmann, S. 44.

ob diese durch Worte, oder Thaten sich ausspricht. Dies ist in der Kürze die richtige Erklärung des Lächerlichen."[278]

Das Lächerliche besteht für Schopenhauer also darin, daß ein Objekt (Sache, Mensch, Begebenheit) einem Begriff zwar zugeordnet werden *kann*, ihm aber nicht zwingend und unter allen Umständen untergeordnet werden *muß*. Diese doppelte, kognitiv zu bewältigende Wahlmöglichkeit der Zuordnung zeichnet die Objekt/Begriff-Beziehung dadurch aus, daß sie ebenso kongruent wie inkongruent ist bzw. sein kann. Da in Kommunikationsakten als sozialen Akten verläßliche, das heißt kongruente Objekt/Begriffs-Beziehungen erwartet werden, löst die plötzlich wahrgenommene Inkongruenz dieser Beziehung die Reaktion des Lachens aus und verweist diesen Vorgang ins Gebiet des Lächerlichen.
An anderer Stelle seines Werkes erläutert Schopenhauer seine Gedanken zum Lächerlichen und zum Lachen noch einmal, um, wie er schreibt, „auch der Geistesträgheit derjenigen Leser, die durchaus im passiven Zustand verharren wollen, zu Hülfe zu kommen."[279] Hier wird vom Lachen als „vergnügliche[m] Zustand" gesprochen, der uns „Freude" macht, von einer „krampfhaften Erschütterung", der wir uns „gern"[280] hingeben – ein Gedanke, den Freud in seiner Entlastungs-Theorie weiterführen wird.
Die Inkongruenz-Theorie zeichnet sich ferner durch die Betonung des aristotellischen Unschädlichkeitspostulats aus, das „Schmerz und [...] Verderben"[281] ausschließt und sich „gegen das Groteske, die Ironie oder das Tragische"[282] absetzt. Inkongruenzen betonen beispielsweise neben Schopenhauer Bergson und Ritter.

Diese hier umrissenen Richtungen schließen sich gegenseitig nicht aus und treten jeweils auch nicht in reiner Form auf. Sie sind vielmehr schwerpunktmäßige Aspekte unterschiedlicher Herangehensweisen, mit denen das Verfassen und Erfassen des Komischen zu beschreiben versucht wird.

---

[278] Arthur Schopenhauer: Die Welt als Wille und Vorstellung (hrsg. v. Ludger Lütkehaus nach der Ausgabe letzter Hand; hier: der dritten, verbesserten und beträchtlich vermehrten Auflage). Zürich 1988 [Leipzig 1859], [1819]. Erster Band, § 13, S. 102; Bd. 1 der Werke in 5 Bänden.
[279] Ders.: Die Welt als Wille und Vorstellung, zweiter Band, Kap. 8, S. 108.
[280] Ders. (zweiter Bd.), S. 116.
[281] Aristoteles, S. 17.
[282] Vgl. Schwind, S. 333.

3.2 Wirkungsweisen des Komischen

In den wenigen von Aristoteles (384 – 322 v. Chr.) zum Wesen der Komödie überlieferten Äußerungen wird das Komische[283] in Opposition zum Guten und Erhabenen gestellt, das in der Tragödie verkörpert ist. Das Amüsiertsein über einen am Gegenüber festgestellten „mit Häßlichkeit verbundene[m] Fehler" rechtfertigt sich ethisch und moralisch nur deswegen, weil es über ein relativ harmloses und daher niemanden schädigendes Fehlverhalten geschieht, das „keinen Schmerz und kein Verderben verursacht, wie ja auch die lächerliche Maske häßlich und verzerrt ist, jedoch ohne den Ausdruck von Schmerz."[284] Manfred Fuhrmann erläutert das „Häßliche" als das „sinnlich wahrnehmbare[ ] Schlechte[ ]."[285] Es bezieht sich demnach gleichwohl auf das physiognomisch, mimisch und habituell wie auch charakterlich Komische bzw. Schlechte und markiert eine dem normalerweise Unauffälligem und Gebilligtem entgegenstehende Erscheinung.

In der hier von Aristoteles postulierten „Keimform der Inkongruenztheorie"[286] wird zweierlei erkennbar: Einerseits stellt das Komische einen Verstoß gegen allgemeingültige Wertvorstellungen dar und wird durch Lachen mißbilligt, andererseits ist diese Wertvorstellung subjektiven Kriterien unterworfen – nicht nur im Hinblick auf deren konventionell begründbare Motive, sondern auch im Hinblick auf die ausschließlich individuell-subjektive Relation zwischen dem Komik-Produzenten und dem Komik-Rezipienten, der Relation also innerhalb der jeweilig aktuellen Kommunikationssituation, auf die in einem anderen Kontext trotz gleichbleibender kollektiver Wert- oder Normvorstellung anders reagiert würde. Dieser Beobachtung wegen wird in einigen Theorien des Komischen der psychischen und mentalen Verfassung des Komik-Rezipienten besondere Aufmerksamkeit zuteil, wenn es um die Beschreibung der Bedingungen geht, warum der gleiche Sachverhalt innerhalb einer Gruppe mit relativ homogener historischer, sozialer und kognitiver Grundstruktur diametral verschiedenen Bewertungen unterliegen kann.

Johannes Volkelt (1848 – 1930) definiert das Komische als das Nichtige und Nichternstzunehmende, als das dem Ernst Entgegenstehende. Die plötzliche

---

[283] Aristoteles spricht vom Lächerlichen, ebenso Schopenhauer – und zumeist auch Bernhard.
„Erst in der Neuzeit stellt sich das bis heute geltende Verhältnis von Begriff, Wort und Sache her, indem das Komische vom schlechtweg Lächerlichen abgehoben wird." Vgl. Preisendanz (Wörterbuch der Philosophie), Sp. 889.

[284] Aristoteles, S. 17.

[285] Vgl. S. 108; Anmerkungen von Fuhrmann zu Kap. 5 der „Poetik".

[286] Schwind, S. 341.

Entscheidung eines Individuums, etwas als nichtig und deshalb wert*los* zu bewerten, das es bisher als wert*voll* erachtet hatte, sei der Initialmoment des Komischfindens und seiner Reaktion im Lachen. Volkelt distanziert sich in seinen philosophischen Arbeiten zur Ästhetik von einer rein ratio-gelenkten, also intellektuellen Bemessung des komischen Vorgangs und kritisiert Schopenhauers vernunftbezogene Theorie als „ungenügend", da sie den „Gefühlscharakter des komischen Ernst- und Nichternstnehmens"[287] nicht ausreichend betone. Der Moment, in dem etwas als komisch bewertet werde, entstehe durch die enttäuschende Erkenntnis eines Irrtums, weil sich etwas bisher als ernst und ernsthaft Eingestuftes nun als dessen Gegenteil erweise. Das *be*lastende Erkennen dieses Irrtums bewirke einen „Umschlag"[288] sowohl intellektueller wie auch emotionaler Haltung und werde durch Lachen *ent*lastet.

Volkelts Überlegungen fügen Schopenhauers Theorie einen neuen Aspekt an der Schnittstelle eines Vorgangs hinzu, die entscheidend ist für die Zuordnung dieses Vorgangs zum Komischen oder zum Nichtkomischen. Volkelt stellt dem potentiellen Generierungsmoment Modalitäten seiner Verunmöglichung entgegen, deren Ursachen er in der psychischen Verfassung des Rezipienten ortet. In den Theorien des 20. Jahrhunderts wird diese Ansicht unter dem Einfluß wissenschaftlicher Erkenntnisse der Psychologie weitergeführt.

So widmet Sigmund Freud (1856 – 1939) dem Lachen als lustvollem Vorgang besondere Aufmerksamkeit. Das vom menschlichen Intellekt gesteuerte „'Verstehenwollen' bei der Apperzeption"[289] eines Vorgangs sei nur durch einen Vorstellungs- oder Erwartungsaufwand zu bewerkstelligen, eine Anspannung, die sich – werde der Vorgang als komisch eingeschätzt – im Lachen wieder löse: Lachen ist die „Lust aus der Aufwanddifferenz",[290] die nur dann entstehen kann, „wenn ein früher zur Besetzung gewisser psychischer Wege verwendeter Betrag von psychischer Energie unverwendbar geworden ist, so daß er freie Abfuhr erfahren kann."[291]

Während bei Aristoteles die Verbindung zwischen Komödienwelt und Lebenswelt nur insofern hergestellt werden kann, als die Akteure auf der Bühne die Unzulänglichkeiten des wirklichen Lebens nachahmen, begreift Henri Bergson (1859 – 1941) das Komische als ein allen Bereichen des menschlichen Lebens und seiner Kultur gleichermaßen inhärentes Phänomen, das „irgendwo zwischen

---

[287] Vgl. Volkelt, S. 371.
[288] Ders., S. 372.
[289] Freud, S. 180.
[290] Ders., S. 202.
[291] Ders., S. 138; vgl. S. 195.

Leben und Kunst schwankt",[292] und entnimmt die Beispiele seiner Theorie sowohl der Literatur wie auch dem unmittelbaren Leben. Als komisch werde rein intellektuell dasjenige rezipiert, was sich als „eine gewisse *mechanisch wirkende Steifheit* in einem Augenblick [zeige], da man von einem Menschen wache Beweglichkeit und lebendige Anpassungsfähigkeit erwartet."[293]
Bergson beschreibt das Komische als soziales Phänomen, das sich an den reinen Intellekt wende und aus ihm entstehe. Der jeweilig vom Komischen berührte Intellekt „muß nun aber mit anderen Intellekten in Verbindung bleiben",[294] quasi um sich zu vergewissern, daß auch die anderen den Vorgang ebenso als komisch bewerten. Im Einklang mit der Gruppe werde das Komische als inkongruent zu deren allgemeingültigen Regeln aufgefaßt, als Verstoß gegenüber festgelegten sozialen Übereinkünften, der symbolisch durch das Lachen gerügt werde.
Das neue und die modernen Komik-Theorien beeinflussende Moment der Bergsonschen Betrachtungsweise ist einerseits die Betonung des sozialen Moments des Lachens, eines verbindenden gruppeninternen Lachens, andererseits öffnet sich ein neuer Blickwinkel im Hinblick auf die Funktion des Lachens: Zwar liegt bei Bergson die Hauptfunktion des Lachens auf der Strafe und Degradierung eines das soziale Gefüge instabilisierenden Verhaltens, das seinen Zweck verfehlen würde, wenn es von „Sympathie und Güte gekennzeichnet wäre",[295] doch ist der im Lachen zum Ausdruck gebrachten Rüge auch ein Korrekturwille der Gemeinschaft unterlegt, der dem Belachten und zeitweilig Ausgegrenzten die Chance auf Wiedereingliederung eröffnet.
Renate Jurzik übt vehemente Kritik an Bergsons Theorie. Sie habe „Teil an der allgemeinen Aggressivität der Gesellschaft, welche sie gegen alle wendet, die von ihren Normen abweichen".[296] Das Lachen bei Bergson werde zum „Gestus blinder Überlegenheit, diesmal nicht unter dem Vorzeichen einer unangefochtenen Vernunft, sondern unter dem Vorzeichen eines vitalistischen Gesellschaftsbegriffs."[297] Meiner Ansicht nach berücksichtigt Jurziks Stellungnahme nicht die

---

[292] Bergson, S. 24; vgl. auch S. 13.
[293] Ders., S. 17.
Karlheinz Stierle erweitert diese von Bergson aufgestellte These dahingehend, daß er das Moment der (mechanischen) „Fremdbestimmtheit des Handelns" als eine wesentliche Voraussetzung des Komischen herausarbeitet. Vgl. Karlheinz Stierle: Komik der Handlung, Komik der Sprachhandlung, Komik der Komödie. In: Das Komische. Hrsg. v. Wolfgang Preisendanz und Rainer Warning. München 1976 (=Poetik und Hermeneutik, Bd. VII), S. 237 – 268; S. 240. (Künftig: Stierle, Komik)
[294] Bergson, S. 15.
[295] Ders., S. 124.
[296] Jurzik, S. 38.
[297] Dies., S. 39.

von Bergson selbst unternommene Relativierung eines ausschließlich repressiven Lachens, da dieses nur „Böses mit Bösem vergelten"[298] würde. Bergson sieht zwar im Lachen in erster Linie die soziale Bestrafung für ein unsoziales Verhalten, gleichwohl erkennt er, daß im Lachen aber auch „ein Anschein von Wohlwollen, von liebenswürdiger Leutseligkeit"[299] liegen könne, das in der Aufdeckung der Fehler anderer auch die Chance berge, selbst „diese Fehler abzulegen und bessere Menschen zu werden".[300] In dieser Richtung interpretiert auch Schwind: „Bei Bergson ist zwar das Lachen der Gruppenübereinkunft bestätigend, umgekehrt kann man sich jedoch ein Lachen vorstellen, welches das einer kleineren Gruppe über die Trägheit, Erstarrung der Gesellschaft wäre. In diesem Sinne könnte ein ‚Lachen mit' dem Abweichling im Akzeptieren der – oder gar Zustimmung zur – Abweichung von geltenden Normen eine Infragestellung dieser Normen bzw. der normtragenden Gesellschaft mit sich bringen."[301]

Die bei Bergson angelegte versöhnliche und idealistische Komponente der Inkongruenz-Theorie legt Joachim Ritter (1903 – 1974) seiner Theorie zugrunde, die sich verstärkt dem dialektischen Wechselverhältnis zwischen dem Lachenden und dem Belachten zuwendet. Ritter stimmt mit Bergson darin überein, daß das Komische das der (jeweiligen) Ordnung Entgegenstehende ist, und daß Lachen ein Ausdruck der Ausgrenzung und Zurechtweisung ist. Da Lachen aber gleichfalls die Manifestation einer positiven und bejahenden menschlichen Grundhaltung sei, positiviere es letztlich auch das Entgegenstehende und relativiere den Absolutheitsanspruch geltender Prinzipien: „Beides, das Lachen wie das Lächerliche, heißt dies, sind offenbar in den Lebenszusammenhang einbezogen, der den Lachenden und die Dinge und Begebnisse, über die gelacht wird, immer schon übergreift und trägt."[302]
Somit begreift Ritter das Lachen als ein dem menschlichen Dasein zugehöriges „Spiel [...], dessen einer Partner das Ausgegrenzte, dessen anderer Partner die ausgrenzende Lebensordnung selbst ist."[303] Durch Lachen werde die „geheime Zugehörigkeit des Nichtigen zum Dasein" sichtbar, so daß das Nichtige „in der es ausgrenzenden Ordnung selbst gleichsam als zu ihr gehörig sichtbar und lautbar wird."[304]

---

[298] Bergson, S. 122.
[299] Ebd.
[300] Ders., S. 124.
[301] Vgl. Schwind, S. 378.
[302] Joachim Ritter: Über das Lachen. In: J. R.: Subjektivität. Sechs Aufsätze. Frankfurt/M. 1989 [1940], S. 62 – 92; S. 72.
[303] Ders., S. 76.
[304] Ebd.

In Ritters Theorie fließen zeitgenössische psychologische und anthropologische Erkenntnisse ein. Zwar positioniert Ritter ebenso wie Bergson das Komische in einer intellektuellen Bewegung, doch liegt sein besonderes Interesse in der Frage nach den psychischen Faktoren, die auf den Menschen einwirken, die ihn einen Vorgang als komisch erscheinen lassen bzw. welche dem entgegenstehen. Am Beispiel der Dichtung Wilhelm Buschs erörtert Ritter die paradoxe Erscheinung, daß sie den Lesern Vergnügen bereite, obwohl dort von Menschen die Rede sei, die ertrinken, erfrieren, verbrennen und zermahlt werden. Dies sei nur möglich, wenn der Rezeptionsprozeß rein verstandesgelenkt sei. Nehme der Rezipient das Gelesene aber „ernst und d. h. pragmatisch als das, was da wirklich geschieht, so ist der Anblick nicht heiter. Der Mensch erscheint als die geschlagene und gestoßene, als die abirrende und taumelnde Kreatur."[305] Wer also einen Vorgang ohne die erforderliche emotionale Distanz betrachte, könne ihn nicht als komisch bewerten und ihn somit nicht durch Lachen beantworten.

Bei Bergson findet sich dieser Gedanke in zugespitzter Form: „In Gesellschaft reiner Verstandesmenschen würden wir wahrscheinlich nicht mehr weinen, aber vielleicht würden wir immer noch lachen. Ausgesprochen gefühlvolle Seelen dagegen, in denen jedes Erlebnis seinen sentimentalen Nachhall findet, werden das Lachen weder kennen noch begreifen."[306] Mit anderen Worten: Versetzte sich der Komik-Rezipient in die Verfassung des Komik-Produzenten – beispielsweise bei Wilhelm Busch in die Figuren der Geschichten – oder bezöge er das Geschehen auf reale, möglicherweise ihm emotional nahestehende Menschen seines Lebenskreises, nähme er an der Erfahrung des Komischen nicht teil.

In meiner Untersuchung werde ich zu zeigen versuchen, wie Bernhard den Rezeptionsprozeß in seiner Autobiographie steuert, damit ein- und derselbe Vorgang sukzessive zuerst als komisch und dann als nicht komisch bewertet werden kann.

Michail M. Bachtin (1895 – 1975) definiert in seiner kultur- und literaturkritischen Studie[307] das Lachen und seine Funktion unter dem Gesichtspunkt organisierten und gebilligten Ordnungsverstoßes: Bachtins Befunde basieren auf der extraordinären und zyklisch eingeengten Situation „aller karnevalistischen Fest-

---

[305] Ritter, S. 62.
[306] Bergson, S. 14.
[307] Michail M. Bachtin: Literatur und Karneval. Zur Romantheorie und Lachkultur. Aus dem Russischen übersetzt und mit einem Nachwort versehen von Alexander Kaempfe. Frankfurt/M. 1990. [Das Buch enthält Auszüge eines bereits 1940 abgeschlossenen und 1965 veröffentlichten Manuskripts über Rabelais und eines 1929 veröffentlichten, wieder aus dem Verkehr gezogenen und 1963 in einer Neuauflage erschienenen Buches über Dostojewskij.]

lichkeiten, Bräuche und Formen"[308] der spätmittelalterlichen westeuropäischen Gesellschaft. Bachtin verlagert Bergsons Akzentuierung des kollektiven Lachens über einen Einzelnen in ein Oppositionsverhältnis zwischen autoritärer, determinierender, offizieller Kultur und durch sie unterbundener, inoffizieller Volkskultur. Bei Bachtin dominiert (ähnlich wie bei Freud) der Gedanke eines im Lachen zum Ausdruck kommenden Protestes gegenüber kulturabhängigen Restriktionen: „Das Lachen baut sich gleichsam seine Gegenwelt gegen die offizielle Welt, seine Gegenkirche gegen die offizielle Kirche, seinen Gegenstaat gegen den offiziellen Staat."[309] Lachen sei vor allem ein „Sieg über die moralische Furcht, die das Bewußtsein des Menschen knechtet, bedrückt und dumpf macht."[310]
In höherem Maße als Bergson hebt Bachtin das konstruktive Moment des Lachens hervor, und ausgeprägter als bei Ritter zeigt sich die Positivierung des Komischen bzw. des Lächerlichen. Allerdings ist die verkehrte Welt des Karnevals nur von kurzer Dauer, und das Lachen in ihr stellt die Gesellschaftsordnung nur für eine kurze Zeitspanne auf den Kopf. So ist zu fragen, inwiefern der hier im Lachen zum Ausdruck kommende Ungehorsam eine über den Lachvorgang hinausführende Wirkung zeigen kann. Nach Bachtins Einschätzung haben diese „festtäglichen Lichtblicke[ ] des menschlichen Bewußtseins [...] das neue Selbstbewußtsein der Renaissance vorbereitet[ ]."[311]
Dagegen gibt Schwind zu bedenken, daß „durch das legalisierte Ab-Lachen in einer eingegrenzten Sphäre [...] Hemmungen und Zwänge außerhalb der Ausnahmesituation nur um so besser aufrechterhalten" werden können, die Gesellschaftsordnung also „stabilisiert"[312] werde. Allerdings, schränkt Schwind ein, sei aber auch überliefert, daß als Folge fortschreitender Durchlässigkeit von Ausnahme- und Alltagssituation die „sozialrevolutionäre[n] Unruhen im Anschluß an die Zeiten des historischen Karnevals"[313] in einen Zusammenhang mit dem karnevalistischen Lachen gebracht werden.
Eine diachrone Perspektivierung des karnevalistischen Treibens bis zu den gegenwärtig immer noch praktizierten „Tollen Tagen" scheint diesen Aspekt zu bestätigen: Im gruppendynamischen Lachvorgang mit seinen außergewöhnlichen Frech- und Freiheiten kann durchaus auch die Funktion eines Warnsignals an institutionalisierte Machtausübung im Bergsonschen Sinn und einer längerfristig intendierten Korrekturauswirkung vermutet werden.

---

[308] Bachtin, S. 47.
[309] Ders., S. 32.
[310] Ders., S. 35.
[311] Ebd.
[312] Schwind, S. 376.
[313] Ders. S. 377.

Björn Ekmann hingegen vermag keinen gesellschaftsverändernden Stimulus der karnevalistischen Lachkultur festzustellen. Das Lachen, so wie Bachtin es beschreibe, sei nichts mehr als ein „Sicherheitsventil ohne schöpferische Funktion", „von beschränktem Wert [...] und einem so infantilen Glücksbild verhaftet, daß kein wünschenswertes Gegenbild zum bedrückenden Herrschaftssystem sichtbar"[314] werde. Die karnevalistische Parodie sei „keine echte Alternative, sondern nur eine Affektfratze, die ihre Funktion im augenblicklichen Abreagieren" erschöpfe und als „zukunftsweisende und produktive Leistung unerheblich"[315] sei. Konfliktlösende und fortschrittsweisende Funktionen vermeint Ekmann eher in einer „vielschichtigen und kultivierten Komik" zu erkennen, „einer Komik, die witzig *und* spaßhaft, humoristisch *und* satirisch ist", und die zunächst mit ihrer „vielleicht logisch und praktisch ‚unmöglichen' Utopie und ihrer spielerischen Freiheit vielfach Problemlösungen fördern" könne, „gerade wenn es um humane Anliegen wie Gesellschaftsfunktionen und Lebensqualitäten" [316] gehe.

Auch Vittorio Hösle argumentiert gegen eine „zu einseitige Interpretation"[317] der Bachtinschen Theorie als Ideologiekritik. Zwar könne Lachen „diese Funktion erfüllen", aber „die Funktion der Kritik oder der Einschüchterung, die dem Lachen eigentümlich ist, kann auch gegen diejenigen gewendet werden, die die Gesellschaft zu verändern suchen."[318]

Hösles Einwand widerspricht dennoch nicht der These, Lachen als korrigierende Haltung zu begreifen. Da der komische Vorgang immer ein interpersoneller Vorgang ist, dem auch eine gewisse „Leutseligkeit"[319] eigen ist, kann sich das Lachen auch in verschiedene Richtungen ausbreiten und die Situation umkehren: Wenn Gebärden, Redensarten oder Handlungen der Komik-Produzenten belacht werden, liegt auch ein Funken Sympathie in diesem Lachen, das den Belachten als „Kameraden"[320] wahrnimmt, der diejenigen Schwächen offenbart, die auch unsere sein könnten, womit die Voraussetzung eines wechselseitigen Lachens und somit wechselseitiger Korrektur immer gegeben ist.

---

[314] Björn Ekmann: Wieso und zu welchem Ende wir lachen. In: Text & Kontext. Zeitschrift für germanistische Literaturforschung in Skandinavien (Kopenhagen – München), Bd. 9, H. 1, 1981, S. 19 – 46; S. 35.
[315] Ders., S. 36.
[316] Ebd.
[317] Vittorio Hösle: Woody Allen. Versuch über das Komische. München 2001, S. 20.
[318] Ebd.
[319] Bergson, S. 122.
[320] Ebd.

In seiner philosophisch-anthropologischen Studie geht Helmuth Plessner (1892 – 1985) den verschiedenen Nuancen des Lachens und Weinens nach.[321] Während sich die meisten Theorien „auf das Worüber"[322] des Lachens konzentrieren und seine Beziehung zum Komischen beschreiben, untersucht Plessner Lachen und Weinen als „Spiegel, ja Offenbarung"[323] menschlicher Ausdrucksformen und fragt, wie es zu verstehen sei, „daß ein lebendiges Wesen aus Fleisch und Blut, das über Sprache und Zeichengebung verfügt – womit es sich von den Tieren unterscheidet,"[324] lacht und weint.

Im Unterschied zu Bergson, Ritter und Bachtin erkennt Plessner im Komischen „kein Sozialprodukt, und das Lachen, das ihm antwortet, [sei] kein Warnungssignal, keine Strafe [...], sondern eine elementare Reaktion gegen das Bedrängende des komischen Konflikts."[325]

Plessner begreift Lachen und Weinen als exzentrische körperliche Reaktionen des Menschen auf Krisen- oder Grenzsituationen. In diesem dem Willen weitgehend entzogenem Prozeß zerbreche zwar einerseits kurzzeitig die prinzipielle Souveränität des Geistes über den Körper, andererseits demonstriere die Situation aber gerade Menschlichkeit, nämlich auch „da noch fertig werden zu können, wo sich nichts mehr anfangen läßt."[326]

Die in diesem Abschnitt skizzierten Erklärungsversuche des Komischen und seiner Beziehung zum Lachen sind zwar – dem jeweiligen Forschungsinteresse entsprechend – verschieden akzentuiert, dennoch lassen sich zusammenfassend folgende Übereinstimmungen erkennen:
1. Das Komische gründet sich auf Inkongruenzen zwischen kognitiv und emotional bestimmten subjektiven Erwartungen des Rezipienten und dem sich tatsächlich Ereignenden.
2. Die Inkongruenz gegenseitig sich ausschließender Wertvorstellungen wird im komischen Vorgang durch Lachen beantwortet.
3. Intention, Funktion und Wirkungsweisen des Komischen sind abhängig von kommunikativen, situativen, sozialen und individuellen historischen Kontexten.

Die Behauptung, Elemente des Komischen seien konstituierende Merkmale der Autobiographie Thomas Bernhards, muß sich in Rekurrenz auf diese Ergebnisse auf zwei Ebenen befragen lassen: Entsprechend ihrem Gattungsstatus zwischen

---

[321] A.a.O.
[322] Plessner, S. 19.
[323] Ders., S. 21.
[324] Ders., S. 20.
[325] Ders., S. 96.
[326] Ders., S. 153.

Geschichte und Literatur erfordert die Autobiographie, neben dem Komischen der literarischen Darstellung stets auch den referentiellen lebensweltlichen Bezug zum Dargestellten im Blick zu behalten.

4 TODESDESBODEN SALZBURG

4.1 Stadt und Existenzumstände

In Bernhards Autobiographie sind sowohl die Titel wie auch die jeweils ersten Sätze der fünf Bücher als reduzierte Paraphrasen[327] der nachfolgenden Ausführungen angelegt. Der erste Band, „Die Ursache", stellt insofern eine konzeptionelle Besonderheit dar, als hier die Eingangssätze noch einmal, am Ende des ersten Teils des Bandes,[328] in komprimierter Form erscheinen. Da dieser Satz inhaltlich dem Erzählanfang fast gleicht, stilistisch aber völlig abweichend gestaltet ist, kommen ihm in mehrfacher Hinsicht rezeptionsrelevante Funktionen zu. Zunächst soll dieser Satz aus der Mitte des Bandes näher betrachtet werden:

> „Für mein ganzes Leben habe ich in dieser Zeit, indem ich dieses auch in dieser Stadt, was niemand mehr weiß oder wissen will, fürchterlichste und erbarmungswürdigste Menschenelend beobachtet, gelernt und die Erfahrung gemacht, wie furchtbar das Leben und die Existenz überhaupt sind und wie wenig wert, überhaupt nichts wert im Krieg" (U 55/56).

Propositional mit den für eine Autobiographie ungewöhnlichen und einprägsamen Anfangssätzen fast identisch, erscheint dieser Satz als Wiederholung des Erzählbeginns. Da er sich aber von diesem in seinem formalen Gefüge wesentlich durch das Fehlen komischer Elemente unterscheidet (die am Anfang des Buches reich vorhanden sind), fordern die Textsegmente eine wechselseitige Reflexion, und das heißt auch mehrmaliges Lesen, direkt heraus, vor allem, um sich das Komische der Darstellung bzw. sein Fehlen bewußt zu machen. Darüber hinaus hat der obige Passus wegen seines keine Einschränkung zulassenden Bekenntnisses „für mein ganzes Leben" vorausweisende und bei jeder Interpretation zu bedenkende Wirkung: Als Tribut an die zuverlässige Identität von Ich-Erzähler und Autor hat diese Äußerung bleibende Geltung für die gesamte Autobiographie, in der sie wiederholt inhaltlich variiert wird.

„Diese Zeit", das weiß der Leser aus den Eingangssätzen, „die zweifellos seine entsetzlichste Zeit gewesen ist" (U 8), ist die Internatszeit während der letzten

---

[327] Vgl. Wolfgang Dressler: Einführung in die Textlinguistik. Tübingen, 2. Aufl. 1973 (=Konzepte der Sprach- und Literaturwissenschaft, Bd. 13), S. 18.

[328] Entgegen Bernhards eigenwilliger Entscheidung, kapitel- und absatzlos zu schreiben, besteht die „Ursache" aus zwei Teilen. Im Zusammenhang des gesamten Bandes erweisen sich die den Teilen vorangestellten Namen „Grünkranz" (U 7) und „Onkel Franz" (U 59) für den jungen Bernhard als die letzten Repräsentanten autoritärer Herrschaft, denen er die Schuld an seiner Kindheits-Hölle und deren Auswirkungen zuweist.

Monate des Zweiten Weltkriegs; „diese Stadt" ist das damals zerbombte Salzburg. Bernhard hat an anderen Stellen schon von den „zwei Ängsten in dieser Zeit" (U 20, U 21) gesprochen und als deren Verursacher einerseits den Internatsleiter Grünkranz als Personifizierung der Angst „vor allem und jedem im Internat" (U 20), andererseits den Krieg als real gewordenen „Alptraum" (vgl. U 21) genannt. Diese Ängste werden hier in veränderter Form erneut vergegenwärtigt. So liest sich der obige Satz wie der Anfangssatz als Verdichtung erduldeter Kränkungen, jetzt ergänzt um die Einsicht in die Wertlosigkeit der Existenz – ein Hauptmotiv des fiktionalen Werkes. Mit dem eingangs explizit genannten Handlungsort, Salzburg, bündelt er die Bestandteile einer für Bernhard zeitlebens unauflösbaren Trias der Unlebsamkeit. Diese aber auf den erzählten Zeitrahmen „dieser Zeit" zu begrenzen, hieße, Bernhards literarische Lebensinszenierung auf bloße Fakten und „Wörter" zu reduzieren, die in der „Finsternis" blieben. Vielmehr sind die genannten Begriffe „dieser Zeit" – Angst, Krieg und Stadt – miteinander zu einem Bedeutungs-Konvolut verknüpft, das „für ein ganzes Leben" Geltung hat. Als Träger vielschichtiger Konnotationen muß ihr „zweites semiotisches Verhältnis"[329] erst entschlüsselt werden, um die Fülle ihrer Bedeutungen nicht zu verkleinern, das heißt, um den „Sinn" der sprachlichen Äußerungen zu verstehen, der in literarischen Texten von der gewöhnlichen Bedeutung einer Bezeichnung weit abweichen kann und vom Rezipienten bedacht werden muß.

Diese Bedingtheit erlaubt es, „Grünkranz" nicht nur als angsteinflößenden Internatsleiter und Prototypen eines sadistischen Erziehers aufzufassen, sondern auch als Figur, in der die Abscheu des jungen Bernhard vor Drill und Zwang, vor Institutionen und ihren Hierarchieverhältnissen kulminiert. Im Begriff Krieg wiederum konzentrieren sich Todesängste vor Gewalt, Zerstörung, Bedrohung, die den sensiblen, künstlerisch veranlagten Jungen nie mehr verlassen werden. Die Stadt Salzburg schließlich erfährt die extremste Bedeutungsausweitung. Da häufig mit diesem Stadtnamen im gleichen Atemzug auch der Staat, das Land Österreich, seine Bewohner sowie weltliche und geistige Einrichtungen genannt werden, steht Salzburg nicht nur als Nomen proprium für einen begrenzten geographischen Raum, sondern bedeutungserweitert als Nomen abstraktum, das in sich innere Vorgänge und Verhältnisse „dieser Zeit" einschließt sowie deren Auswirkungen, die den Autor sein „ganzes Leben" prägen – zum Zeitpunkt der Niederschrift der „Ursache" schon etwa dreißig Jahre.

---

[329] Vgl. Eugenio Coseriu: Textlinguistik. Tübingen, 2. Aufl. 1981 (=Tübinger Beiträge zur Linguistik, Bd. 109), S. 49 ff.

Mit sehr ähnlichem Inhalt, aber völlig abweichender Oberflächenstruktur der Sätze beginnt die Autobiographie. An einer der exponiertesten Stellen eines Textes, wie sie nur noch den Schlußsätzen zukommt, werden hier Interesse und Erwartung des Lesers geweckt. Erste Sätze erhalten die höchste Aufmerksamkeit und prägen Eindrücke, die häufig die weitere Rezeption nachhaltig beeinflussen.[330] In ganz besonderem Maße trifft das auf alle Texte von Bernhard zu. Im Gegensatz zum vorgestellten Satz, in dem provokative Stilmittel fehlen (die eigenwillige Syntax ist tolerabel), die die Ernsthaftigkeit des Gesagten in Frage stellen könnten, erwächst gleich in den ersten Zeilen der „Ursache" eine unernste Atmosphäre, die – je nach persönlichem Geschmack an solcher ästhetischen Vermittlung – entweder auf Ablehnung oder auf Zustimmung stoßen kann. Im ersten Fall kann die weitere Lektüre zur einer qualvollen Angelegenheit werden, im zweiten Fall wird der Leser das Ungewöhnliche der Gestaltung individuell verschieden goutieren, interpretieren und auf das Komische reagieren. Die drei Anfangssätze lauten:

1. „Die Stadt ist, von zwei Menschenkategorien bevölkert, von Geschäftemachern und ihren Opfern, dem Lernenden und Studierenden nur auf die schmerzhafte, eine jede Natur störende, mit der Zeit *ver*störende und *zer*störende, sehr oft nur auf die heimtückisch-tödliche Weise bewohnbar."

2. „Die extremen, den in ihr lebenden Menschen fortwährend irritierenden und enervierenden und in jedem Falle immer krankmachenden Wetterverhältnisse einerseits und die in diesen Wetterverhältnissen sich immer verheerender auf die Verfassung dieser Menschen auswirkende Salzburger Architektur andererseits, das allen diesen Erbarmungswürdigen bewußt oder unbewußt, aber im medizinischen Sinne *immer schädliche, folgerichtig auf Kopf und Körper und auf das ganze diesen Naturverhältnissen ja vollkommen ausgelieferte Wesen drückende*, mit unglaublicher Rücksichtslosigkeit immer wieder solche irritierende und enervierende und krankmachende und erniedrigende und beleidigende und mit großer Gemeinheit und Niederträchtigkeit begabte Einwohner produzierende Voralpenklima erzeugen immer wieder solche geborene oder hereingezogene Salzburger, die zwischen den, von dem Lernenden und Studierenden, der ich vor dreißig Jahren in dieser Stadt gewesen bin, aus *Vor*liebe geliebten, aber aus Erfahrung gehaßten kalten und nassen Mauern ihren borniertren Eigensinnigkeiten, Unsinnigkeiten, Stumpfsinnigkeiten, brutalen Geschäften und Melancholien nachgehen und eine unerschöpfliche Einnahmequelle für alle möglichen und unmöglichen Ärzte und Leichenbestattungsunternehmer sind."

---

[330] Bernhard thematisiert die Schwierigkeit der Niederschrift erster Sätze in seiner Erzählung „Beton". Vgl. auch Thomas Bernhard: Der Untergeher. München 2004, S. 70 [Frankfurt/M. 1983].
Zur Besonderheit des Erzählbeginns von Autobiographien: Wulf Segebrecht: Über Anfänge von Autobiographien und ihre Leser. Darmstadt 1989, S. 158 – 169.

3. „Der in dieser Stadt nach dem Wunsche seiner Erziehungsberechtigten, aber gegen seinen eigenen Willen Aufgewachsene und von frühester Kindheit an mit der größten Gefühls- und Verstandesbereitschaft für diese Stadt einerseits in den Schauprozeß ihrer Weltberühmtheit wie in eine perverse Geld- und Widergeld produzierende Schönheits- als Verlogenheitsmaschine, andererseits in die Mittel- und Hilflosigkeit seiner von allen Seiten ungeschützten Kindheit und Jugend wie in eine Angst- und Schreckensfestung Eingeschlossene, zu dieser Stadt als zu seiner Charakter- und Geistesentwicklungsstadt Verurteilte, hat eine, weder zu grob noch zu leichtfertig ausgesprochen, mehr traurige und mehr seine früheste und frühe Entwicklung verdüsternde und verfinsternde, in jedem Falle aber verhängnisvolle, für seine ganze Existenz zunehmend entscheidende furchtbare Erinnerung an die Stadt und an die Existenzumstände in dieser Stadt, keine andere" (U 7 u. 8).

Der semantische Kern der drei Eingangssätze erschließt sich nur mühsam. Befreit von gigantischem sprachlichem Rankwerk, bleibt als rudimentäre Aussage:

Die Stadt ist sehr oft nur auf die heimtückisch-tödliche Weise bewohnbar.
(Satz 1, Z. 1 – 5, S. 7)
Die extremen Wetterverhältnisse und die Salzburger Architektur erzeugen immer wieder Salzburger, die eine Einnahmequelle für Ärzte und Leichenbestattungsunternehmer sind.
(Satz 2, Z. 5 – 27, S. 7)
Der in dieser Stadt Aufgewachsene hat eine furchtbare Erinnerung an diese Stadt.
(Satz 3, Z. 27 – 43, S. 8)

Diese hier lediglich auf die Propositionen reduzierte groteske Konstellation wird von Bernhard in einer voluminösen hypotaktischen Konstruktion dargeboten, deren inhaltliche Substanz beim ersten Lesen, Vorlesen oder Hören kaum erfaßt werden kann, wohl aber einzelne, ausschmückende semantisch bizarre Konstituenten, deren Wortgestalt sich verselbständigt. So treten die Dativobjekte des ersten Satzes („dem Lernenden und Studierenden", Z. 2/3), denen die eigentliche Themafunktion zukommt und die die Referenzträger des erzählenden Ichs sind, zurück zugunsten der an herausragender Stelle (die beiden ersten Worte) positionierten „Stadt" (Z. 1) als grammatischem Subjekt, die dann durch nebengeordnete Sätze als „bevölkert von Geschäftemachern und ihren Opfern" (Z. 1/2) geschildert wird. Auch die geballte Assonanz der Adjektivpartizipien („störende", „verstörende", „zerstörende", Z. 3/4) bleibt mehr durch ihren partiellen Gleichklang und den bewegten Rhythmus im Gedächtnis haften, als daß bewußt wird, daß durch sie Präsenz und Fortdauer schmerzlicher Gefühlzustände zum Ausdruck gebracht werden.

Im zweiten Satz wird durch die semantische Kontiguität der Substantive („Wetterverhältnisse", Z. 8, „in diesen Wetterverhältnissen", Z. 8/9, „Voralpenklima", Z. 19) der Eindruck erweckt, als sei vom Wetter in Salzburg die Rede.[331] Doch die diesen Satz klanglich beherrschenden sechs Adjektivpartizipien („irritierende und enervierende und krankmachende und erniedrigende und beleidigende und [...] produzierende", Z. 16 – 18) beziehen sich nur oberflächlich auf das Wetter, vielmehr bezeichnen sie Eigenschaften und Tätigkeiten der in diesem geistigen Klima lebenden Menschen, die in den „gehaßten kalten und nassen Mauern ihren borniertenEigensinnigkeiten, Unsinnigkeiten, Stumpfsinnigkeiten, brutalen Geschäften und Melancholien nachgehen [...]", Z. 23 – 25).

4.2 Triumph der Form über den Inhalt

Im Gegensatz zum anfangs hervorgehobenen Satz aus der Mitte der „Ursache", der ernst, glaubwürdig und einer Autobiographie angemessen erscheint, und aus dem die Diktion gewählter gesprochener Sprache klingt, erscheinen die Eingangssätze konstruiert, absichtlich schwer durchschaubar und auf eine affektive Wirkung hin konzipiert zu sein. Dieser Rezeptionseindruck wird durch ein Ungleichgewicht in der syntaktischen und grammatischen Gestaltung im Verhältnis zum semantischen Extrakt hervorgerufen.

Für ein solches offensichtliches Mißverhältnis, das für die Entstehung von Komik prädestiniert ist, hat Henri Bergson eine universelle Begründung formuliert: *„Die Form will über den Inhalt triumphieren, der Buchstabe wetteifert mit dem Geist."*[332] Ausgang dieser Begründung ist Bergsons zentrale Aussage, nach der eine Erscheinung immer dann als komisch empfunden werde, wenn etwas genuin Lebendiges von etwas Starrem, Mechanischem überdeckt werde,[333] wenn etwas Lebloses etwas Belebtes dominiere.[334]
Eines von Bergsons Beispielen, die ihn zu dieser Erkenntnis geführt haben, ist der menschliche Körper, der zum Gegenstand des Komischen werde, wenn allein seine Stofflichkeit als „schwere, unhandliche Hülle, lästiger Ballast, der eine ungeduldig nach oben drängende Seele am Erdboden festhält,"[335] imaginiert

---

[331] Parallelen einer solchen scheinbaren Wetterbestimmung finden sich in den Anfangssätzen von Robert Musils „Der Mann ohne Eigenschaften". Hamburg 1952.
[332] Bergson, S. 41.
[333] Ders., vgl. S. 33.
[334] Ders., vgl. S. 14.
[335] Ders., S. 39.

und die Beweglichkeit seines Körpers und seines Geistes, die das intellektuelle und seelische Leben ermöglichen, abstrahiert werde.

„Dann wird der Körper für die Seele das, was das Kleid für den Körper war: unbeweglicher Stoff, den man einer lebendigen Kraft aufgepropft hat. Und der Eindruck des Komischen wird sich einstellen, sobald wir dieses Aufgepropftsein deutlich als solches empfinden. Wir werden es vor allem dann empfinden, wenn man uns eine von körperlichen Bedürfnissen *geplagte* Seele zeigt – hier die geistige Persönlichkeit mit ihrer klug variierten Kraft, dort der dämliche monotone Körper, der mit maschinenhafter Beharrlichkeit dazwischenfunkt und unterbricht. Je kleinlicher diese Forderungen des Körpers sind und je eintöniger sie sich wiederholen, um so komischer wird die Wirkung sein."[336]

Die Konsequenz einer solchen Erscheinung für den Beobachter sei die Wahrnehmung von etwas Komischem: „Komisch ist jedes Geschehnis, das unsere Aufmerksamkeit auf das Äußere einer Person lenkt, während es sich um ihr Inneres handelt."[337] Dieses zur Veranschaulichung dinghaft-simplifizierte Bild vom „Äußeren" des menschlichen Körpers transformiert Bergson in das allgemein gehaltene Gesetz, in dem „Form" alles Äußere und „Inhalt" alles Innere einbezieht.

Eine Auflistung der in Bergsons Aussagen angeführten Dichotomien zeigt, daß sie – werden sie in sprachliche oder nichtsprachliche Handlungen überführt – klassische Komponenten von Inkongruenz-Theorien wiedergeben.

Etwas Mechanisches	Etwas Lebendiges
Körperlicher Bereich	Seelischer Bereich
Stofflichkeit	Lebendigkeit
Unbeweglicher Stoff	Lebendige Kraft
Monotoner Körper	Geistige Persönlichkeit
Das Äußere	Das Innere
Die Form	Der Inhalt
Der Buchstabe	Der Geist

In der isolierten Gegenüberstellung oppositioneller Begriffe aus Bergsons Formulierungen läßt sich unschwer Bernhards Darstellungsweise der Kontrastierung wiedererkennen. Bernhards gezielte Fokussierung auf die „Wörter", die die Aufmerksamkeit ihrer „Künstlichkeit" wegen auf sich lenken sollen,[338] entspricht Bergsons thematisierte Aufmerksamkeitslenkung auf die Form, die über

---
[336] Ders., S. 39 u. 40.
[337] Ders., S. 40.
[338] Vgl. das vollständige Zitat aus „Drei Tage" in der Einleitung dieser Arbeit.

ihren Inhalt „triumphieren" will analog des Triumphs des Buchstabens über den Geist. Diesen „Triumph" der Form erhebt Bernhard zur hochpotenzierten Form-Inszenierung, die jedoch letztlich auf die Offenlegung „innerer Vorgänge" (Bernhard), auf die Offenlegung „eine[r] von körperlichen Bedürfnissen geplagte[n] Seele" (Bergson) zielt. So erweist sich der Triumph der Form über den Inhalt als nur vorläufiges und äußeres Geschehen, als absichtsvoller Kunstgriff, der die mit „maschinenhafter Beharrlichkeit" produzierten Wort-Formen in ihrer Künstlichkeit und ihrem „Aufgepropftsein" besonders deutlich hervortreten läßt.

So können die Einführungssätze der Autobiographie unter dem Aspekt einer artifiziellen Form gesehen werden, die die Aufmerksamkeit auf sich lenkt und Vorgänge „innerer Natur" wie Gedanken und Gefühle für den Leser (vorläufig) bewußt verbirgt. Angesichts des Untertitels der „Ursache" und den zahlreichen Beteuerungen des Autors, hier werde lediglich „angedeutet", ist dieser Form, da sie unauflöslich mit ihrem Inhalt verbunden ist, gleichzeitig eine Tarnfunktion inhärent, die sich jeder eindeutigen Bewertung der sie umhüllenden „inneren Vorgänge" sperrt.
In der vorgestellten Passage aus der „Ursache" erweisen sich vier Formen als dominierend:

1. Mehrfach verschachtelter Satzbau
2. Exzentrische Wortneubildungen
3. Häufung von Partizipien
4. Inflationärer Gebrauch von Partikeln

Zu 1. Verschachtelter Satzbau:

Irrgartensätze irritieren und beanspruchen die volle Aufmerksamkeit des Lesers. Sie erschweren den Zugang zum Zentrum der Satzaussage, deren Auffinden aber das eigentliche Leseziel ist.

Zu 2. Exzentrische Wortneubildungen:

Eine perverse Geld und Widergeld produzierende Schönheits- als Verlogenheitsmaschine	S. 7
Angst- und Schreckensfestung	S. 8
Charakter- und Geistesentwicklungsstadt	S. 8

Die ungewöhnlichen Phantasiewortkörper für „Stadt" sind ohne Kontextvergewisserung nicht identifizierbar. Wie beim Lesen des hypotaktischen Satzbaus muß sich der Leser konzentrieren, um in ihr Inneres – hier der Wortbedeutungen – vorzudringen.

Zu 3. Häufung von Partizipien:

bevölkert	Z. 1, S. 7
störende	Z. 3, S. 7
verstörende	Z. 4, S. 7
zerstörende	Z. 4, S. 7
lebenden	Z. 6, S. 7
irritierende	Z. 6, S. 7
enervierende	Z. 7, S. 7
krankmachende	Z. 7, S. 7
auswirkende	Z. 10, S. 7
drückende	Z. 14, S. 7
irritierende	Z. 16, S. 7
enervierende	Z. 16, S. 7
krankmachende	Z. 16, S. 7
erniedrigende	Z. 17, S. 7
beleidigende	Z. 17, S. 7
produzierende	Z. 18, S. 7
verdüsternde	Z. 7, S. 8
verfinsternde	Z. 7, S. 8
zunehmend entscheidende	Z. 8/9, S. 8
ausgelieferte	Z. 14, S. 7
geliebte	Z. 22, S. 7
gehaßte	Z. 23, S. 7
ungeschützte	Z. 2, S. 8
ausgesprochen	Z. 5, S. 8
Lernenden	Z. 2, S. 7
Studierenden	Z. 3, S. 7
Lernenden	Z. 20, S. 7
Studierenden	Z. 21, S. 7
Aufgewachsene	Z. 29, S. 7
Eingeschlossene	Z. 3, S. 8
Verurteilte	Z. 5, S. 8

Die gehäuften Partizipien[339] mit ihren gleichlautenden Endungen verleiten schnell dazu, ihrem Klangrhythmus mehr zu folgen statt dem Bedeutungsgehalt nachzuspüren, das heißt, sie lenken vorerst von einer inhaltlichen Bewertung ab. In der ebenso wie in der Autobiographie penetranten Verwendung von Partizipialkonstruktionen in Bernhards Roman „Beton" vermag Herbert Pütz keinerlei Relevanz für den Text zu erkennen. Der auffälligen Häufung dieser Wortart könne „vielleicht noch Textmarkerfunktion" zugebilligt werden, um die Kohärenz des Textkorpus sicherzustellen. Es handele sich lediglich um eine „Bernhardsche Marotte" und „Schreib-Masche".[340] Entgegen der Auffassung von Pütz kommt der Textmarkerfunktion der Partizipien, wie ich zu zeigen versuche, erhebliche Bedeutung zu. Der massive Einsatz dieser Wortart kennzeichnet sowohl gegenwärtige als auch fortdauernde Sachverhalte, Tätigkeiten und vor allem Bewußtseinsvorgänge und verweist, Bernhards intendierter Rezeptionshaltung entsprechend, den Leser nach anfänglicher erhöhter Aufmerksamkeit auf die sprachliche Form schließlich um so intensiver auf deren Gehalt.

Zu 4. Inflationärer Gebrauch der Partikeln alle, immer, jeder, kein:

jede Natur	Z. 3, S. 7
in jedem Falle	Z. 7/8, S. 7
immer verheerender auswirkende Architektur	Z. 9/10, S. 7
allen diesen Erbarmungswürdigen	Z. 11, S. 7
das immer schädliche Voralpenklima	Z. 12, S. 7
das immer wieder produzierende Voralpenklima	Z. 18, S. 7

---

[339] Die peniblen Zeilen- und Seitenangaben erfolgen hier auch zum Zweck der Demonstration, in welch immenser Häufigkeit Bernhard diese grammatische Form auf den insgesamt nur 43 Zeilen der Passage verwendet.

[340] Herbert Pütz: Einige textlinguistische Bemerkungen zu „Beton". In: Text & Kontext (hrsg. v. Klaus Bohnen u. Sven Aage Jörgensen; Themaheft Thomas Bernhard, hrsg. v. Bernd Neumann). Zeitschrift für germanistische Literaturforschung in Skandinavien, Bd. 14, H. 2, 1986, S. 211 – 236. S. 235.
Als (sympathische) Marotte würde ich allenfalls das mündlich und schriftlich auffällig oft verwendete Bernhardsche „naturgemäß" bezeichnen. Pichotta hingegen schließt eine Zufälligkeit dieser Wortverwendung oder einen möglichen Austriazismus aus, vor allem in der Autobiographie. Vielmehr setze Bernhard Formulierungen wie „natürlich, naturgemäß" bewußt ein, um eine „zwingende Folgewirkung einer von den Protagonisten (zumeist) undurchschauten Ursache, oder eine sehr einfache, bisweilen triviale zugleich aber die möglichen Handlungsmotive der einzelnen stets ‚entwertende' Beziehung" zu thematisieren (S. 8).

die Wetterverhältnisse erzeugen immer wieder	Z. 19, S. 7
alle möglichen und unmöglichen Ärzte	Z. 26/27, S. 7
von allen Seiten ungeschützte Kindheit	Z. 2, S. 8
in jedem Fall verhängnisvolle Erinnerung	Z. 8, S. 8
keine andere Erinnerung	Z. 10, S. 8

Zunächst fallen die Partikeln durch ihre große Anzahl auf, in der sie vorkommen. Bei genauerem Lesen zeigt es sich, daß sie durchweg Extrema, Grenzsituationen kennzeichnen. Sie sind gezielt verwirrend auf das den dritten Satz abschließende „keine andere" wie auf einen Schlußakkord hin komponiert: „Keine andere", nur eine „furchtbare" Erinnerung an diese Stadt wird zugelassen, mithin auch keine andere Interpretation. So reflektiert der Leser nach diesem Wortbombardement nicht gleich, ob Salzburg tatsächlich architektonisch schön, kulturell bemerkenswert oder – wie vorgegeben – „furchtbar" ist. Im Kurzzeitgedächtnis bleibt die expressive Darstellung eines zugunsten dieser Darstellung zurücktretenden Sachverhalts.

Keine der genannten Formen könnte als Element eines komischen Sprachgebrauchs bezeichnet werden, würde sie nicht in so provozierender Massierung erscheinen. Vergleichbar der Absicht eines Komödienautors, durch bewußte Inszenierung von Habitus, Gestik und Mimik seiner Darsteller die Aufmerksamkeit des Publikums auf ihr Äußeres zu lenken, erfüllen alle auffälligen Formen in der vorgestellten Passage die gleiche Funktion: Sie ziehen die Aufmerksamkeit des Lesers auf ihre Gestalt, während sie (dadurch) gleichzeitig eine Distanz zu ihrem Inhalt erzeugen.

4.3 Das Komische der Anmaßung und des Übermaßes

Bernhards Darstellung von Salzburg entspricht Bergsons Auffassung von der komischen Erscheinung, die in der Formendominanz gründet. Der maßlose Sprachzeichengebrauch zieht ebenfalls die Aufmerksamkeit auf sich und erweckt den Anschein, selbständig und um seiner selbst willen geschrieben worden zu sein. Dem in auffällige Formen gekleideten Begriff Salzburg wird auf diese Art und Weise die Position des Komik-Produzenten zugewiesen, der zum Ziel der Verspottung gerät. Doch in Bernhards Wortschwall fehlt ein wichtiges Moment, das Volkelt für unabdingbar im komischen Vorgang hält: Eine geistesfreie Haltung, Souveränität gegenüber dem Objekt des Komischen. Erst dieses

„spielende Überlegenheitsbewußtsein"[341] bewirke die notwendige Distanz des Betrachters zum Objekt des Komischen, das „Gefühl des unbedingten Darüberschwebens".[342]
Dieses zu besitzen, gibt der junge Bernhard jedoch nur vor. Indes ist es das Primat des Jugendlichen, davon überzeugt zu sein, diese Überlegenheit des Denkens und Handelns zu besitzen – deswegen duldet seine Suada keinerlei Relativierung und maßt sich an, Endgültigkeiten zu postulieren. Der erwachsene Autor hingegen, der sich in den Aufruhr, der damals sein Innerstes beherrschte, einfühlen kann, hat die notwendige Distanz, das „spielende Überlegenheitsbewußtsein", um „alle Affekte und Strebungen in Abzug zu bringen", die sein „praktisches Ich mit dem Gegenstande verwickeln"[343] können, wie er es häufig in der Autobiographie in anderen Worten selbst sagt. So bekräftigt Bernhard in der „Ursache" mehrere Male, daß er in seiner Lebensbeschreibung nur versuche, die Gefühle seiner Jugendzeit zu beschreiben, die jetzt, während der Niederschrift, andere seien:

> „An dieser Stelle muß ich wieder sagen, daß ich notiere oder auch nur skizziere und nur andeute, wie ich damals *empfunden* habe, nicht wie ich heute *denke*, denn die Empfindung von damals ist eine andere gewesen als mein Denken heute, und die Schwierigkeit ist, in diesen Notizen und Andeutungen die Empfindung von damals und das Denken von heute zu Notizen und Andeutungen zu machen, die den Tatsachen von damals, meiner Erfahrung als Zögling damals entsprechen, wenn auch wahrscheinlich nicht gerecht werden, jedenfalls will ich den Versuch machen" (U 70; vgl. auch U 74).[344]

Leicht könnte Bernhard die Beschimpfungen relativieren und dadurch der jugendlichen Anmaßung das Komische nehmen, tut dies aber dort, wo die Empfindungen und Gefühle von „damals" im Vordergrund stehen, in keiner Zeile.[345]

---

[341] Volkelt, S. 373 u. insgesamt Kap.16, III, S. 372 – 382.
[342] Ders., S. 374.
      Vgl. auch Bergson, S. 92.
[343] Volkelt, S. 374.
[344] Diese Einschränkung hat dennoch nicht verhindern können, daß Bernhard laut einem Beschluß des Landgerichts Salzburg vom 25. 5. 1977 einige Passagen der ersten Fassung der „Ursache" streichen mußte. Der Salzburger Pfarrer Franz Wesenauer erkannte sich als „Onkel Franz" und klagte erfolgreich gegen Bernhards Verunglimpfungen. Seither werden die beanstandeten Stellen mit einem * gekennzeichnet.
[345] Plessner beurteilt das Ungebärdige in Situationen der Verzweiflung vom anthropologischen Standpunkt als einzige Möglichkeit der Selbsterhaltung: „Für den Verzweifelten, der nicht mehr aus noch ein weiß, gibt es keinen Spielraum der Äußerung. [...] Wer die Kraft aufbringt, um sich zu schlagen, zu toben, zu weinen oder zu lachen, hat sich noch nicht verlorengegeben, denn er realisiert noch den Abstand zu seiner Lage. Ihm schwindelt, aber er ist nicht ganz am Ende." Plessner, S. 120 u. 121.

Vielmehr transponiert der Erwachsene die Anmaßung des Jugendlichen in ein Übermaß an sprachlichen Formen, wobei zunächst diese selbst komisch wirken. Da aber nicht nur die Worthülsen, sondern ebenso die sie verkörpernden außersprachlichen Referenten verlacht werden, sind letztlich sie es, die der Leser in vom Autor beabsichtigter Solidarität mit dem jungen Bernhard der sozialen Ächtung durch Verlachen ausliefert.

Gerade diese artifiziell erzeugte Subjektivität und das Fehlen jeglicher Empathie rechtfertigen die vorgebliche Unangemessenheit der Darstellung. Denn einzig aus der Perspektive des rebellierenden Jugendlichen, für den „die Welt nicht war, eh' er sie erschuf", wird die Stadt empfunden, beobachtet und kritisiert. In der überheblichen und provozierenden Ausdrucksweise des Juvenilen wird sie und mit ihr die etablierte Welt der Erwachsenen in zorniger Auflehnung verabscheut. Der sich an dieses Gefühl seines jüngeren Ichs erinnernde Autor gibt einem solchen Gedankenschwall die ihm entsprechende Form: Gegen das, was ihn beherrscht und zu erdrücken droht, schleudert er Wortklumpen.[346] Alle Welt soll sehen, daß die vorgebliche Größe und Schönheit dieser Stadt nur eine ungerechtfertigte und lächerliche Anmaßung ist und daß sie und alles, was ihren Glanz bewirkt, nichtig ist und nur aufgepropfter Schein.

Sowohl in der Autobiographie als auch im fiktionalen Werk hat „die Stadt" Bernhards höchste Präferenz als Objekt des Komischen. Im gleichen Tenor, aber in variierten Formen, wird der Bedeutungskern dieser Formen im Sammelbegriff „Stadt" kritisiert. Im folgenden wird dies an zwei Beispielen aus der „Ursache" belegt: Im ersten Beispiel handelt es sich um auffällige und häufige Paraphrasierungen für die Bezeichnung „Stadt", im zweiten Beispiel, das zunächst im ganzen Satzverbund vorgestellt wird, bildet ein ungewöhnliches Adjektiv das komische Sprachelement.

Beispiel 1
Allein auf den ersten Seiten der „Ursache" finden sich zehn außergewöhnliche Periphrasen für Salzburg bzw. für „die Stadt":

Schönheits- als Verlogenheitsmaschine	S. 7
Angst- und Schreckensfestung	S. 8
Charakter- und Geistesentwicklungsstadt	S. 8
Mutter- und Vaterstadt	S. 9
Perfide Fassade	S. 9
Todesboden	S. 10

---

[346] Bernhards Sprachrebellion erinnert an ein Motto der 68er Studentenbewegung: „Macht kaputt, was euch kaputt macht."

Friedhof der Phantasien und Wünsche	S. 10
Todesmuseum	S. 10
Menschengestrüpp aus Gemeinheit und Niedertracht	S. 10

Im weiteren Verlauf des Bandes wird in einer an die Umstände der Beerdigung des Großvaters erinnernden Passage vom „tödliche[n] Geist dieser Stadt" (S. 43) gesprochen, vom „tödliche[n] Todesboden" und „tödlichen Boden", von der „tödlichen Stadt [...] in dieser tödlichen Gegend", dem „angeborenen Todesboden" (U 44).

Beispiel 2

> „Meine Heimatstadt ist in Wirklichkeit eine Todeskrankheit, in welche ihre Bewohner hineingeboren und hineingezogen werden, und gehen sie nicht in dem entscheidenden Zeitpunkt weg, machen sie direkt oder indirekt früher oder später unter allen diesen entsetzlichen Umständen entweder urplötzlich Selbstmord oder gehen direkt oder indirekt langsam und elendig auf diesem im Grunde durch und durch *menschenfeindlichen architektonisch-erzbischöflich-stumpfsinnig-nationalsozialistisch-katholischen* Todesboden zugrunde" (U 9/10).[347]

Beiden Beispielen gemeinsam ist eine Unangemessenheit der Bezeichnungen im Verhältnis zu den durch sie bezeichneten Objekten, eine offensichtliche Inkongruenz in der Versprachlichung eines Sachverhalts, die als Abweichung situationsangemessenen Verhaltens erscheint und als komisch zu bewerten ist.
In Beispiel 1 fällt ein Übermaß an ungewohnten Wortneubildungen auf im Verhältnis zum relativ kleinen Textkorpus und dem Begriff „Stadt", den sie substituieren. Dieses Übermaß an ungewöhnlichen Sprachzeichen erweist sich hier als Inkongruenz zwischen dem zu beurteilenden Gegenstand und seiner für die Beurteilung angemessenen sprachlichen Handlung. In Beispiel 2 werden Maß und Norm[348] dessen überschritten, was als ein normales „Wort" empfunden wird.

---

[347] Hervorhebungen von mir.
[348] In den untersuchten Eingangssätzen der Autobiographie erweist sich als hochgradig expressives Stilmittel das offensichtliche Ungleichgewicht zwischen dem überproportionalen Sprachgebrauch in Relation zum propositionalen Gehalt – analog der Inkongruenz zwischen Form und Inhalt, zwischen Schein und Sein, Anspruch und Wirklichkeit. Mit dem Begriff der Expressivität wird häufig „das Phänomen der ‚Abweichung' von jeweils unterstellten Grundvarianten bzw. von Normen gemeint. In manchen Konzeptionen der Stilistik wird das Expressive als das ‚Besondere' und damit besonders ‚Wirksame' in der Tendenz sogar zur Hauptdomäne erhoben" (Wolfgang Fleischer, Georg Michel, Günter Starke (Hrsg.): Stilistik der deutschen Gegenwartssprache. Frankfurt/M. 1993, S. 59).

Das Komische zeigt sich äußerlich in der Inkongruenz zwischen dem, was alltagssprachlich als „Wort" und linguistisch als Lexem bzw. als Lemma bezeichnet wird, und dem hier vorgefundenen überdimensionierten Wortkörper, der nicht mehr als „Wort" zu bezeichnen ist. Die Adjektive scheinen wahllos aneinandergehängt zu sein. Sie stehen weder untereinander noch zu ihrem Substantiv in semantischer Kompatibilität und liefern auch für den Kontext keine relevanten, präzisierenden Verständnishilfen. Als jeweils eigenständige Begriffe schokkieren sie durch ihr Vorhandensein in unüblicher Quantität und Anordnung das ästhetische – und durch die wegen der Reihung erzwungene Berührung der sonst entfernten konnotativen Felder – auch das ethische und soziale Empfinden des Rezipienten. In Abhängigkeit von dessen eigenem Wertsystem und der potentiellen Abweichung eines im Text dargestellten Wertsystems, eröffnen sich ihm wieder theoretisch zwei Möglichkeiten der Rezeption, von denen er sich, wahrscheinlich intuitiv, während des Lesevorgangs für eine entscheiden wird: Er kann die „Wörter" als ästhetische poetische Bereicherung akzeptieren und wird sich dann amüsieren. Da neben der anfänglichen Stadtbeschimpfung jetzt aber auch religiöse Werte lächerlich gemacht und mit einem menschenverachtenden System in unmittelbare Nähe gestellt werden, könnten Leser, selbst wenn sie anfänglich belustigt waren, jetzt peinlich berührt sein, sich in ihren Gefühlen verletzt sehen und in den Äußerungen nichts Komisches feststellen. Schmidt-Dengler spricht in diesem Zusammenhang von „Umspringbildern", die dem Zuschauer oder Leser die Entscheidung abverlangen, „blitzschnell im Lesen mal die eine, mal die andere Sicht der Sache wahrzunehmen."[349]

Zu diesem Phänomen der emotionalen Betroffenheit, das sich dem Entstehen von Komik widersetzt, stellt Bergson eine grundlegende Betrachtung an:

> „Das Lachen ist meist mit einer gewissen *Empfindungslosigkeit* verbunden. Wahrhaft erschüttern kann die Komik offenbar nur unter der Bedingung, daß sie auf einen mög-

---

Es ist nicht unproblematisch, von Stilnormen bzw. ihren Abweichungen zu sprechen, da Stil nicht allein dem Bereich überprüfbarer Fakten unterliegt, sondern auch abhängig ist von den Erwartungen und Erfahrungen – und im wörtlichen Sinn – dem Stil*empfinden* der Sprachbenutzer, welchen Stil sie welcher Textsorte für angemessen erachten. Diesem Stilempfinden unterliegen selbst gewisse Normen des äußeren Erscheinungsbildes eines Textes. Da Bernhard anders als die meisten Autoren absatzlos schreibt, fällt schon diese äußere Erscheinungsform aus der Norm gewohnter Druckbilder. Bei aller Schwierigkeit, Maßstäbe für abweichenden Sprachgebrauch festzulegen, kann dennoch gesagt werden, daß es bestimmte Kriterien der Einhaltung und Nichteinhaltung gewohnter Sprachkonventionen gibt, deren Anwendung gewissermaßen überprüfbar ist. Nach dem massiven Einsatz expressiver Formen zu beurteilen, sprengt Bernhards Stil gewohnte Sprachkonventionen.

[349] Schmidt-Dengler (Tragödien), S. 20.

lichst unbewegten, glatten seelischen Boden fällt. Gleichgültigkeit ist ihr natürliches Element. Das Lachen hat keinen größeren Feind als die Emotion."[350]

Wie aber kann ein Autor es bewerkstelligen, daß sein Text die Bewertung „komisch" erhält? Welche Mittel sind geeignet, den reinen Intellekt anzusprechen und Gemütsbewegungen zu verhindern? Dies sei „eine heikle Frage",[351] bemerkt Bergson, aber es gebe eine Kunst, „die unsere Sympathie just in dem Augenblick, da sie erwachen könnte, tötet, so daß wir sogar eine ernste Situation nicht mehr ernstnehmen."[352] In den vorgestellten Textsegmenten aus der „Ursache" erreicht Bernhard dies durch exzentrische Formendominanz analog der von Bergson postulierten Dominanz der Form über den Inhalt als probates Mittel der Komisierung sowohl im ästhetischen als auch im lebensweltlichen Bereich. Wird der „wütende Abgesang"[353] des Jugendlichen nicht emotional, sondern intellektuell bewertet, werden seine Äußerungen vom Rezipienten als vom Autor inszeniertes „metasprachliches Spiel, als Maskerade hoch zwei"[354] erkannt, als Zeichen des Komischen dekodiert und vorläufig nur in ihrer Buchstäblichkeit aufgenommen, entfaltet sich das der Haßtirade inhärente Komikpotential – in letzter Konsequenz, wie gezeigt wurde – mit der Absicht expressiver Kritik gegen alles das, was das Leben des jungen Salzburger Internatschülers zu zerstören drohte.

Um literarischen Texten eine hohe Intensität komischer Sprach-„Maskerade" anzuheften, sind besonders Formen der Versprachlichung geeignet, die sich nicht sofort entschlüsseln lassen, weil sie erst im verzögerten Moment der Entschlüsselung intellektuelles Vergnügen verschaffen, wenn also wie in den oben angeführten Beispielen die erwartete (ideale) Kongruenz zwischen einem Wort und seiner Bedeutung oder zwischen einem Satz und seinem Sinn nicht sofort offensichtlich ist. Daß die sozialverbindende Kraft aller Diskurse aber letztlich auf präziser Vermittlung und Dekodierung des Gemeinten beruht, weil diese auch diejenigen Sprachteilnehmer nicht ausgrenzt, die beispielsweise das Komische nicht als solches erkennen, zeigt sich am erörterten Beispielssatz aus der Mitte der „Ursache", dessen propositionaler Gehalt (im weitesten Sinn das Ge-

---

[350] Bergson, S. 14.
[351] Vgl. dens., S. 92.
[352] Ders., S. 93.
[353] Hieber, S. 558.
[354] Umberto Eco: Nachschrift zum ‚Namen der Rose'. München, 3. Aufl. 1986, S. 79.
Die bildhafte Verwendung des Ausdrucks „Maskerade" in ihrer Bedeutung von ‚Verkleidung', ‚Vortäuschung', ‚Heuchelei' entspricht der Theorie Bergsons, in der die Überbetonung des Äußeren (das „Aufgepropft-Sein" einer Form auf ihren Inhalt) als komikinitiierend dargelegt wird (vgl. Bergson, S. 39 ff.).

meinte) den Anfangssätzen der Autobiographie gleicht. Andererseits könnten aber Leser, seitenweise auf komische sprachliche Elemente eingestimmt, im Glauben, der Text sei durchgängig in dieser Weise konzipiert, auch diesen Satz als „anders" gemeinte Äußerung verstehen. In diesem Fall wäre er ein „Komik-Opfer"[355] der Bernhardschen Darstellungsweise, denn de facto fehlen dem Satz sprachliche Marker, die in irgendeiner Form Komisches signalisieren oder Komik auslösen könnten. Demgegenüber kann in den Eingangssätzen eine extreme Doppelbödigkeit zwischen den gewählten Sprachzeichen und ihren außersprachlichen Referenten als Ausdruck des von Bernhard postulierten Kunstmittels gesehen werden, durch „Deutlichkeit" oder „Überdeutlichkeit" der Form innere Vorgänge allmählich transparent zu machen. Daß es sich dabei tatsächlich um Indizien eines komisierenden Stils handelt, kann des spezifischen Charakters des Komischen wegen trotz der festgestellten Inkongruenz zwischen Anlaß und Verarbeitung des Dargestellten nur unter dem Vorbehalt subjektiver Bewertung erfolgen.

4.4 „Die Stadt" als Verletzungschiffre

Bernhards künstlerisches Credo, Wörter wie aus dem Hintergrund einer Bühne „langsam zu Vorgängen äußerer und innerer Natur" aus der Finsternis heraustreten zu lassen, um sie in „Deutlichkeit" und „Überdeutlichkeit" herauszustellen (DT 150 f.), manifestiert sich in hoher Ausprägung im Wort Stadt. Im autobiographischen Werk als Salzburg, im fiktionalen Werk unter verschiedenen Ortsnamen verbrämt, ist in dem Begriff „Stadt" eine Chiffrierung zu sehen, dessen Dechiffrierung der Autor durch stilistische Elemente kalkuliert verzögert. In den folgenden Beispielen aus der „Ursache" scheint die Wortgestalt „Stadt" – folgt man Bernhards Bild von den vorerst diffus im Hintergrund gehaltenen Wörtern – jetzt den Vordergrund der Bühne erreicht zu haben und im vollen Rampenlicht zu stehen, gleichermaßen, um eine andere Sicht auf sie zu ermöglichen.

> 1. „Diese Stadt hat alle, deren Verstand sie nicht mehr verstehen konnte, ausgestoßen und niemals, unter keinen Umständen, mehr zurückgenommen, wie ich aus Erfahrung weiß, und sie ist mir aus diesen aus Hunderten von traurigen und gemeinen und entsetzlichen und tatsächlich tödlichen Erfahrungen zusammengesetzten Gründen immer eine mehr und mehr unerträgliche geworden und bis heute im Grunde unerträglich geblieben [...]" (U 42).

---

[355] Vgl. hierzu Michael Clyne: Einige Überlegungen zu einer Linguistik der Ironie. In: Zeitschrift für deutsche Philologie, Bd. 93, 1974, S. 343 – 355; S. 346.
Clyne bezeichnet denjenigen, der Ironie nicht als solche erkennt, als „Ironie-Opfer".

2. „[...] und alles ist diese Lern- und Studierstadt Salzburg für mich gewesen, nur keine schöne, nur keine erträgliche, nur keine, welcher ich heute zu verzeihen hätte, indem ich sie verfälsche" (U 43).

3. „Und gerade hier, auf diesem mir angeborenen Todesboden, bin ich zu Hause und mehr in dieser (tödlichen) Stadt und in dieser (tödlichen) Gegend zu Hause als andere, und wenn ich heute durch diese Stadt gehe und glaube, daß diese Stadt nichts mit mir zu tun hat, weil ich nichts mit ihr zu tun haben will, weil ich schon lange mit ihr nichts mehr zu tun haben will, so ist doch alles in mir (und an mir) *aus ihr*, und ich und die Stadt sind eine lebenslängliche, untrennbare, wenn auch fürchterliche Beziehung. [...] Aber was ich heute ohne weiteres ertragen und ohne weiteres ignorieren kann, habe ich in diesen Lern- und Studierjahren nicht ertragen und ignorieren können, und ich rede von diesem Zustand der Unbeholfenheit und totalen Hilflosigkeit *des Knaben*, die die Unbeholfenheit und totale Hilflosigkeit eines jeden Menschen in diesem ungeschützten Alter sind" (U 44).

Läßt sich das Lexem „Stadt" mit den Merkmalen ‚fest umrissener geographischer Raum, größere Ansammlung von Gebäuden, Lebensraum für viele Menschen' beschreiben, so erweckt die von Bernhard geschilderte Stadt völlig gegensätzliche Assoziationen. Sie erscheint als physisches Wesen, befähigt mit ausschließlich Lebewesen möglichen Tätigkeiten: Sie hat ihn und viele andere „ausgestoßen" und nicht mehr „zurückgenommen". Sie hat „Freude und Glück und Geborgenheit dem Kind und dem Jüngling [...] einfach nicht zugelassen" (U 43) und ihn in der „Unbeholfenheit und totale[n] Hilflosigkeit [...] in diesem ungeschützten Alter" (U 44) alleingelassen. Diese Zurückweisungen, die Bernhard bis an sein Lebensende mit sich tragen wird, kann er der Stadt nicht „verzeihen". Als Folge dieser großen Kränkungen haben er und die Stadt nichts mehr miteinander zu tun, bleiben aber dennoch durch eine „lebenslängliche, untrennbare, wenn auch fürchterliche Beziehung" (U 44) miteinander verbunden.

Im Abschnitt „Stadt und Existenzumstände" wurde bereits darauf eingegangen, daß der Begriff „Stadt" bzw. „Salzburg" in Bernhards Werk einen facettenreichen Bedeutungsgehalt einnimmt. Wenn in der „Ursache" auch im wesentlichen über die Zeit des Internataufenthaltes in Salzburg und die Kriegsereignisse in dieser Stadt berichtet wird, so legt die Kenntnis der weiteren vier Bände auch eine Bedeutungsübertragung von der zerstörten Stadt auf zerstörte menschliche Beziehungen nahe. Somit wiese schon der Titel des ersten Bandes auf die Ursachen zurück, die dort „angedeutet" werden, wie der Untertitel besagt, die jedoch erst im letzten Band ausgearbeitet werden. Diese die Rezeption mitbestimmenden Faktoren ermöglichen es, in der dezidierten Wortwahl der vorgestellten Passagen, in denen „die Stadt" regelrecht personifiziert wird, auch ein verdecktes Bild der Mutter zu sehen, das anstelle der Stadt der Kritik ausgesetzt wird. Die verwendete Vokabel „ausgestoßen" (U 42) könnte somit als Ausdruck des unumkehrbaren Geburtsaktes gedeutet werden, der ein „Zurücknehmen" in die Geborgenheit des Mutterleibes unmöglich macht. Eindringliche Hinweise auf die Chiffrierung Stadt/Mutter finden sich in Satz 3. Auf dem „angeborenen Todesboden" ist er zu Hause, alles in ihm und an ihm ist „aus ihr", mit der ihn eine „lebenslängliche, untrennbare, wenn auch fürchterliche Beziehung" verbindet.

Im Zusammenhang mit den hier diskutierten Sätzen gewinnt eine ähnliche Äußerung am Anfang der Autobiographie jetzt eine neue, von ihrer Buchstabenform gelöste Bedeutung: Die Stadt hat „sein ganzes Wesen durchsetzt und seinen Verstand bestimmt", sie ist „eine ihn ununterbrochen direkt oder indirekt für nicht begangene Vergehen und Verbrechen strafende und bestrafende" gewesen. „Diese Stadt hat die ihm von seinen Vorfahren überkommene Zuneigung und Liebe als *Voraus*zuneigung und *Voraus*liebe seinerseits nicht verdient und ihn immer und zu allen Zeiten und in allen Fällen bis zum heutigen Tage zurückgewiesen, abgestoßen, ihn jedenfalls vor den schutzlosen Kopf gestoßen" (U 8).

Durch die finiten Tätigkeitsverben „zurückgewiesen", „abgestoßen" und „gestoßen" wird eine heftige Bewegung signalisiert, die zwar vom handelnden Subjekt des Satzes („die Stadt") ausgeht, aber viel eindringlicher auf das erduldende Objekt („ihn") weist, das vor den „schutzlosen Kopf gestoßen" *wird*. Ebenso wie die Partizipien „strafende und bestrafende" deuten sie auf Unterlegenheit hin, die einer Übermacht wehrlos ausgeliefert ist. In „Ein Kind" wird diese Wehrlosigkeit des Kindes in ähnlicher Dramaturgie des Effektes groß/klein in Szene gesetzt, jedoch läßt schon der indirekte Artikel des Titels die Vermutung zu, Bernhard übertrage „ein Kind" in seiner „Hilflosigkeit" und „Ungeschütztheit" (vgl. U 44) auf Kinder allgemein. Diese Vermutung bestätigt sich in zahlreichen Textstellen, in denen der Autor in der ersten Person Plural schreibt. Zwar stellt er gleich zu Beginn der „Ursache" den Menschen vor, „der ich vor dreißig Jahren in dieser Stadt gewesen bin" (U 7), um dann aber häufig in der unpersönlicheren 3. Person Singular bzw. 1. Person Plural zu schreiben.
So wäre auch eine Deutung des Begriffs „Stadt", die sich nur auf die Beziehung Thomas Bernhard/Herta Bernhard kaprizierte, zu eng gefaßt, beispielsweise wenn Urs Bugmann von der „Stadt" feststellt: „Sie steht für die Mutter."[356]
Eine interpretierende Bedeutungsübertragung von „Stadt" auf „Mutter" ist möglich und folgerichtig, wenn sie auf kontextuelle Aussagen der anderen Bände rekurriert bzw. vorbehaltlich weiterer Deutungsmöglichkeiten formuliert wird. Aber es muß der Ansicht widersprochen werden, es handele sich bei dieser allegorisierenden Darstellungsweise um eine „unbewußte Identifizierung von Stadt

---

[356] Bugmann, S. 134.

und Mutter",³⁵⁷ denn gerade das Erkennen der *bewußt* vom Autor eingesetzten sprachlichen Formen künstlerischer Chiffrierung stellt erst die Voraussetzung für eine (keineswegs endgültige) Dechiffrierung bereit, als deren Resultat die Stadt *auch* als die Mutter personifizierend gesehen werden kann. Bernhard war zur Zeit der Niederschrift seiner Autobiographie schon mehr als ein Jahrzehnt ein arrivierter, mit Preisen geehrter Schriftsteller, so daß von bewußter künstlerischer Stil- und Themengestaltung ausgegangen werden muß.

Auch die psychoanalytische Deutung von Annegret Mahler-Bungers, in der Bernhards autobiographische Schriften als „analytische Selbstversuche"³⁵⁸ bezeichnet werden, unterstellt dem Autor, durch die schriftliche Fixierung seiner Lebenserinnerungen unbewußt die bis zu diesem Zeitpunkt unverarbeiteten Konflikte kompensieren zu wollen. Eine ausschließlich psychologische Deutung hieße, Bernhards künstlerische Form- und Stilgestaltung, die sich nur wenig variiert im Gesamtwerk verfolgen läßt, zu negieren und auf eine naive Reproduktion belastender Befindlichkeiten zu reduzieren. Obwohl der Rezipient einer Autobiographie die Glaubwürdigkeit des Dargestellten voraussetzen darf, muß dennoch, zumal bei einem Schriftsteller, der seine Gedanken zur Veröffentlichung vorsieht, eine intendierte Verfremdung durch die künstlerische Gestaltung einkalkuliert werden. Nur wenn nach dem fünften und letzten Band, nach „Ein Kind", völlig andere Sujets als vor der Autobiographie aufgetaucht wären, wenn Bernhards Figuren fortan aufgehört hätten, gegen Gott und die Welt zu lamentieren, könnten die fünf Bände aus psychoanalytischer Sicht (aus literaturwissenschaftlicher auch dann nicht) als erfolgreiche therapeutische Sitzungen interpretiert werden, die aus Bernhard einen mit sich und seiner Umgebung ausgesöhnten Menschen gemacht haben könnten, was sich auch in Stil- und Themenwahl widerspiegeln könnte. Das ist aber aus den Texten nicht zu entnehmen. Dagegen kann Mahler-Bungers zugestimmt werden, wenn sie die Stadt als „Metapher für die krankmachende Ursache"³⁵⁹ auffaßt. Doch daß dies geschieht, um in der Verschiebung der „verzweifelte[n] Vernichtungswut der Mutter gegenüber auf die Stadt Salzburg [...] die Mutter-Imago für sich zu retten",³⁶⁰ ist weder den kontextuellen Passagen der Autobiographie noch dem fiktionalen Werk zu entnehmen.³⁶¹ Zudem schließt dieser allein auf das Mutter/Sohn-Verhältnis

---

[357] Bugmann, S. 134 ff.
[358] Mahler-Bungers, S. 126.
[359] Dies., S. 132.
[360] Ebd.
[361] Vgl. hierzu: Bruno Bettelheim: Kinder brauchen Märchen. München, 4. Aufl. 1981. Bettelheim beschreibt den Konflikt von Heranwachsenden in der Pubertätszeit, einerseits Wut gegenüber der Mutter zu empfinden, andererseits sich dieser undankbaren Haltung wegen zu schämen. Wenn es Kindern gelänge, in Phantasien und Wachträumen die nega-

fixierte Deutungsversuch als quasi öffentlich gemachtes Psycho-Drama andere „krankmachende Ursachen" aus, die den jungen Bernhard in seiner Salzburger Zeit bedrücken, und die der ältere Bernhard in engem Zusammenhang mit „Salzburg" beschreibt.
Bernhard setzt häufig konventionell-vertraute Wort/Bedeutungs-Relationen in seinen Texten außer Kraft, wobei sich für die Rezipienten eine Vielzahl interpretatorischer Möglichkeiten eröffnen. Wie Ulrich Gaier in seinem Aufsatz zu „Ein Fest für Boris"[362] zutreffend feststellt, kann Bernhard in den „wechselnden Kombinationen" von „Dingen, Sprache und Bedeutung" „momentan Sinnvolles entstehen [lassen], um es durch eine andere Kombination oder Variation wieder zerstören oder zerfallen"[363] zu lassen. Eine Einengung der von Bernhard allegorisierenden Darstellungsweise auf nur eine Übertragungsmöglichkeit, z. B. auf kindliche Traumata oder auf das Mutter/Sohn-Verhältnis, kann diese ästhetisch forcierte Ambiguität seiner Texte nicht ausreichend berücksichtigen. Deshalb ist es nicht nur angemessen, sondern geboten, dem von Bernhard „seltsam abstrakt"[364] gehaltenen Begriff „Stadt" eine „Doppelgänger"-Funktion[365] zuzuweisen, die der Doppel- bzw. Mehrdeutigkeit der Bernhardschen Sprache (im Gegensatz zu formalisierter, deren Eindeutigkeit Bedingung der Verständigung ist) entsprechend Rechnung trägt.
Zwar ebenfalls bedeutungsbeschränkend, jedoch schlüssig am Wortlaut orientiert, ist Eva Marquardts Interpretation des Begriffs „Stadt" bzw. „Salzburg". Bernhard habe die prominente Stelle des Erzählanfangs nicht wie viele andere Autobiographen mit Vater und Mutter besetzt, sondern mit ausführlichen Erinnerungen an die Stadt. Dies sei unter Hinweis auf die Bernhardsche Bezeich-

---

tiven Gefühle der Mutter gegenüber auf einen imaginierten „Doppelgänger" zu projizieren, könne das Kind seine Aggressionen ausleben, ohne unter unerträglichen Schuldgefühlen leiden zu müssen. Die Funktion eines solchen „Doppelgängers" als Entlastung übernehme die in Märchen ohnehin als böse portraitierte Stiefmutter.
Zum Problem der Stiefmutter als „marâtre, Rabenmutter" bei Elisabeth Badinter: Die Mutterliebe. Geschichte eines Gefühls vom 17. Jahrhundert bis heute. München 1981 (S. 312, Anm. 75).
Vgl. auch Alice Miller: Das Drama des begabten Kindes und die Suche nach dem wahren Selbst. Frankfurt/M. 1981. Zum Problem von „Nebenübertragungsfiguren" S. 133 ff.

[362] Thomas Bernhard: Ein Fest für Boris. In: T. B.: Stücke 1. Frankfurt/M. 1988 [1968], S. 7 – 77.
[363] Vgl. Ulrich Gaier: „Ein Fest für Boris" oder das Ende der Hermeneutik. In: Der Deutschunterricht (in Neuer Folge hrsg. v. Friedrich Verlag Velber i. Zusammenarbeit mit Klett u. i. Verbindung mit Gerhard Augst u. a.), Jg. 36, H. 3/84, Drama der Gegenwart (hrsg. v. Wolfram Buddecke i. Verb. mit Heinz-Dieter Weber), S. 31 – 40; S. 39.
[364] Bürger, S. 46.
[365] Vgl. Bettelheim. Bes.: Verwandlungen. Die Phantasiegestalt der bösen Stiefmutter, S. 79 – 87.

nung Salzburgs als (u. a.) „Mutter- und Vaterstadt" bzw. „Mutter- und Vaterlandschaft" als „'sublimierte' Aggressionen"[366] gegen beide Elternteile deutbar. Marquardt bewertet Bernhards Darstellungsweise aber zu Recht ausdrücklich „als Resultat absichtsvollen Tuns",[367] das seinem „Kunstwollen"[368] entspreche, und schließt „ein bloß unbewußtes und daher zufälliges Agieren als unwahrscheinlich"[369] aus.
Besonders im fiktionalen Werk bestätigt sich die Auffassung, daß die Chiffre „Stadt" auch in andere Bedeutungsinhalte als nur in „Mutter" transponiert werden sollte. Viele Protagonisten schimpfen in ganz ähnlicher Weise wie Bernhard auf eine Stadt, die Salzburg sein kann, ebenso aber auch auf andere Städte und Gebiete wie Wien, Wolfsegg, Weng. Häufig wird auch Österreich als Land insgesamt verurteilt oder „der Staat". Immer aber nehmen die Orts- und Gebietsbezeichnungen „Doppelgängerfunktionen" ein für Herkunft, Kindheit, schicksalsbedingte und irreversible Lebensbedingungen. Sie stellen tiefgreifende Verletzungen dar, deren sprachliches Pendant in expressiver Manier vollzogen wird. Im Roman „Auslöschung" flieht Murau nach Rom, um dem verhaßten Staat Österreich und der ebenso gehaßten Familie zu entkommen. Hier wird vom „grauenhafte[n] Klima" gesprochen, das sich in diesem „Hort des Stumpfsinns [...] auf die Menschen übertragen [hat], die in Wolfsegg zu leben oder besser noch, zu existieren gezwungen seien und wie dieses Klima von einer geradezu menschenvernichtenden Rücksichtslosigkeit sind" (Ausl. 17). Diese Sätze erinnern an die Eingangssätze der „Ursache", klingen aber gemäßigter, da der Autor Murau im Gegensatz zum aufbegehrenden heranwachsenden Bernhard mit der distanzierenderen Abwägung des älteren Erwachsenen sprechen läßt.

Im Spätwerk „Alte Meister" jedoch erreicht der über alles und jeden räsonierende betagte Reger in seinem Lamento über Österreich fast die Pointierung der Eingangssätze der Autobiographie, indem er Atzbacher in langen Monologen apodiktisch über sein Lebensfazit belehrt: „In diesem Land herrschen schon seit Jahrzehnten nur die Verlogenheit und die Heuchelei und die Gemeinheit und die Niedrigkeit" (AM 214); in Österreich vor Gericht gebracht zu werden, hieße, einer „durch und durch chaotischen katholisch-nationalsozialistischen Justiz ausgeliefert" zu sein, einer „perfide[n] Menschenzermahlmaschine" (AM 218); Österreich sei ein „lächerliche[r] Kleinstaat" (AM 307), eine „Senkgrube der Lächerlichkeit" (AM 308). Aber ebenso wie der junge Bernhard „die Stadt", ihr Klima und ihre Architektur nur zum Vorwand nimmt, dem Übermaß seiner Ge-

---

[366] Marquardt, S. 136.
[367] Dies., S. 135.
[368] Dies., S. 137.
[369] Ebd.

fühle Gehör zu verschaffen, ist Regers Beschimpfung der „Stadt" als Ausdruck seiner großen inneren Erregung und Trauer in der ersten Zeit nach dem Tod seiner Frau zu verstehen.

In den fünf Bänden der Autobiographie schildert Bernhard jedem Lebensabschnitt entsprechend, Räume, Orte und Gegenden, in denen sich die dort beschriebenen äußeren und inneren Vorgänge ereignen. Hans Höller spricht zu Recht von „raumhafte[r] Inszenierung der Stationen seines Lebens".[370] In der „Ursache" ist dieser Lebensraum Salzburg, der „Todesboden", „das Todesmuseum" (U 10), der namentlich bezeichnete geographische Ort mit höchstem Symbolwert und Verweisungscharakter. Die in komischer Verkleidung herausgeschleuderten Wortattacken gegen die Stadt sind durchgängig Ausdruck tiefer, unüberwundener, also immer noch wunder Verletzungen. In einem Interview mit Jean Louis de Rambures für „Le Monde" sagt Bernhard, die „Haßliebe zu Österreich" sei „letztlich der Schlüssel zu allem",[371] was er schreibe. Auch in einem Gespräch mit Rudolf Bayr für den ORF anläßlich des Erscheinens von der „Ursache" bekräftigt Bernhard seine zwiespältigen Gefühle Salzburg gegenüber. Auf die Frage Bayrs, ob Bernhard die Stadt nicht „doch gern hat, mit Salzburg irgendeinen Kontext hat", antwortet Bernhard: „Mit mir und Salzburg ist alles in Beziehung, aber es kann natürlich nur eine Haßliebe sein – weil ich ein lebendiger Mensch bin, anders ist es gar nicht möglich."[372] Angesprochen auf die Verunglimpfungen in der „Ursache", fügt Bernhard erläuternd hinzu: „Und das ist die Geschichte eines jungen Menschen, auf dem eigentlich nur herumgetrampelt worden ist, sei es von Seiten der Stadt, ihrer Bewohner, der Verwandtschaft, ganz gleich. Aber ich will ja nicht sagen, daß ich allein in so einer Verfassung und Lage war. Sondern es geht im Grunde ja allen jungen Menschen, die in ähnlichen Städten von dieser Größe und in dieser Konstellation aufwachsen[...]. Ich habe plötzlich nicht nur Lust, sondern die Verpflichtung gehabt, das einmal aufzuschreiben, wovon niemand spricht."[373]

Während in der „Ursache" in rebellischer Gebärde der Haß des Jugendlichen auf „die Stadt" im Vordergrund steht, wird in einer früheren Reportage des dreiundzwanzigjährigen Journalisten Bernhard die zweite Komponente des Kompositums „Haßliebe" überschwenglich hervorgehoben: „Das Schöne an den weihnachtlichen Tagen kann man nicht auslöschen: Nie im ganzen Jahr ist Salzburg

---

[370] Hans Höller: Thomas Bernhard. Reinbek bei Hamburg 1993 (=Rowohlts Monographien, begr. v. Kurt Kusenberg, hrsg. v. Wolfgang Müller). S. 102. (Künftig: Höller, Bernhard)
[371] Jean Louis de Rambures, (a.a.O.).
[372] Bayr, S. 247 f.
[373] Ders., S. 248.

so salzburgisch, wie zwischen den beiden Sonntagen vor dem Heiligen Abend. [...] Ich liebe die Salzburger Christkindlzeit [...] die schöne alte Stadt, die von Schaufenster zu Schaufenster ihre mütterliche Wunderwelt ausbreitet [...]. Da steige ich jetzt öfters hinauf auf den Mönchsberg und schaue auf die Stadt herunter, wenn es Nacht geworden ist."[374] Obgleich dieser Ausschnitt einer Auftragsarbeit des jungen Journalisten Bernhard für das „Demokratische Volksblatt" entnommen ist,[375] so ist dennoch die Wortwahl nicht vorgegeben gewesen. Ebensowenig wie der substituierende lyrische Ausdruck „mütterliche Wunderwelt" lediglich die prosaische Bezeichnung „Stadt" bzw. „Salzburg" ersetzt, sondern auch alles, was „die Salzburger Christkindlzeit" beinhaltet, umfaßt, ebensowenig substituiert der Begriff „Stadt" allein „Mutter", sondern umfängt in seiner Bedeutung auch alles, was ein „fürchterlicher Friedhof der Phantasien und Wünsche" (U 10) einschließt.

Etwa sechs Jahre nach Veröffentlichung der „Ursache" hat Bernhard die Frage, welche Bedeutung „Landschaft" in seinem Werk habe, in der ihm eigenen Sprache des Übermaßes beantwortet:

„Ich schreibe immer nur über innere Landschaften, und die sehen die meisten Leut' nicht, weil sie immer fast nix sehen. Weil sie immer glauben, wenn's drinnen ist, ist's finster, und dann sehen sie nix. Ich glaub', ich hab' überhaupt noch in keinem Buch eine Landschaft beschrieben. Ich schreib' immer nur Begriffe, und da heißt's immer *Berge* oder *eine Stadt* oder *Straßen*, aber *wie* die ausschauen – ich hab' nie eine Landschaftsbeschreibung gemacht. Das hat mich auch nie interessiert."[376]

Den Wahrheitsgehalt der hier jegliche Konzession ausschließenden Adverbien „nie" und „immer" im Werk überprüfen zu wollen, erscheint müßig und sollte in Kenntnis der unzähligen „Stadt-" und „Landschafts"-Schilderungen sowohl in der Autobiographie als auch in den übrigen Texten als Komisierung des Sachverhalts bewertet werden.

Dieser Arbeit liegt die Auffassung zugrunde, daß Bernhards Autobiographie eine in künstlerischer Absicht verfertigte Darstellung eigenen Erlebens und vor allem Gefühlslebens ist, daß jedoch die Literarisierung eines authentischen Stoffes nicht zwingend eine ausschließlich authentische zeit-, ort-, personen- und

---

[374] Rudolf Habringer: Der Auswegsucher. Über Thomas Bernhards Anfänge als Journalist. In: Thomas Bernhard und Salzburg. 22 Annäherungen (hrsg. v. Manfred Mittermayer u. Sabine Veits-Falk). Salzburg 2001, S. 31 – 40; S. 31.
[375] Zeitlich liegt Bernhards Internataufenthalt etwa zehn Jahre zurück. Die Niederschrift der „Ursache" erfolgt etwa zwanzig Jahre nach der Veröffentlichung des zitierten Artikels.
[376] Fleischmann, S. 14 u. 15.

situationsgebundene Darstellungsweise erfordert – und von einem Schriftsteller der Moderne als Selbstbiographen auch nicht erwartet wird. Bernhards künstlerische Darstellungsweise entspricht der seiner knappen poetologischen Erklärung zu der den „Wörtern" inhärenten Polysemie. Darüber hinaus sprengt er die konventionalisierte Beziehung Sprachzeichen/Welt, um durch insistierende Bespiegelung eine neue Sicht freizugeben – das heißt Wörter sowie ihre Bedeutungen aus der gewohnten „Finsternis" der „üblichen uns bekannten Prosa" (DT 151) heraustreten zu lassen. Wenn Bernhard „Stadt" sagt, aber „mütterliche Wunderwelt" ebenso meint wie „Friedhof der Phantasien und Wünsche", ist das im Hinblick auf die im Text sichtbaren und aus dem Kontext ableitbaren Zeichen im Zusammenhang mit den Zielsetzungen dieser Arbeit als sprachliche Form der Komisierung zu bewerten, mit der Literatur der vorgefundenen Realität begegnet, und eine eindrucksvolle Bestätigung der Kontextabhängigkeit von Metaphern. Insofern streift Glasers Interpretation, in der Erinnerung des Autors zeige sich Salzburg „nicht anders als das ‚verlogene Schönheitsmuseum'" und als ein „Ort, in dem von Erziehern Menschen verblödet und vernichtet werden"[377] nur einen Ausschnitt aus dem großen Bedeutungsfeld „Stadt", wie es in der Autobiographie gezeichnet wird.

---

[377] Glaser, S. 68.

5 DAS HÖCHSTE ZUM EINSTURZ BRINGEN

Bernhards Gründe für seine Antipathie, ja seine Verachtung des Katholizismus, können aus den Aufzeichnungen der Autobiographie nicht erklärt, sondern nur konstatiert und interpretiert werden.[378] Aus den wenigen Szenen, in denen erlebte Begegnungen mit kirchlichen Institutionen beschrieben werden, ergibt sich kein schlüssiges Bild, das das harsche Urteil, die Kirche sei „eine der größten Vernichterinnen" (U 63) der Seelen junger Menschen, hinreichend rechtfertigt. Vermutlich spielt die Beeinflussung seines Großvaters eine große Rolle, der sich als Revolutionär und Anarchist empfand, und der den Heranwachsenden „fortwährend" ermahnte, sich „weder von dem einen (dem nationalsozialistischen) noch von dem anderen (dem katholischen) Stumpfsinn beeindrucken" (U 71) zu lassen.[379] Bernhard, wie auch seine Großeltern, bei denen er die ersten sechs Jahre aufgewachsen war, seien, so heißt es in der „Ursache", weder „von der einen wie von der anderen im Grunde doch nur bösartigen Krankheit nicht und niemals befallen gewesen" (U 71). Für den Großvater sei die katholische Kirche „eine ganz gemeine Massenbewegung" gewesen, schreibt Bernhard, „nicht mehr

---

[378] Wegen ihrer tiefreligiösen Motive wie bei Trakl ist die frühe Lyrik Bernhards, z. B. der Gedichtband „Auf der Erde und in der Hölle" (Salzburg 1957), als „epigonal" bezeichnet worden. Vgl. Sorg (Bernhard), S. 16. Im nur wenige Jahre später erschienen Roman „Frost" klingt es schon ähnlich wie in der Autobiographie: „Die Religionen täuschen darüber weg, daß alles Unsinn ist, wissen Sie. Das Christentum ist Unsinn. Ja. Als Christentum. Die Gebetswelt, das sind Zustände, die alles falsch wiedergeben" (F 165). Joachim Hell merkt an, daß „Frost" einen „Bruch" markiere „zwischen den früheren Gedichtbänden und der späteren Prosa [...], der sich gerade im Verhältnis zur Religion" zeige (S. 44 f.).

[379] Auf Parallelen der Kommunikationsstruktur zwischen Großvater und Enkel und der Bernhard-typischen Erzählform seiner Werke (ein Sprecher und ein Schweiger) weist zutreffend Manfred Mittermayer hin. So wie Bernhard seinem Großvater zugehört habe, sei in den Texten „in den meisten Fällen ein wenig konturierter Ich-Erzähler dem Monolog einer Sprachinstanz ausgesetzt." Ihr werde „die Verantwortung für Sätze übertragen, die der Autor selbst nicht selten andernorts (in der Autobiographie, aber auch im Rahmen nicht-literarischer Äußerungsformen) als seine eigenen deklariert." Mittermayer, S. 93.
Ein aussagekräftiges Beispiel für die Verschmelzung von Großvater- und Enkelmeinung findet sich in „Ein Kind". Bernhard berichtet von der „oberbayerische[n] Idylle", deren Nachteil es sei, „katholisch, erzkatholisch, nazistisch und erznazistisch" (EK 117) zu sein. Obwohl nicht als wörtlicher Redebeitrag oder innerer Monolog angelegt, geht aus dem Kontext eindeutig hervor, daß hier die Ansicht des Großvaters wiedergegeben wird. Da Bernhard häufig von der Bewunderung spricht, die des Großvaters Ansichten bei ihm erwecken, kann geschlossen werden, daß das Kind, um dem Großvater zu imponieren, dessen Ansicht teilt, und daß der erwachsene Bernhard diese Form der Erzählsituation wählt, um auf diese frühere gedankliche Einheit aufmerksam zu machen.

als ein völkerverdummender und völkerausnutzender Verein zur unaufhörlichen Eintreibung des größten aller denkbaren Vermögen" (EK 50). Und beiden, Großvater und Enkel, ist der Priester, der dem todkranken Bernhard im Sterbezimmer des Krankenhauses die Letzte Ölung gegeben hat, „widerwärtig" (A 44) gewesen – dem Großvater gar so sehr, daß er den Pfarrer, der „an sein Bett hatte treten wollen", um ihm ebenfalls und im gleichen Krankenhaus das Sterbesakrament zu erteilen, „diesem mit dem Wort *hinaus* sein Verhalten vereitelt" (A 81) hatte. Auch die Meinung des Großvaters, „Geistliche der Art wie der Krankenhausgeistliche" seien „nichts anderes [...] als ganz gemeine Ausnützer der Kirche und ihrer Opfer" (A 44), wird, obwohl in der Autobiographie kein Indiz für ein solches Urteil erkennbar ist, vom Enkel unrevidiert und unkommentiert übernommen.[380] Bedingt durch seine Schulzeit während des Krieges und nach Kriegsende wird Bernhard mit beiden von seinem Großvater heftig abgelehnten Organisationen, dem Nationalsozialismus und dem Katholizismus, aus nächster Nähe konfrontiert: Das Salzburger Internat Johanneum, in dem der junge Bernhard während des Krieges lebt, um nicht täglich als Fahrschüler zwischen Salzburg und dem Wohnort der Familie, Traunstein, pendeln zu müssen, steht seit dem Anschluß Österreichs an Deutschland unter nationalsozialistischer Leitung, während es ab Kriegsende von der katholischen Kirche und einem katholischen Geistlichen geführt wird.

Bernhards Äußerungen zum Katholizismus und zum Nationalsozialismus sind sowohl in der Autobiographie als auch im übrigen Werk ausnahmslos polemisch und provokant und bilden ein „im Innersten zusammengehörendes System".[381] Sie richten sich zumeist gleichzeitig auf die kirchliche und die politische Institution, entweder im gleichen Satz oder in der gleichen Passage und häufig als Wortverbindung (katholisch-nationalsozialistisch). In der Autobiographie finden sich Äußerungen zu diesem Thema vor allem in den Bänden „Die Ursache", „Der Atem" und „Ein Kind", werden jedoch nur in der „Ursache" ausführlicher ausgeformt.

---

[380] Hans Höller vermerkt in seiner Bernhard-Biographie für das Jahr 1972: „Austritt aus der katholischen Kirche" Höller (Bernhard), S. 148.
[381] Hieber, S. 555.

5.1 Katholizismus und Nationalsozialismus

Die Überschriften des zweigeteilten Bandes „Die Ursache" bestehen aus den Namen der Direktoren des Internats, in das der zwölfjährige Bernhard 1943 eintritt: „Grünkranz" und „Onkel Franz". Der Nationalsozialist Grünkranz leitet das Internat bis Kriegsende und der katholische Geistliche „Onkel Franz" ab Mai 1945. Die nach dem Kriegsende grundlegenden umfassenden Veränderungen in seinem Schulalltag erscheinen dem Schüler nur als äußerliche – als „Austausch des Hitlerbildes gegen das Christuskreuz und in dem Austausch des Grünkranz gegen den Onkel Franz" (U 68),[382] da für den Schüler keine glaubwürdige Veränderung eingetreten ist: Sein Tagesrhythmus ist der gleiche geblieben, ebenso die Atmosphäre der Angst und der als qualvoll empfundene Zwang zur Anpassung an die jeweilige Schulordnung. Selbst das „sadistische Züchtigungsritual" (U 69) des Präfekten, unaufmerksame Schüler „von hinten mit der Faust auf den Kopf" (U 69) zu schlagen, stand „dem Grünkranz in seiner sadistischen Konsequenz in nichts" (U 69) nach.

Da sich für den jungen Bernhard trotz der Veränderung des politischen Systems und der jetzt religiösen Prägung des Unterrichts das Unerträgliche der Schulsituation nicht gewandelt hat, fühlt sich der Schüler „schließlich zerquetscht [...] zwischen Hitler und Jesus Christus als volksverdummenden Abziehbildern" (U 74).[383] Er ist emotional und intellektuell überfordert zu erkennen, daß selbst die äußeren Formen des Nationalsozialismus und des Katholizismus nicht sinnvoll miteinander verglichen werden können, und daher unternimmt er undifferenzierte Vergleichsversuche, indem er (ähnlich wie in einer unzulässig wortwörtlichen Übersetzung einer Redewendung in eine andere Sprache) innerhalb eines Satzgefüges oder einer zusammenhängenden Passage jeweils eine Begebenheit aus der vormals nationalsozialistisch ausgerichteten Schulzeit in unmittelbare Parallelität zur konfessionell geführten setzt. Zur Verdeutlichung wird eine solche

---

[382] Wie Bernhard in der „Ursache" schildert, habe „ein etwa vierzigjähriger Geistlicher [...] dem Onkel Franz als Präfekt zur Seite gestanden [und] auf katholische Weise das Erbe des nationalsozialistischen Grünkranz angetreten [...]" (U 63). In den Passagen, in denen die Umwandlung des nationalsozialistischen in das katholische Internat beschrieben wird, ist nicht immer eindeutig erkennbar, ob es sich um Onkel Franz oder den Präfekten handelt (vgl. U 69).

[383] Zutreffend interpretiert Michaela Holdenried in einem anderen Zusammenhang die „ironische[ ] Darstellung" dieser Passage aus der „Ursache" als Bernhards Kritik an einer „Stagnation des Geschichtsprozesses", die sich dem Protagonisten in einem „nahtlose[n] Übergang von einem ideologischen System in ein anderes" offenbare. M. H.: Im Spiegel ein anderer. Erfahrungskrise und Subjektdiskurs im modernen autobiographischen Roman. Heidelberg 1991 (=Beiträge zur neueren Literaturgeschichte, Folge 3, Bd. 114), S. 340.

Passage aus der „Ursache" im folgenden zunächst im Zusammenhang zitiert. Um die Besonderheit der schematisch zu nennenden Gleichsetzung von unterschiedlichen Sinnzusammenhängen zu kennzeichnen, werden die Lexeme und Syntagmen, die für diese Darstellungsweise konstituierend sind, anschließend in einer Tabelle dargestellt.

„Im Innern des Internats hatte ich keine auffallenden Veränderungen feststellen können, aber aus dem sogenannten Tagraum, in welchem wir in Nationalsozialismus erzogen worden waren, war jetzt die Kapelle geworden, anstelle des Vortragspultes, an welchem der Grünkranz vor Kriegsschluß gestanden war und uns großdeutsch belehrt hatte, war jetzt der Altar, und wo das Hitlerbild an der Wand war, hing jetzt ein großes Kreuz, und anstelle des Klaviers, das, von Grünkranz gespielt, unsere nationalsozialistischen Lieder wie *Die Fahne hoch* oder *Es zittern die morschen Knochen* begleitet hatte, stand ein Harmonium. Der ganze Raum war nicht einmal ausgemalt worden, dafür fehlte es offensichtlich an Geld, denn wo jetzt das Kreuz hing, war noch der auf der grauen Wandfläche auffallend weiß gebliebene Fleck zu sehen, auf welchem jahrelang das Hitlerbild hing. Jetzt sangen wir nicht mehr *Die Fahne hoch* oder *Es zittern die morschen Knochen*, und wir hörten nicht mehr stramm stehend in diesem Raum die Sondermeldungen aus dem Radio an, sondern sangen zum Harmonium *Meerstern ich dich grüße* oder *Großer Gott, wir loben dich*. Wir stürzten auch nicht mehr um sechs Uhr aus den Betten und in den Waschraum und dann in die Studierstube, um dort die ersten Nachrichten aus dem Führerhauptquartier zu hören, sondern um die Heilige Kommunion in der Kapelle zu empfangen [...]. Die äußeren Spuren des Nationalsozialismus in Salzburg waren tatsächlich vollkommen ausgelöscht gewesen, als hätte es diese entsetzliche Zeit nie gegeben. Jetzt war der Katholizismus wieder aus seiner Unterdrückung herausgetreten, und die Amerikaner beherrschten alles" (U 64/65).

Vor der Zerstörung 1943/44	Nach der Zerstörung 1945
Tagraum	Kapelle
Vortragspult	Altar
Hitlerbild	Großes Kreuz
Klavier	Harmonium
Lieder: „Die Fahne hoch"; „Es zittern die morschen Knochen"	Lieder: „Meerstern ich dich grüße"; „Großer Gott, wir loben dich"
Nachrichten aus dem Führerhauptquartier	Heilige Kommunion
Studierstube	Kapelle
Nationalsozialismus	Katholizismus

Ebenso wie sich „in den wenigen Nachkriegsmonaten [...] das Gebäude *aus dem sogenannten Nationalsozialistischen Schülerheim in das streng katholische Jo-*

hanneum verwandelt" (U 63) hat[384] – als äußeres Zeichen erhält die „Vorderfront des Gebäudes [...] einen neuen Anstrich" (U 64) – „verwandelt" sich für das Schulkind der gehaßte Grünkranz in Onkel Franz und den Präfekten, der „genauso gefürchtet und gehaßt [war] wie der Grünkranz" (U 63). Während der „Grünkranz der sogenannten Naziära" in „Offiziers- oder SA-Stiefeln" auftrat, kommt die „Geistlichkeit" jetzt in „schwarzen Stiefeletten"; kamen die nationalsozialistischen Lehrer im „grauen oder braunen Rock [und] glänzenden Schulterbändern", erscheinen die katholischen Lehrer „im schwarzen Rock" und mit „Papierkrägen" (alle Zitate U 70); und das „*Heil Hitler*" vor dem Essen ist jetzt durch „*Gesegnete Mahlzeit*" ersetzt worden (U 71).[385]
Diese Aussagen sind die thematische Wiederaufnahme einer längeren Passage im gleichen Band (U 46 – U 49), in der Bernhard ausführlich den Dauerzustand der Angst und Anspannung während der Zeit des Krieges und des Nationalsozialismus und deren Auswirkungen auf sein schulisches Leben beschreibt. Auffällig an der Darstellungsweise ist hier die vierzehnmalige Verwendung des Modaladverbs „noch" im Text, durch das zwar der gegenwärtige Zustand bekundet wird, in dem jedoch zugleich das kataphorische Moment einer künftigen Zustandsveränderung mitschwingt:

U 46:
„Noch" schreit Grünkranz in den Schlafsaal „*Guten Morgen*" hinein.
„Noch" besteht der Zwang, die „Sondermeldungen von den Kriegsschauplätzen" anhören zu müssen.
„Noch" müssen die HJ-Uniform angezogen und HJ-Lieder gesungen werden.
„Noch" ist der Schüler „der ganzen Strenge und Unverschämtheit und Unnachgiebigkeit des Grünkranz unterworfen".

U 47:
„Noch" geht er in die Andräschule, doch „*es handelte sich um keinen Unterricht mehr*", sondern um „ein in Angst Herumsitzen in den Klassenzimmern, ein Ab-

---

[384] Diese „Verwandlung" könne die „biographische ‚Ursache' [...] für die im Werk wiederholt auftauchende These [sein], nach der die Kombination von Nationalsozialismus und Katholizismus die österreichische Kultur und Gesellschaft am nachhaltigsten geprägt habe." Leonhard Fuest: Kunstwahnsinn irreparabler. Eine Studie zum Werk Thomas Bernhards. Frankfurt/M., Berlin, Bern (u. a.) 2000 (=Beiträge zur Literatur und Literaturwissenschaft des 20. Jahrhunderts, hrsg. v. Eberhard Mannack, Bd. 20), S. 237.
[385] In ähnlichem Wortlaut berichtet Bernhard in „Ein Kind" über Eindrücke nach dem Anschluß Österreichs an Deutschland. Man sagte nun nicht mehr „*Grüß Gott*", sondern „*Heil Hitler*", und man sah am Sonntag „nicht nur die betenden schwarzen, sondern auch „die schreienden, braunen Massen" (EK 125).

warten, Warten auf Alarm [...] und Abmarschieren und Ablaufen [...] hinein in die Stollen".
„Noch" ist er konfrontiert „mit dem Elend der in diesen Stollen Zuflucht suchenden" [...] Menschen.
„Noch" hat er Geigenunterricht.
„Noch" ist er „dem Diktat des Geigenlehrers Steiner und seinen vernichtenden Äußerungen" ausgesetzt.
„Noch" ist er gezwungen, „Wissen [...] aufzunehmen", das ihm „immer widerwärtig gewesen war."
„Noch" wird er vom „Alarm" und „den ersten Bombenschwärmen" aus dem Schlaf gerissen.

U 48:
„Noch" muß er „im Tagraum Nazilieder" singen.

U 49:
„Noch" muß er sich im Studierzimmer auf den Unterricht vorbereiten, obwohl „ja gar kein Unterricht im eigentlichen Sinn mehr stattgefunden hat."
„Noch" hat er „zunehmende Angst vor dem Grünkranz, der [ihn], gleich wo er [ihm] begegnete, ohrfeigte, grundlos [...]."
„Noch" ist die Stadt „mit Flüchtlingen überfüllt [...], und man lebte in äußerster Anspannung zusammen."

Diese im „Noch" implizierte Erwartung auf Veränderung ist aber nach dem Krieg nicht eingetreten. Während er „ zuerst einer nazistischen Geschichtslüge unterworfen gewesen" (U 75) sei, sei er jetzt der „katholischen" [Geschichtslüge] unterworfen (vgl. ebd.). Der vorgefundene Zustand, das „Jetzt"[386] ohne Aussicht auf eine Zustandsverbesserung, wird von dem Jugendlichen als Enttäuschung wahrgenommen, als Täuschung der Erwachsenen, durch verändertes Äußeres verändertes Inneres glaubhaft machen zu wollen. Der Autor Bernhard reagiert auf die vom Jugendlichen empfundene nur scheinbare Verschiedenartigkeit äußerer Zustände, realiter aber gleichgebliebener Zustände und somit auch gleichgebliebener innerer Vorgänge mit sprachlichen Mitteln der Gleichsetzung, die das Vorgefundene und das Gewesene, das Eingetretene und das

---

[386] Das Adverb „jetzt", mit dem in der heutigen Verwendung ein momentaner Zustand ausgedrückt wird, trägt jedoch durch seine alte Wurzel ‚je', ‚ie' = immer (noch erhalten in der Phrase „eh und je") eine Bedeutung in sich, die auf einen immerwährenden, unveränderlichen Zustand verweist. Vgl. Friedrich Kluge: Etymologisches Wörterbuch der deutschen Sprache. Berlin, New York, 21. unveränderte Aufl. 1975 [1883] unter den Stichwörtern ‚je' und ‚jetzt'.

Erwartete durch Lächerlichmachen egalisieren: Das sechsfache „Jetzt" der Nachkriegszeit in der oben ausführlich zitierten Passage (U 64/65) rekurriert wie zum Beleg der verachtenswerten „jetzt" vorgefundenen Scheinhaftigkeit auf das „Noch" der Kriegszeit, das „noch" die Möglichkeit auf Veränderung signalisiert.

U 64:
„Jetzt" ist aus dem Tagraum die Kapelle geworden.
„Jetzt" steht der Altar dort, wo das Vortragspult des Grünkranz war.
„Jetzt" hängt das Kreuz da, wo das Hitlerbild war.
„Jetzt" ist der weiße Fleck zu sehen, wo das Hitlerbild hing.
„Jetzt" werden andere Liedertexte gesungen und keine Nachrichten mehr gehört, sondern die Heilige Kommunion empfangen.

U 65:
„Jetzt" herrschen anstelle der früheren Machthaber die Amerikaner, und „der Katholizismus [ist] wieder aus seiner Unterdrückung herausgetreten [...]".

Ein weiteres prägnantes Beispiel der Vergleichsmethode durch Gleichsetzung (ohne das einen logischen Vergleich voraussetzende tertium comparationis) ist in „Der Atem" die Verspottung des „von viel zuviel Essen und Trinken aufgedunsene[n] Geistliche[n]" (A 33), der als ein „in Katholizismus reisende[r] A-gent[ ]" (A 44) bezeichnet wird. Der hier herabsetzende Ausdruck „Agent" für den Geistlichen wird in seiner in Österreich gebräuchlichen Bedeutung von „Handelsvertreter" verwendet, was durch das attributive Partizip „reisenden" verstärkt wird. Die Profanierung des Geistlichen wird zudem in der abwertenden Bezeichnung seiner seelsorgerischen Tätigkeit als „Geschäft" (A 35)[387] betont, das er „pflichteifrigst" (A 34) betreibt.

In ähnlicher Weise verfährt Bernhard in „Ein Kind". Hier setzt er sonntägliche Messen mit einem ihm unverständlichen, inhaltsleeren Bühnengeschehen gleich. Seinen Wahrnehmungen entsprechend („Mein erster Theaterbesuch war mein erster Kirchenbesuch, in Seekirchen bin ich zum erstenmal in eine Messe gegangen" EK 85) ist das zur Beschreibung der Passage verwendete Vokabular in der Diktion einer Theater-Rezension gehalten:

„Schauspiel" für Zeremonie (S. 84, 85)
„Komparserie", „Assistenten" für Meßdiener (S. 85)
„Hauptdarsteller" für den „Dechant[en]" (S. 85)

---

[387] Vgl. die ähnliche Formulierung in A 53: Der Krankenhauspfarrer betreibt dort sein „gedankenloses Geschäft".

„schauererzeugende Tragödie" für „Leichenmessen" („die von mir so genannten Schwarzen Messen [...], in welchen die absolut vorherrschende Farbe Schwarz war") im Gegensatz zum „sonntäglichen Schauspiel mit seinem versöhnlichen Ausgang" für Sonntagsmesse (S. 85).

Wenn Bernhard auch einräumt, daß es sich bei der in der „Ursache" beschriebenen morgendlichen Kommunion des „jetzt jeden Tag und also annähernd dreihundertmal im Jahr geschluckte[n] und verschluckte[n] Leib Christi" (U 71) und der ehemals „tagtägliche[n] sogenannte[n] Ehrenbezeugung vor Adolf Hitler [...] um zwei vollkommen verschiedene Größen handelt" (U 71), er aber dennoch „den Eindruck [hat], das Zeremoniell sei in Absicht und Wirkung das gleiche" (U 71), so bestätigt er sein Unverständnis erneut durch den geäußerten „Verdacht, daß es sich jetzt im Umgang mit Jesus Christus um das gleiche handelte wie ein oder wie ein halbes Jahr vorher noch mit Adolf Hitler" (U 72) – und er reagiert mit dem gleichen Unverständnis, wie er als Kind auf die sonntäglichen Gottesdienste reagierte, die ihm wie Theaterspiele erschienen: „Ich begriff das Schauspiel nicht" (EK 84).

„Das Vergleichen", sagt Bernhard im Monolog „Drei Tage", „ist überhaupt die Kunst, die man zu beherrschen versuchen muß. Es ist die einzige Schule, die einen Sinn hat und die einen weiter- und vorwärts bringt" (DT 158). Doch dieses hier abwägend zu verstehende Vergleichen, dieses in den Zustand des „Gleichsein"-Versetzens[388] einer höheren Erkenntnis wegen, reduziert Bernhard in der „Ursache" auf das Vergleichen zweier mechanisch und sinnentleert dargestellter ungleicher Zeremonien, um durch die Gleichsetzung beide dem Spott auszusetzen. Im Zusammenhang mit Bergsons Theorie zeigt sich das Komische von zeremoniellen Handlungen vor allem dann, wenn ihre äußeren Formen als mechanische, von ihrem inhaltlichen Gehalt losgelöste Bewegungen gesehen werden, wenn also auch hier die Form den Inhalt dominiert:

> „Komisch ist folglich ein Bild [eine Erscheinung, A. M.], wenn es uns an eine verkleidete Gesellschaft, eine soziale Maskerade denken läßt. Ein solches Bild entsteht, sobald wir an der bewegten Oberfläche der Gesellschaft etwas Lebloses, Fixfertiges, Fabriziertes bemerken. Wieder diese Steifheit, die so gar nicht zu der dem Leben innewohnenden geschmeidigen Grazie paßt. Im formellen Teil des Gesellschaftslebens muß demnach eine latente Komik stecken, die nur auf eine Gelegenheit zum Ausbruch wartet. Man kann sagen, das Zeremoniell sei für das soziale Gefüge, was das Kleid für den individuellen Körper: Es wirkt feierlich, solange es sich mit dem ernsthaften Zweck, dem es nach dem überliefertem Brauch zu dienen hat, zu identifizieren scheint; es verliert seine Feierlichkeit in dem Augenblick, da unsere Phantasie es

---

[388] „Vergleich" wird bei Kluge als ‚Zustand des Gleichseins' ausgewiesen.

von diesem Zweck trennt. Damit eine Zeremonie komisch werde, muß sich also unsere Aufmerksamkeit nur auf das richten, was zeremoniös an ihr ist."[389]

Diese „Gelegenheit zum Ausbruch" der „latenten Komik" präpariert das erinnernde Ich aus dem Geschehen heraus und setzt sie als verbalisierte Emotion des erinnerten Ichs in Sprachzeichen: Die für einen Heranwachsenden schmerzliche und ernüchternde Erfahrung der Austauschbarkeit von Menschen, ihren Geisteshaltungen und Verhaltensweisen bewirkt bei dem jungen Bernhard das Erkennen einer paradoxen Gleichwertigkeit ungleicher Werte. Stilistisch kehren diese Eindrücke seiner Kindheit und Jugend in antithetischen Begriffszusammenhängen wieder, deren Basis-Oppositionspaar aus der Figur des Grünkranz als Inbegriff des Nationalsozialismus und aus der des Onkel Franz als Inbegriff des Katholizismus gebildet wird. Dem Bewußt*werden* bzw. Bewußt*sein* einer jederzeit möglichen und realisierbaren Gleichwertigkeit heterogener Realitäten gibt Bernhard eine adäquate Sprachform, die als unangemessenes Nebeneinander assoziativ inkompatibler Lexeme und Syntagmen in syntaktischer Berührung erscheint (Hitlerbild/Kreuz; nationalsozialistisch/katholisch). Dieses wertnivellierende Nebeneinander der Denotate lanciert die Illusion nicht nur ihrer Egalität und daher Austauschbarkeit, sondern zugleich auch die ihrer Konnotate:[390] Wenn alles unterschiedslos gleich, gleichbedeutend und „egal" ist, dann gibt es auch keine „hohen und höheren und höchsten Werte" (Ke 118), wie Bernhard diese prägende Erfahrung seiner jungen Jahren in den Schlußsätzen des „Kellers" ausführt:

„Mein besonderes Kennzeichen heute ist die Gleich*gültigkeit*, und es ist das Bewußtsein der Gleich*wertigkeit* alles dessen, das jemals gewesen ist und das ist und das sein wird [...]. Die Menschen sind, wie sie sind, und sie sind nicht zu ändern, wie die Gegenstände, die die Menschen gemacht haben und die sie machen und die sie machen werden. Die Natur kennt keine Wertunterschiede" (Ke 118 u. 119).

Christa Bürger faßt „die Austauschbarkeit der grammatischen Glieder" als „unaufhebbare Trauer des Moralisten Bernhard" auf, „der in jedem Opfer nur einen verhinderten Henker zu sehen vermag".[391] Bürgers Deutung steht zwar nicht in unmittelbarem Zusammenhang mit der oben erörterten Passage, sondern bezieht sich auf Bernhards reflexives Resümee am Schluß der „Ursache", das sich aber kritisch mit Schule als Ort der „tagtäglichen neuen Erfindungen von Grausamkeit" (U 96) auseinandersetzt und kontextuell zum Entschluß, der Schule den

---

[389] Bergson, S. 36 f.
[390] Vgl. Schopenhauer (Die Welt als Wille und Vorstellung, Bd. 1), S. 102.
[391] Bürger, S. 61. Die Einebnung unterschiedlicher Werte analysiert Bürger am von Bernhard häufig verwendeten Vergleichspartikel „als".

Rücken zu kehren, gehört. Gegen diese Deutung als „Ausdruck ethischer Gleichgültigkeit oder Ergebnis fehlgeschlagener Trauerarbeit" wendet Bianca Theisen ein, daß dabei die „politische Aussage",[392] die auch in anderen Texten von Bernhard enthalten sei, nicht berücksichtigt werde. Zwar verschließt sich die Autobiographie, wenn das Gewicht auf einer inhaltlichen Interpretationsebene liegt, die den erwachsenen Autor zum Ausgangspunkt ihrer Überlegungen nimmt, weder Bürgers psychologisch noch Theisens gesellschaftskritisch fundierter Begründung und könnte als Chiffre einer Kritik an einer möglicherweise im Österreich der Nachkriegszeit voreilig abgebrochenen Debatte der Naziära verstanden werden. Doch diskutiert Bernhard das Thema von Gleichheit und Ungleichheit und ihrer oftmals vorgetäuschten Egalität über das Medium komischer Elemente in der Autobiographie vorrangig, wie er selbst mehrere Male in der „Ursache" betont, um sich in *Empfindungen* des Schülers und jungen Menschen, der er „damals" war, literarisch wieder einzufühlen, und nicht, um das Denken des „heute" erwachsenen Schriftstellers wiederzugeben.[393]

Nach den Bekenntnissen in der Autobiographie zu beurteilen und in Rekurrenz auf sein Formprinzip ist die Passage aus der „Ursache" somit ebenfalls in erster Linie „ästhetisch und nicht politisch zu definieren", wie Luehrs-Kaiser im Zusammenhang einer „Komik der Grausamkeit"[394] für Bernhards fiktionale Texte feststellt. Da die in der Autobiographie ausgeführte Episode eindeutig auf das erinnerte Ich bezogen ist, verlöre somit der von Theisen bei Bürger reklamierte vernachlässigte Aspekt des „historische[n] Bruch[s] mit dem Ende der Nazizeit 1945"[395] im direkten Textbezug an Relevanz. Luehrs-Kaisers Fazit aber, Bernhards Konzept sei „Ausdruck einer akzeptierten Unausweichlichkeit"[396] kann nur auf die Haltung der Figuren des fiktionalen Werkteils (bzw. den von Luehrs-Kaiser untersuchten dramatischen Figuren) bezogen werden, deren Lebensverständnis sich von dem in der Autobiographie geschilderten und auch dem real von Bernhard gelebten Leben in der Frage des Widerstands gegen „Unausweichlichkeiten" entgegengesetzt verhält.

Für die erörterten Passagen wählt Bernhard eine komisierende Darstellungsform, deren Komik- und Kritikpotential auf dem Transpositionsvorgang profaner in sakrale bzw. sakraler in profane Werte beruht. Das Phänomen der „Profa-

---

[392] Theisen, S. 247.
[393] Vgl. das in Kap. 4.3 dieser Arbeit ausführlich wiedergegebene Zitat aus U 70.
[394] Kai Luehrs-Kaiser: Komik der Grausamkeit. Heimito von Doderer und Thomas Bernhard. In: Thomas Bernhard. Traditionen und Trabanten (hrsg. v. Joachim Hoell u. Kai Luehrs-Kaiser). Würzburg 1999, S. 75 – 84; S. 84.
[395] Theisen, S. 248.
[396] Luehrs-Kaiser, S. 84.

nation [...], das System der karnevalistischen Erniedrigungen und ‚Erdungen', [...] die karnevalistischen Parodien heiliger Texte und Aussprüche"[397] beschreibt Bachtin als wichtige Kategorie des Karnevals: Der Ausnahmezustand dieser begrenzten Zeit der sonst verbotenen Riten der Erhöhung und Erniedrigung von Personen und Symbolen durch Handlungen und Sprache sei ein Archetypus der Möglichkeit, durch Spott zu kritisieren: „Der Karneval vereinigt, vermengt und vermählt das Geheiligte mit dem Profanen, das Hohe mit dem Niedrigen, das Große mit dem Winzigen, das Weise mit dem Törichten."[398] Ebenso sieht der Autobiograph in der Verspottung durch Erhöhung und Erniedrigung – mit der Konsequenz der Egalisierung – eine Möglichkeit, in der „Karnevalisierung der Literatur"[399] durch Spott auf die Täuschung seines alter ego zu reagieren.

Inhaltlich ähnlich wie die Aussagen in der Autobiographie, von denen der Leser annehmen kann, daß sie mit den tatsächlichen Wertanschauungen des Autors identisch sind,[400] äußern sich auch die Figuren in Bernhards fiktionalem Werk zum Thema Katholizismus und Nationalsozialismus, wie folgende Passagen aus der „Ursache" und aus „Heldenplatz",[401] Bernhards letztem, 1988 aufgeführten Schauspiel, demonstrieren:

 1. „Wohin wir schauen, wir sehen hier nichts anderes als den Katholizismus oder den Nationalsozialismus und fast in allem in dieser Stadt und Gegend einen solchen

---

[397] Bachtin, S. 49.
[398] Ebd. Bachtin erläutert, daß es sich bei der Profanation (als eine mögliche Form der karnevalistischen Verspottung) nicht um „abstrakte Gedanken über Gleichheit und Freiheit" (S. 49) handle, vielmehr seien es „konkret-sinnliche, in der Form des Lebens erlebte und gespielte brauchtümlich-schauhafte ‚Gedanken', die im Verlauf von Jahrtausenden in den breiten Massen der europäischen Menschheit sich ausbildeten und lebten. Eben deshalb" sei ihr „gewaltige[r] formale[r] gattungsbildende[r] Einfluß auf die Literatur" (ebd.) zu erklären.
[399] Mit „Karnevalisierung der Literatur" bezeichnet Bachtin den Vorgang der Übertragung des Karnevals in die Sprache der Literatur. Vgl. Bachtin, S. 47.
[400] Offensichtlich ist Bernhard nicht bereit, sich eindeutig und ernsthaft zu dieser Problematik zu äußern. In einem nicht genau datierten Gespräch mit Kurt Hofmann (zwischen 1981 und 1988, also in jedem Fall nach Abfassen der „Ursache") erklärt er: „Ich bin durch und durch glücklich, von oben bis unten, von der linken Hand bis zur Rechten, und das ist wie ein Kreuz. Und das ist das Schöne daran. Eine katholische Existenz. Ich wünsche jedem Menschen Religion und all das, weil das ist wunderbar. Es ist alles wie Rahmsuppe." Kurt Hofmann: Aus Gesprächen mit Thomas Bernhard. München 1991, S. 60.
Bernhards „meisterhafte Beherrschung der Ironie" in seinen vielen Interviews interpretiert Michaela Holdenried als „Abwehr unangemessener Fragen (der Interviewer)" (S. 375).
[401] Thomas Bernhard: Heldenplatz. Frankfurt/M., 6. Aufl. 1994 [1988].

geistesstörenden und geistesverrottenden und geistestötenden katholisch-nationalsozialistischen, menschenumbringenden Zustand. Selbst auf die Gefahr hin, sich damit vor allen diesen Scheuklappenbewohnern im ureigensten Sinne des Wortes unmöglich und schon wieder einmal zum Narren gemacht zu haben, ist zu sagen, daß diese Stadt eine in Jahrhunderten vom Katholizismus gemein abgedroschene und in Jahrzehnten vom Nationalsozialismus brutal vergewaltigte ist, die ihre Wirkung tut. Der junge, in sie hineingeborene und in ihr sich entwickelnde Mensch entwickelt sich zu beinahe hundert Prozent in seinem Leben zu einem katholischen oder nationalsozialistischen Menschen, und so haben wir es tatsächlich, wenn wir es in dieser Stadt mit Menschen zu tun haben, immer nur mit (hundertprozentigen) Katholiken oder mit (hundertprozentigen) Nationalsozialisten zu tun, die nicht dazugehörende Minderheit ist eine lächerliche. Der Geist dieser Stadt ist also das ganze Jahr über ein katholisch-nationalsozialistischer *Un*geist, und alles andere Lüge" (U 73).

2. Anna zu Olga:
„In Österreich mußt du entweder katholisch
oder nationalsozialistisch sein
alles andere wird nicht geduldet
alles andere wird vernichtet
und zwar hundertprozentig katholisch
und hundertprozentig nationalsozialistisch" (Hp 63 f.).

3. Professor Robert:
„[...] aber die Sozialisten sind ja keine Sozialisten mehr,
die Sozialisten heute sind im Grunde nichts anderes
als katholische Nationalsozialisten" (Hp 97).

Im ersten und zweiten Beispiel täuscht die mehrfach wiederholte Konjunktion „oder" noch eine Differenzierungsmöglichkeit zwischen den Positionen vor („Katholizismus *oder* Nationalsozialismus"; die Entwicklung zu einem „katholischen *oder* nationalsozialistischen Menschen"; in der Stadt hat man es „mit (hundertprozentigen) Katholiken *oder* (hundertprozentigen) Nationalsozialisten" zu tun).[402] Im Wissen um den Kontext der Äußerungen kann aber die Funktion der Konjunktion nicht als Wahlmöglichkeit verstanden werden, sondern nur in ihrer anderen grammatischen Funktion als Verbindungswort zweier gleichberechtigter Wortarten oder Satzteile, was der Absicht einer semantischen Gleichheitsassoziation der so miteinander auch grammatisch gleichgesetzten Denotate entspricht.
Im dritten Beispiel wird eine Egalisierung und Gleichsetzung zweier vormals gegensätzlicher Gruppierungen quasi als Konklusion dargeboten: Die Gleichsetzung zweier gegensätzlicher Vorstellungen wird in Professor Roberts Stellung-

---

[402] Hervorhebungen von mir.

nahme durch die syntaktische Ankoppelung „katholische Nationalsozialisten" erreicht.

Leicht verleiten viele bis in die Wortwahl fast identische Passagen der Autobiographie und des fiktionalen Werkes dazu, die von Bernhard seinen Figuren unkommentiert in den Mund gelegten Äußerungen auch als die Meinung des Autors zu verstehen.[403] Wenn auch viele Figuren des fiktionalen Werks unverkennbar eine ähnliche Geisteshaltung wie diejenige aufweisen, die Bernhard in seiner Autobiographie verficht,[404] so ist dennoch nur in diesen fünf Bänden die Identität der Geisteshaltung von Autor und Erzähler gegeben. Die Schwierigkeit einer solchen Differenzierung im fiktionalen Werk hat sich nach der Aufführung von „Heldenplatz" in der öffentlichen Aufregung gezeigt, die das Stück provoziert hat. Bernhard wurde als Nestbeschmutzer beschimpft und aufgefordert, das Land zu verlassen. Auch die autobiographischen Äußerungen irritieren und animieren zu persönlicher Standpunktfixierung. Eine solche, wahrscheinlich spontan während des Lesens getroffene Selbstvergewisserung eigener gesellschaftlicher Anschauung sowie distanzierte intellektuelle Überlegenheit bzw. emotionale Distanzierung oder Einfühlung entscheiden darüber, ob die Darstellung des behandelten Themas als verfremdet und komisch und somit als gelungene Komisierung beurteilt wird und amüsiert, oder ob sie ernst genommen und möglicherweise als Blasphemie eingestuft wird.

5.2 Sogenannte Mediziner

In den Bänden „Der Atem" und „Die Kälte" beschreibt Bernhard ausführlich Beginn und Verlauf seiner lebenslangen Lungenkrankheit. In der ersten, vier Jahre dauernden Krankheitsphase der Tuberkulose, deren Auslöser eine verschleppte Grippe und unausgeheilte Rippenfellentzündung war, ist er schon als Siebzehnjähriger in Kliniken und Sanatorien auf die Hilfe von Ärzten und Pflegepersonal angewiesen. Obwohl er häufig zwischen Leben und Tod schwebte und ohne ärztliche Versorgung wahrscheinlich nicht überlebt hätte,[405] findet sich dennoch in der Autobiographie bis auf eine Ausnahme für den Berufsstand der Mediziner kein anerkennendes Wort. Im Gegenteil werden sowohl der einzelne Arzt als auch die gesamte Ärzteschaft pauschal negativ und als „Schreckensbotschafter" (A 53) beurteilt.

---

[403] Vgl. Kap. 2.2 dieser Arbeit.
[404] Vgl. „Auslöschung", bes. S. 291 ff. und S. 644 bis zum Schluß.
[405] Vgl. Kohlhage, S. 51.

Nachfolgend wird versucht, dieses Bild der Ärzte nachzuzeichnen und zu zeigen, daß Bernhard dabei das Schreckliche dieser Lebensphase[406] durch einseitige Überakzentuierung komisiert und seinem ästhetischen Formwillen unterordnet. Bernhard beschreibt die Ärzte in „Der Atem" und in „Die Kälte" weniger in geschlossenen Erzählsequenzen, sondern erwähnt sie im Rahmen der Schilderungen von Krankenhausaufenthalten und Konsultationen verstreut im gesamten Text. Deshalb wird zunächst, um den Ton dieser Beschreibungen anklingen zu lassen, ein allgemeiner, zitierender Überblick zum Thema gegeben. Anschließend werden drei von Bernhard detaillierter bearbeitete Szenen, in denen er über einen direkten Arzt-Patient-Kontakt berichtet, hervorgehoben.

In den von Bernhard beschriebenen Situationen zwischen Kranken und Ärzten insgesamt sowie speziell zwischen ihm als Patienten und seinen Ärzten wird generell kein Vertrauensverhältnis erkennbar, vielmehr entsteht der Eindruck einer „Schreckensbeziehung" (A 54), eines Machtkampfes, in dem der Patient „ununterbrochen auf der Hut sein" muß (Kä 22): „Wachsamkeit verordnete ich mir, allerhöchste Aufmerksamkeit, allergrößte Reserve" (Kä 22). „Der Kranke muß sein Leiden selbst in die Hand und vor allem in den Kopf nehmen *gegen die Ärzte*" (Kä 23). „*Ich* hatte die Ärzte und ihre Handlanger zu lenken" (Kä 138). „Je größer mein Mißtrauen gegen die Ärzte, desto größer das Vertrauen zu mir selbst" (Kä 23). Er vermutet, als achtzehnjähriger „Anonymus ohne die geringste Reputation, bar jeder Fürsprache" (Kä 18), und weil er „gesellschaftlich eine Null war" (Kä 30), vom „Triumvirat"[407] der Ärzte benachteiligt (Kä 30) und medikamentös unterversorgt zu werden (Kä 29/30). Die Ärzte werden konsequent als anmaßende Unterdrücker geschildert, die durch „übersteigerten Hochmut und mit ihrem geradezu perversen Geltungsbedürfnis" (A 54) ihre „Charakterschwächen, ja ihre Gemeinheiten und Niedrigkeiten" (Kä 31) kaschieren; der Patient erscheint als „getäuschte[s] Opfer" (Kä 44) und „angstbesessene[s] Opfer" (Kä 99), das ihnen ausgeliefert ist (dazu Kä 105). Anstelle von Aufmerksamkeit (dazu A 53, A 55, Kä 21) und angemessener Behandlung lassen sie ihn ihre „Kälte" spüren (Kä 83), sich aber „nicht in die Karten schauen" (Kä 56). Auf sich allein gestellt, versucht Bernhard, nicht nur aus eigener Kraft eine Besserung seines Gesundheitszustands zu erreichen, sondern schildert auch sein Überleben im Badezimmer des Krankenhauses als reinen Willensakt: „Ich

---

[406] In der „Odyssee" der Krankheit und ihrer „falsche[n] Behandlung fast zum Exitus des Patienten" liegt für Glaser der „Grund aller Melancholie und auch Misanthropie [...], die dem Autor nachgesagt werden" (S. 69).

[407] Damit sind der Primarius, der Sekundär und der Assistenzarzt gemeint. Primarius, Primar, Primararzt sind im Österreichischen Bezeichnungen für den leitenden Arzt eines Krankenhauses, der Chef oder Oberarzt im Gegensatz zum Sekundär oder Sekundararzt, der Assistent ist oder Arzt im Krankenhaus ohne leitende Stellung.

wollte *leben*, alles andere bedeutete nichts. Leben und zwar *mein* Leben, *wie und solange ich es will*" (A 17).[408]
In Anbetracht der in der Autobiographie geschilderten Pathogenese[409] erscheint Bernhards emotionale Beurteilung der Ärzte nicht ungerechtfertigt. Mehrere Male erleidet er wegen ihrer Unachtsamkeit oder mangelnden Kenntnisse Schmerzen und verzögerte Genesung, wie folgende Beispiele zeigen:

1. Der bekannteste „Lungenfacharzt der Stadt [...], dieser angesehene Arzt, der sogar ein Professor war" (Kä 91), telefoniert während einer für Bernhard lebensnotwendigen ambulanten Behandlung mit seiner Köchin „über Schnittlauch und Butter, Kartoffel oder nicht" (Kä 92). Nach diesem „lächerlichen Telefonat" (Kä 94),[410] dem „Küchenzettelstreit" (Kä 94) legt er dem auf dem Ordinationstisch liegenden Patienten versehentlich einen zweiten Pneu an, der ein Fortführen dieses damals üblichen Verfahrens bei Tuberkulose nicht nur unmöglich macht, sondern Bernhard in Lebensgefahr bringt. Bernhard fürchtet, „sterben zu müssen", doch anstatt lebensrettende Maßnahmen zu ergreifen, „hatte sich der Professor vor mir hingekniet und mit gefalteten Händen gesagt: *Was soll ich mit Ihnen tun?*" (Kä 93). „Gegen den Widerstand des Arztes und seiner Gehilfin, die beide einen vollkommen hilflosen, gleichzeitig entsetzten Eindruck gemacht hatten", gelingt es dem Patienten, „die drei Stockwerke des Arzthauses hinunter ins Freie" und nach Hause zu (ent)kommen, wo er „wieder in eine Bewußtlosigkeit" (Kä 93) fiel.

---

[408] Vgl. Höllers frühe Untersuchung fiktionaler Texte von Bernhard unter dem marxistischen Gesichtspunkt einer kapitalistisch orientierten Maschinerie, der der einzelne unterlegen sei. In einem kurzen Passus geht Höller auch auf die Sterbeszene in „Der Atem" ein, differenziert aber nicht in die im Band mehrere Male getroffene Unterscheidung zwischen dem Krankensaal/Alterszimmer/Sterbezimmer und dem Badezimmer (vgl. A 10 – 22 f; bes. S. 22 f.). Diese Differenzierung der Räume ist wesentlich, weil Bernhard in ihnen unterschiedliche Reflexionen betreibt und beschreibt, die sich von denjenigen im vorher eingenommenen Zimmer unterscheiden. Die stilisierte Szene im Badezimmer, wohin er zum Sterben gebracht wurde, beschreibt einen entscheidenden Moment im Leben des jungen Bernhard, weil er sich dort (symbolisch) jeder denkbaren Determination entzieht. Vgl. Höller (Lit. Form), S. 11.

[409] Peter Laemmle begreift „Die Kälte" als „Anamnese, die naturwissenschaftlich exakte Beschreibung eines klinischen Falles". Laemmle, S. 5.
„Pathologisches" diene „vorwiegend als Mittel zur Darstellung krankheitsunabhängiger Zusammenhänge und kristallisiert sich als inhaltliches Hauptstilmittel heraus." Vgl. Kohlhage, S. 19.

[410] Die Beschreibung des Telefonats ist eine der seltenen Szenen der Autobiographie, deren Komik situationsbedingt ist. Sie entsteht aus der Inkongruenz zwischen etwas existentiell Wichtigem (der medizinischen Versorgung) und etwas Banalem (der Speisezubereitung).

2. Ein anderer dramatischer Zwischenfall ereignet sich während der wegen dieses verpfuschten Eingriffs jetzt erforderlich gewordenen Phrenikusquetschung, einer Operationsvoraussetzung für eine andere, derzeit noch weitgehend unbekannte Therapie. „Mit Entsetzen" muß Bernhard feststellen, daß diesen „Eingriff, eine medizinische Lächerlichkeit" (Kä 95), wie ihm gesagt wird, derselbe Arzt vornimmt, dem er wegen Nachlässigkeit (vgl. Kä 59) die Schuld am Tode seines Großvaters gibt: „Der Chirurg ist der Mörder meines Großvaters" (Kä 59), da er „die prallgefüllte und verstopfte Blase meines Großvaters mit einem Tumor verwechselt und so den Tod meines Großvaters auf dem Gewissen hatte" (Kä 95). An einer anderen Stelle heißt es ähnlich: „Der Gynäkologe hat meine Mutter umgebracht" (Kä 59.) Aus nicht näher erklärten Gründen tritt während dieser Behandlung durch eine anhaltende Blutung („literweise Blut", Kä 101 f.) erneut eine lebensbedrohende Situation ein („Jetzt sterbe ich, denke ich, es ist aus", Kä 101), die der Arzt beschwichtigend herunterspielt: „Kurz nach dem Aufwachen erschien der Primarius, ein halber Tag war vergangen, es war die Mittagszeit, und sagte, es sei gutgegangen, nichts sei passiert, das *nichts* hatte er ausdrücklich betont, ich höre es heute noch, dieses *nichts*" (Kä 102).

3. Auch beim Lungenfacharzt, den der Kranke wöchentlich zur ambulanten Behandlung aufsuchen muß, ereignet sich eine lebensgefährliche Komplikation. Nur die Maßnahme, daß der Arzt und die Gehilfin ihn auf den Kopf stellen und ohrfeigen, rettet ihm das Leben.[411] Da Bernhard aber in diesem Arzt „jetzt wieder den einzigen *nützlichen* Gesprächspartner gefunden [hat], einen Menschen, mit welchem ich mich aussprechen konnte" (Kä 150), weist er sich selbst die Hauptschuld an diesem Zwischenfall zu: Er habe „möglicherweise wieder aus dem Grund der Gleichgültigkeit [...] den Termin der Füllung [des] Pneumoperitoneums verschlampt" (Kä 150). Nicht seines Könnens wegen, sondern aufgrund der Zuwendung dem Patienten gegenüber, erfährt dieser Arzt nicht nur negative Kritik.

Diese unglücklichen Komplikationen, die Bernhard in kurzer Folge überstehen muß, sowie wahrscheinlich viele Begegnungen mit Ärzten, die in der Autobiographie nicht ausgeführt werden, lassen ihn am Schluß von „Die Kälte" zu dem undifferenzierten, alle Ärzte einschließenden Urteil gelangen: „Alles Übel geht von den Medizinern aus" (Kä 138). Mit dieser Erkenntnis läßt sich der Acht-

---

[411] Es habe sich dabei wahrscheinlich um eine Lungenembolie gehandelt, die durch Hochlagern des Beckens behoben werden konnte. Vgl. Kohlhage, S. 40 f.
Die Darstellung des wiederholt notwendigen Füllens des Pneumoperitoneums deutet Honegger als Inszenierung des „qualvolle[n] Erlebnis[ses] als Grand Guignol einer impotenten Vergewaltigung und verpfuschten Entbindung" (S. 63).

zehnjährige „*auf eigene Gefahr*" (Kä 149) aus der Heilstätte entlassen („*Weg von den Ärzten, fort aus Grafenhof!*"), „um nicht in dieser perversen medizinischen Unheilsmühle endgültig und also für immer zermalmt zu werden" (Kä 148).

Angsteinflößendes Muster und abstoßender Phänotypus aller im literarischen Werk angeführter Ärzte ist im „sogenannten Hausarzt" (EK 140) der Familie zu sehen, der das Schulkind Bernhard in Krankheitsfällen behandelt. „War ich krank, hat sich der dicke Doktor Westermayer immer über mich gebeugt, ohne seine glühende Zigarre aus dem Mund zu nehmen, und sein riesiger schwitzender Kopf horchte an meinem Brustkorb" (EK 140). Alle – in der Lebensgeschichte zeitlich später, in der Schreibchronologie früher – vorkommenden Ärzte weisen ähnliche Merkmale dieses wie von Zille aus der Perspektive des hilflos-liegenden Patienten karikierten Popanzes auf: vorgetäuschte, strotzende Omnipotenz, um Inkompetenz zu vertuschen.[412]

Als Dublette dieses im Kindesalter eingeprägten Zerrbildes wird der Primarius der Lungenheilanstalt Grafenhof dargestellt: „Weit über sechzig, gedrungen, verfettet, hatte er ein streng militärisches Gehaben und betrachtete die Patienten auch als gemeine Soldaten, mit welchen er umspringen konnte, wie er wollte [...]. Jahre war ich schließlich diesem stumpfsinnigen, im wahrsten Sinne des Wortes gemeinen Menschen ausgeliefert. Seine Assistenten gehorchten ihm bedingungslos, er hätte sich keine besseren Schergen wünschen können. Assistent und Sekundar waren nichts als Befehlsempfänger eines perfiden Mannes, der die Heilstätte als Strafanstalt betrachtete und auch als Strafanstalt führte" (Kä 20 u. 21).
Auch der Oberarzt im Landeskrankenhaus „war schwer, breit, hatte große Hände [...]. Der Oberarzt pinselte meinen Bauch oberhalb des Nabels ein, und dann warf er sich ohne Ankündigung mit seinem ganzen Körpergewicht auf mich, damit hatte er blitzschnell und mit einem Male meine Bauchdecke durchstoßen. Er sah mich befriedigt an, murmelte das Wort *gelungen*, und ich hörte, wie die Luft in meinen Körper einströmte, so lange, bis keine mehr Platz hatte" (Kä 106). Nach einer Behandlung bei ihm fühlt sich Bernhard „hintergangen, als Versuchsobjekt, an dem ein neuerlicher Betrug begangen wurde" (Kä 107).[413]

---

[412] Zur „Komik der Karikatur" führt Bergson aus: „Die Kunst der [!] Karikaturisten besteht darin, daß er diese oft kaum wahrnehmbare Bewegung [eine irgendwie geartete Deformation, A. M.] erfaßt und sie allen Augen sichtbar macht, indem er sie überbetont" (S. 26).

[413] In einem Brief an Milena Jesenská äußert sich der lungenkranke Franz Kafka in ähnlicher Weise über Ärzte, als er einen möglichen Sanatoriumsaufenthalt erörtert: „Was soll ich dort? Vom Chefarzt zwischen die Knie genommen werden und an den Fleischklum-

Bernhards Sicht ist eindeutig die des „getäuschte[n] Opfer[s]" (Kä 44), dem eine Phalanx weiß-bekittelter Willkür gegenübersteht. Das ungleiche Verhältnis zwischen der Macht der Ärzteschaft und der Ohnmacht des Patienten, zwischen der Erwartung des Kranken und der Ignoranz seiner Bedürfnisse spiegelt sich in den Verbalattacken des Kranken wider, die im Rezeptionsvorgang als irritierende Inkongruenzen und Kontrastierungen erscheinen. Die Ärzte werden spöttisch und herabsetzend als „sogenannte[ ] Mediziner" (A 68) tituliert, als „Peiniger" (Kä 139), „Dilettant[en]" (Kä 129) und „Mörder" (Kä 59). Wie alle Bernhardschen Figuren (außer der des Großvaters) werden sie auffällig unkonturiert gelassen. Plakativ werden ihnen Eigenschaften mit negativen Konnotationen zugeschrieben, die sie unfähig, anmaßend und unsympathisch erscheinen lassen. Sie werden in ihrer „Roheit" (A 23), „Roheit und Geistlosigkeit" (A 89) geschildert, in ihrer „Kopflosigkeit und gleichzeitig Unverschämtheit und Niedertracht" (A 89). „Dem allgewaltigen Primarius" (Kä 30), dem „stumpfsinnigen, im wahrsten Sinne des Wortes gemeinen Menschen" (Kä 21) fühlt er sich „ausgeliefert" (Kä 21). Der Primarius und dessen Assistent „herrschten absolut und in völliger Immunität" (Kä 7) – der Assistent [war] aber tatsächlich der Ungeeignetste" (Kä 129). Seine Ärzte erscheinen ihm als „primitive[ ] Ausgaben ihrer Zunft" (Kä 22) und sind ihm *„unheimlich"* (Kä 22). Er „mißtraute ihnen zutiefst" (Kä 22), denn auch der Tod des Großvaters und der Mutter gehen „auf das Konto eines *nachlässigen* Arztes" (Kä 59).

Selten und nur zur Einleitung eines neuen Gedankens werden die gebräuchlichen Bezeichnungen für Krankenhaus, Heilstätte oder Sanatorium verwendet; zumeist werden sie durch emphatische, Aufmerksamkeit erregende Ausdrücke ersetzt, die die tödliche Atmosphäre innerhalb des Einflußgebietes der Ärzte kennzeichnen.

Krankheits- und Todesgetriebe	A 29
Todesproduktionsstätte	A 29
Strafanstalt	Kä 21
Dependance der Hölle	Kä 31
Schreckensanstalt	Kä 64
Verkommene medizinische Festung	Kä 98
Perverse medizinische Unheilsmühle	Kä 148

---

pen würgen, die er mir mit den Karbolfingern in den Mund stopft und dann entlang der Gurgel hinunterdrückt." Vgl. Franz Kafka: Briefe an Milena. In: F. K.: Gesammelte Werke (hrsg. v. Max Brod; hrsg. v. Willy Haas). New York 1952, S. 237 f.

Diese konstruiert wirkenden Komposita sowie die despektierlichen Bezeichnungen für Ärzte und ihre Tätigkeiten sind ohne gedankliche Rekurrenz auf den Kontext nicht ohne weiteres als substituierende Ausdrücke für Krankenhaus, Heilstätte oder Mediziner erkennbar. Durch diese verschlüsselte Darstellungsweise verpflichtet Bernhard seine Leser zur interaktiven Rezeption: Häufig muß der Kontext rekapituliert werden, um durch erneute Vergewisserung des Wort-Äußeren das Wort-Innere wahrnehmen zu können – und um gegebenenfalls die eine wie die andere Erscheinung neu zu bewerten.

5.3 Das Komische der Gleichsetzung und der Degradierung

Im letzten Band der Autobiographie, in „Ein Kind", führt Bernhard den Leser auf eine Spur, die erkennen läßt, daß seine abwertende Haltung allen Autoritäten gegenüber schon in früher Kindheit durch den Einfluß des Großvaters[414] geprägt wurde, und daß sein Mißtrauen ihnen gegenüber bzw. sein Vertrauen allein auf die eigene Kompetenz aus dieser Beeinflussung resultiert. „Anarchisten sind das Salz der Erde" (EK 22) war einer der „Gewohnheitssätze" (EK 22) des Großvaters, den sich schon das Schulkind zu eigen macht. Die Belehrung des Großvaters, man müsse „immer das Höchste im Auge" (EK 82) haben, um der „Lächerlichkeit" und der „Erbärmlichkeit" zu entkommen (EK 82), nimmt das Kind ernst und „hatte von da an immer das Höchste vor Augen" (EK 82). Die Vorstellung, die riesige Eisenbahnbrücke über der Traun, „das gewaltigste Bauwerk, das ich bis dahin gesehen hatte" (EK 22), mit einem kleinen „Dynamitpäckchen [...] von der Größe unserer Familienbibel" (EK 22) zum Einsturz zu bringen, faszinierte Großvater und Enkel. Diese Brücke, zu der Bernhard „aufblickte wie zu [s]einer allergrößten Ungeheuerlichkeit, einer viel größeren Ungeheuerlichkeit naturgemäß als Gott, mit dem [er] zeitlebens nichts anzufangen wußte, war [ihm] das Höchste" (EK 22 u. 23).
Hier verschmilzt Bernhard in ironischem Raffinement fast unmerklich materielle und ideelle Werte (Brücke/Gott) zu einem – zumindest in der *Praxis* unbezwingbaren und unzerstörbaren Giganten. Doch der Großvater sagt ihm, „in der Theorie sei es möglich, alle Tage und in jedem gewünschten Augenblick alles zu zerstören, zum Einsturz zu bringen, auszulöschen" (EK 23).[415] In diesem vom Enkel übernommenen, lebenslang geprobten selbstbewußten – aber auch von

---

[414] Vgl. Tschapke, bes. Kap. II, 3: Der Mentor: Die Figur des Großvaters, S. 71 – 89.
[415] Diese Szene bewertet Hans Joachim Piechotta als zum Ausdruck gebrachtes „'positive[s] Katastrophenbewußtsein', das [...] die hyperbolische Natur, das tödliche System Welt! – überragt, übersteigt, indem es es (ver-)nichtet." Piechotta, S. 18.

naiver Hybris geprägten – Gedankenspiel kann es keine unbezwingbare Autorität geben, selbst nicht den Tod: „Ich töte, wann ich will, ich bringe zum Einsturz, wann ich will. Ich vernichte, wann ich will" (EK 23).
Mit dem „wann ich will" ist eng ein „wen ich will" verknüpft, ein Verfahren, das Bernhard bevorzugt, um sein Angriffsziel durch Niederreden niederzustürzen und eine neue Sichtweise herauszufordern. Um die Kirche als „eine der größten Vernichterinnen" (U 63) des jungen Menschen und die „sogenannten Mediziner" (A 68), die seiner Meinung nach eine ebenso unverdient hohe Reputation genießen, von ihren Podesten zu stürzen, vertauscht er das für die Eisenbahnbrücke vorgesehene Dynamit mit der Sprengkraft seiner Worte. Dem Leser werden die Trümmer einstiger Erhabenheit in Form lächerlich machender Bezeichnungen und Beschreibungen, Gleichsetzungen und Vergleiche sowie durch Überzeichnung nur negativer Körper- und Charakterdetails präsentiert und zum Auslachen zur Disposition gestellt. Dieser Prozeß – im gewissen Sinn der Fallhöhe im Drama ähnlich – ist im Komischen begründet, weil „man uns etwas, daß wir stets in Ehren gehalten haben, als mittelmäßig und billig vorführt."[416] Allerdings setzt ein solcher Degradierungsvorgang, um einen komischen Effekt zu erzielen, die gesellschaftliche Billigung der Degradierung voraus, das heißt einen Konsens innerhalb einer sozialen Gemeinschaft, in dem die von ihr bisher anerkannten Werte als bloße Scheinwerte aufgedeckt, bzw. die Einschätzung des einzelnen in diesem Sinn bestätigt werden. Den Anstoß zu dieser herabstufenden Sichtweise geben dabei immer die Werteträger, die sich der ihnen vormals entgegengebrachten Wertschätzung durch ihr Verhalten unwürdig erwiesen haben.

Bernhard begnügt sich nicht damit, sie von ihrer hohen Werteposition gewissermaßen auf Augenhöhe herunter zu holen, sondern degradiert sie durch seine radikale Sprache bis zur Vernichtung. Wegen ihres typisierend gezeichneten Erscheinungsbildes in Verbindung mit ihnen in gleicher Manier zugeschriebenen Eigenschaften wirken alle Ärzte, Lehrer und Geistliche wie ein und dieselbe Figur an lediglich wechselnden Handlungsorten. Bernhard bewirkt dies durch das wiederkehrende Schema des zuerst holzschnittartigen Herausstellens einzelner körperlicher Merkmale (dick, riesig, schwitzender Kopf, schwer, breit, große Hände) sowie durch die der Grobzeichnung des unangenehmen Äußeren sogleich folgenden Bemerkungen über unangenehme Eigenschaften (inkompetent,

---

[416] Bergson, S. 82 f., zit. nach Alexander Bain: Les émotions et la volonté. Paris 1885, S. 249 ff. Im Unterschied zu Bain erkennt Bergson auch im umgekehrten Weg – der Erhöhung – ein probates Mittel der Komikerzeugung: „Künstlicher, aber auch raffinierter ist die Transposition von unten nach oben, wenn sie den Wert und nicht mehr die Größe der Dinge verschiebt. Einen unredlichen Gedanken redlich ausdrücken, eine zweideutige Situation, ein niederes Gewerbe, einen schlechten Lebenswandel in Ausdrücken der strengen *respectability* schildern, ist fast immer komisch." Bergson, S. 83.

herrschsüchtig, betrügerisch, stumpfsinnig, gemein, perfide).[417] Durch Verknüpfung bestimmter Vorstellungsinhalte an „ein sinnlich Gegebenes" (in den erörterten Beispielen also durch sprachliche Elemente grotesk gezeichneter und in der Vorstellung des Lesers auch so erscheinender Typen von Ärzten, Lehrern oder Geistlichen) sei, so Volkelt, „ein Boden für volle Entfaltung der komischen Eindrücke vorhanden. An Züge und Mienen eines menschlichen Antlitzes, an Lagen, Bewegungen, Handlungen des Menschen knüpfen sich Vorstellungen von Eigenschaften, Absichten, Tätigkeiten, Schicksalen dieses und jenes Menschen."[418]
Der Leser wird also aufgefordert, ein in beliebige Situationen projizierbares negatives Modell einer entindividualisierten komischen Gestalt zu imaginieren, deren einzelne, aus dem Körperzusammenhang herausgelöste Partien oder aus einem Sinnzusammenhang herausgelöste Handlungen durch lächerlichmachende Hyperbolisierung der Verspottung ausgesetzt werden.[419] Durch die eindimensio-

---

[417] Erinnert sei in diesem Zusammenhang an die weltbekannten Versuche Johann Kaspar Lavaters im 18. Jahrhundert, von der Physiognomie des Menschen auf seinen Charakter zu schließen.

[418] Volkelt, S. 360. Volkelt ist aber nicht eindeutig in seiner Argumentation, wenn er einerseits im Vergleich der verschiedenen Künste und ihren Möglichkeiten, Komisches darzustellen, der Dichtkunst attestiert, nur sie vermöge „das Komische in seinem ganzen Umfang und in seiner vollen Tiefe zu verwirklichen" (S. 360), jedoch einräumt, daß „in gewisser Hinsicht allerdings [...] ihr die bildenden Künste überlegen [seien]: das Komische der Gestalt wirkt als augenfällige Erscheinung in weit entwickelterem Grade komisch denn als bloße Phantasieanschauung. Der Dichter kann nur durch eine Reihe von Worten die Phantasie des Lesers veranlassen, sich das Komische des Zugleichseins vorzustellen." S. 360 f. (Zur Erläuterung des Begriffs „Zugleichsein": Volkelt unterscheidet „ein Komisches der längeren Entwicklung, ein Komisches der kurzen Dauer und ein Komisches des Zugleichseins". Vgl. S. 356.)
Meiner Ansicht nach ist die in der Phantasie jedes einzelnen Lesers entstehende Welt eine viel größere als die durch „sinnlich Gegebenes" (Volkelt, S. 360) realisierte. Ein Beispiel dafür ist die Enttäuschung, die viele Literatur-Verfilmungen hervorrufen, denn hier wird die Phantasie des Rezipienten auf vorgegebene Bilder beschränkt. Ein im Film dargestellter „Doktor Westermayer" könnte nur das vom Regisseur und vom Schauspieler anhand der Bernhardschen Autobiographie interpretierte „Gehaben" vermitteln, während bei der Lektüre sich jeder Leser *seinen* „Doktor Westermayer" vorstellen kann.

[419] Zur Dominanz einzelner Körperteile im Zusammenhang mit dem Komischen:
„Komisch ist es aber auch, wenn die leibliche Einheit des Subjekts scheinbar in Widerspruch zu sich selbst gerät, ein Teil über das Ganze dominiert und so gleichsam zu einem Metasubjekt wird." Vgl. Stierle (Komik), S. 240.
Bachtin: Die groteske Gestalt des Leibes, S. 15 – 23.
Weber hat in seinem Kapitel „Über Nasen" Redensarten zusammengetragen, in denen auf humorvolle und belehrende Weise die Nase im Mittelpunkt steht, um auf die Wichtigkeit der „Werkzeuge des Geruchs" als Objekt des Komischen aufmerksam zu machen.

nal auf die Mankos gerichtete Perspektive mit dem einzigen Ziel des Lächerlichmachens ihrer Träger durch Wertdegradierung, werden die Leser zu einer Solidarität mit dem Autor hingeführt, die ihn gegen die karikierten Personen und die sie repräsentierenden Werte einnehmen, und ihr „Gehaben" (Kä 20) ebenso lächerlich empfinden sollen wie der junge Bernhard.

Differenzierende Gefühle wie „Sympathie und Güte", die dem Hohnlachen entgegenstehen könnten,[420] weiß Bernhard zu verhindern. Er zeichnet keine liebenswerten Schwächen, sondern stellt Herrschaft und Arroganz durch Stilisierung von Physiognomien und Handlungen als Karikaturen heraus. Dieses Partikulare, von seinem Ganzen Getrennte, verselbständigt sich zu einem Mechanismus ohne Seele und Geist, der seines un-menschlichen Handelns wegen durch Lächerlichmachen degradiert bzw. zerstört werden soll. Inwieweit das von Bernhard lädierte Bild der Repräsentanten der Medizin, der Kirche oder der Lehrerschaft bzw. die zu ihrer Degradierung verwendeten sprachlichen Mittel den einzelnen Rezipienten amüsieren oder abstoßen, hängt von der subjektiven Beurteilung ab, das Dargestellte zumindest während des Lese-Aktes als wertlos zu akzeptieren, ihm das Werturteil „'das ist wertlos'" als Beglaubigung seines tatsächlichen „Nichternstnehmens"[421] und seiner „geringschätzende[n], für nichts achtende[n] Bewußtseinshaltung"[422] zu attestieren. Volkelt betont die besonders prägnante Form des Komischen durch „Erhabenheitsschein", da dort der Wertanspruch und das Nichtige [...] besonders weit auseinandergespannt und doch dabei eng aufeinander bezogen" seien. „Wo Nichtiges sich zum Erhabenseinwollenden aufspreizt, dort ist es eben das schlechtweg Nichtige, das restlos Leere, das gänzlich Wertlose, was sich uns als Kern des Erhabenheitsgetues zu fühlen gibt."[423] Das Erkennen des Unwerten, also das nicht mehr Ernstnehmen von ehemals Ernstgenommenem, setze voraus, daß das, was als wert und achtenswert erschienen sei, sich jetzt als das Gegenteilige zeige und dadurch offenbare, daß sein bisheriger Wert nur ein Scheinwert gewesen sei. In der Kontra-

---

Vgl. S. 221 und das gesamte Kap. XI, S. 220 – 233. Karl Julius Weber: Demokritos oder Hinterlassene Papiere eines lachenden Philosophen. In neuer Anordnung herausgegeben von Dr. Karl Martin Schiller. Leipzig 1927.

[420] Vgl. Bergson, S. 124.
[421] Volkelt, S. 380.
[422] Ebd. Volkelt beanstandet einen „durchgreifende[n] Mangel der Theorien vom Komischen", der darin zu sehen sei, daß in den meisten der Kontrast als das Hauptmotiv des komischen Konflikts hervorgehoben werde, daß jedoch die Bedeutung „des Scheinwertes, des nichtigen Wertanspruches" verkannt werde. Die Theorie des Komischen bleibe „stumpf und blind, wenn ihr die Zuspitzung auf den Wertanspruch, Scheinwert und auf die ganze anthropomorphische Seele des Komischen" fehle. Volkelt, S. 403 u. 404.
[423] Volkelt, S. 412.

stierung vorgeblicher mit echten Werten repräsentiere sich das wahre Wertvolle und entblöße um so heftiger die bisherige Heuchelei."[424]

Damit auch der Leser das Verhalten als „Heuchelei" empfindet, damit auch er die Degradierung akzeptiert und die Repräsentanten der Macht verlacht, prädisponiert Bernhard ihn zu einer diese Akzeptanz voraussetzenden Solidaritätshaltung durch Elemente des Komischen, die sich in diesem Abschnitt hauptsächlich auf polemischen Verallgemeinerungen und Wertnivellierungen auf Wort- und Textebene gründen. Diese ästhetisch forcierte Komisierung entspricht seiner Intention, generell durch „Künstlichkeit" (DT 151) der sprachlichen Vermittlung „innere Vorgänge, die niemand sieht",[425] besonders deutlich werden zu lassen – in den angesprochenen Beispielen ist es die Inkongruenz zwischen erwarteten und tatsächlich vorgefundenen Vorgängen im Leben des jungen „Lernenden und Studierenden" welcher der Autor „vor dreißig Jahren" (U 7) gewesen ist. Im Gegensatz zu Jens Tismar, der die textpragmatische Funktion der „apodiktischen Pauschalurteile" in Bernhards Texten in einer „peinliche[n] Nähe zum Vorurteil und zur kollektiven Klischee-Vorstellung" als Entwertung der „Substanz seiner Kritik" begreift, weil sie die Gefahr in sich bergen, „zur Selbstbestätigung der privaten elitären Isolation"[426] der Leser werden zu können, bin ich der Auffassung, daß das Unangemessene der Darstellung in Form von Elementen des Komischen auf eine vom Autor intendierte Sensibilisierung erhöhter Kritikbereitschaft zielt.

Rezeptionsästhetischen Erkenntnissen zufolge ist jedem Text seine eigene „Appellstruktur"[427] eingeschrieben, die sich durch rezeptionsbeeinflussende Signale

---

[424] Vgl. Volkelt, S. 362 ff. und Kap. 17, VII: „Die rückläufige Bewegung in der feinen Komik", S. 435 – 438.

[425] Vgl. Fleischmann, S. 274.

[426] Jens Tismar: Thomas Bernhards Erzählerfiguren. In: Anneliese Botond (Hrsg.): Über Thomas Bernhard. Frankfurt/M. 1970, S. 68 – 77; S. 76 ff.

[427] Vgl. Isers Aufsatz „Die Appellstruktur der Texte" (a.a.O.), in dessen Mittelpunkt der Gedanke des Lesevorgangs als Aktualisierung literarischer Texte steht.
Zu rezeptionsbeeinflussenden Merkmalen in Sach- und Gebrauchstexten vgl. Klaus Brinker: Linguistische Textanalyse. Eine Einführung in Grundbegriffe und Methoden. Berlin, 3. durchges. u. erw. Aufl. 1992 (=Grundlagen der Germanistik; hrsg. v. Werner Besch u. Hartmut Steinecke). (Bes. Kap. 4. 4 Textuelle Grundfunktionen, S. 99 – 120).
Zum Vorgang gelenkter Rezeptionshaltung durch „offene und versteckte Signale, vertraute Merkmale oder implizite Hinweise für eine ganz bestimmte Weise der Rezeption" vgl. den Aufsatz von Hans Robert Jauß: Literaturgeschichte als Provokation der Literaturwissenschaft. In: Rainer Warning (Hrsg.): Rezeptionsästhetik. Theorie und Praxis. München, 3. Aufl. 1988, S. 126 – 162; S. 131. (Künftig: Jauß, Provokation)

manifestiert. Demnach sind rezeptionelle Reaktionen „keineswegs nur eine willkürliche Folge nur subjektiver Eindrücke, sondern der Vollzug bestimmter Anweisungen in einem Prozeß gelenkter Wahrnehmung."[428] Diesem Faktum der Objektivierbarkeit rezeptionsrelevanter Textmerkmale steht die wiederholt betonte Subjektivität der die Rezeption der Bernhardschen Autobiographie lenkenden Elemente des Komischen keineswegs entgegen, sondern bestätigt sie: Auch wenn sich probate Ästhetisierungsmittel zur Evozierung des Komischen und des Lachens als objektiv vorhandene Hinweise und Signale als solche isolieren und beschreiben lassen, ist es nicht selbstverständlich, daß sie auch jeder Rezipient wie der Autor, der „schon während dem Schreiben [...] laut auf[lacht],"[429] ebenfalls als „Scherzmaterial"[430] auffaßt. Die Ursache, warum Rezeptionsvorgaben vom Publikum vor allem bei neuen Werken oft mißverstanden werden, ist nach Jauß' Auffassung darin begründet, daß der „Erwartungshorizont"[431] des Lesers durch (u. a.) bisher unbekannte literarische Formen überstrapaziert wird, das heißt, daß der Leser das Neue, Andere, ihn Irritierende und Befremdende nicht in seine vertrauten Lese-Erfahrungen einordnen kann. Eine allmähliche Gewöhnung durch andere, ähnlich gestaltete Werke oder durch einen neuen Typus der Gattung könne eine „Horizontveränderung"[432] bewirken, so daß die anfängliche Distanz, Ablehnung oder Befremdung „für spätere Leser in dem Maße verschwinden kann" und zur „Selbstverständlichkeit" werde, so daß das Werk „als nunmehr vertraute Erwartung in den Horizont künftiger ästhetischer Erfahrung"[433] eingeht. „Wenn dann der neue Erwartungshorizont allgemeinere Geltung erlangt hat, kann sich die Macht der veränderten ästhetischen

---

Am Beispiel von Gedichten Hilde Domins stellt Matthias Ballod (u. a.) das Verfahren einer computergestützten Textanalyse (CUT) vor. Mit einem solchen Programm könnten möglicherweise auch Teile von Bernhards Autobiographie nach sprachstatistischen und linguistischen Kriterien aufgeschlüsselt und mit „normierten" Texten verglichen werden. Für diese Arbeit jedoch wäre das (wie die Verfasser auch betonen) für literarische Texte nur bedingt geeignete Verfahren direkt kontraproduktiv, da hier vorrangig der spontane Leseeindruck unter Berücksichtigung nur bedingt objektivierbarer Signale interessiert. Vgl. Matthias Ballod (u. a.): ‚Zwischen den Zeilen lesen'. Eine Computeranalyse von Gedichten Hilde Domins. In: Michael Braun u. a. (Hrsg.): „Hinauf und Zurück/ in die herzhelle Zukunft". Deutsch-jüdische Literatur im 20. Jahrhundert. Festschrift für Birgit Lermen. Bonn 2000, S. 427 – 452.

[428] Jauß (Provokation), S. 131.
[429] Fleischmann, S. 43.
[430] Dies., S. 38.
[431] Jauß (Provokation), S. 131.
[432] Ebd.
[433] Jauß (Provokation), S. 134.

Norm daran erweisen, daß das Publikum bisherige Erfolgswerke als veraltet empfindet und ihnen seine Gunst entzieht."[434] Meine Prognose, Bernhards Autobiographie werde sich einst in einem literaturhistorischen Rückblick als ein solches Werk mit der Kraft eines horizontwandelnden Impulses erweisen, ist sicher nicht unrealistisch.

Etwa drei Jahrzehnte liegen zwischen dem Krankheitsausbruch und der Veröffentlichung der Bände „Der Atem" und „Die Kälte". Obwohl Bernhards „Lebenskrankheit" (A 107) in diesem Zeitraum und danach bis zu seinem Tode eine fortwährende Abhängigkeit von Medikamenten und Ärzten bedingte, divergiert auch im übrigen literarischen Werk die abschätzige Grundhaltung der Figuren den Ärzten gegenüber nur geringfügig von der des Autors in der Autobiographie. Wenn in „Frost" der Maler Strauch sagt, er habe „hinter die Kulissen der Ärzteschaft geschaut" und festgestellt: „Sie wissen nichts, und sie bringen auch nichts heraus! [...] Die Ärzteschaft, das sind bloße Vormacher [...]" (F 148), so greift diese Äußerung der im gesamten Werk verstreuten polemischen Ärztekritik voraus. Bernhards literarische Figuren „verabscheue[n] die Ärzte" (Mü 70)[435], werfen ihnen „Unverschämtheit" (Mü 72) und „Hilflosigkeit" (WN 13) vor und belegen sie mit diskreditierenden Bezeichnungen wie „Medikamente verschreibende Heuchler" (V 53). Die Geringschätzung der Mediziner geht so weit, daß schon der Satz „Der Arzt ist der Helfer der Menschheit" im Famulanten die „blödsinnigsten Gedankenzerwürfnisse" (F 90) auslöst. Auch die den Ärzten zugeschriebene Unfähigkeit wird in ähnlichen Vokabeln wie in der Autobiographie wiedergegeben. So ist der Vater der exaltierten Frau Auersberger in „Holzfällen"[436] „ein mehr oder weniger schwachsinniger Arzt" (H 34) gewesen, der Arzt Scherrer in „Gehen"[437] ein „Scharlatan" (G 70), und Reger in „Alte Meister" ist in seinem Leben immer nur „medizinischen Stümpern und Scharlatanen" begegnet (AM 272). Dem Erzähler in „Beton" ist es zur Gewißheit geworden: „Die Ärzte haben kein Gewissen, sie verrichten nur ihre medizinische Notdurft" (B 150)", und Paul Wittgenstein nennt seinen Onkel, den „berühmte[n] Professor Salzer, die größte Kapazität auf dem Sektor der Lungenchirurgie" (WN 8), abwechselnd „ein Genie oder einen Mörder" (WN 9). Ärzte werden als unwissend (vgl. G 50) hingestellt, als selbstsicher, halt- und hilflos (vgl. G 69), oberflächlich (vgl. G 70), „unheilbringend" (WN 15) oder als gefühllos

---

[434] Ders. (Provokation), S. 135.
[435] Thomas Bernhard: Die Mütze. In: T. B.: Erzählungen. Frankfurt/M. 1988 [1967], S. 63 – 80.
[436] Thomas Bernhard: Holzfällen. Eine Erregung. Frankfurt/M. 1987 [1984].
[437] Thomas Bernhard: Gehen. Frankfurt/M. 1971.

wie der ebenso „berühmte[ ] und berüchtigte[ ]" wie auch „brutale[ ], übergesunde[ ] vierzigjährige[ ]" Internist und Epileptikerarzt, der den im Turm in „Amras" vegetierenden Brüdern „immer verhaßt gewesen" ist (Am 11). Als besonders unfähig und unmenschlich werden psychiatrische Ärzte dargestellt. Sie sind „die tatsächlichen Teufel unserer Zeit" (WN 15), befindet der Ich-Erzähler in „Wittgensteins Neffe". „Sie betreiben ihr abgeschirmtes Geschäft im wahrsten Sinne des Wortes auf die unverschämteste Weise unangreifbar, gesetz- und gewissenlos" (WN 15). „Der psychiatrische Arzt ist der inkompetenteste und immer dem Lustmörder näher als seiner Wissenschaft" (WN 14).

Auch die auf den ersten Blick nicht abwertenden Meinungen der Protagonisten erweisen sich als zweischneidig, wie beispielsweise die von Strauch in „Frost", die Dorfbewohner als „Instinktmenschen" gingen nicht zum Arzt, und es sei „schwierig, sie zu überzeugen, daß ein Arzt so notwendig ist wie ein Hund" (F 67). Ebenfalls weist das Erstaunen des beinamputierten und halberfrorenen „Viktor Halbnarr" über die Umstände seiner Rettung ironische Untertöne auf, wenn er von dem „Glück" spricht, „aus seiner fürchterlichen Lage, die, das bemerkte er ausdrücklich, wie alles auf der Welt ihre lächerliche Seite habe, ‚von einem Arzt', von einem ‚Vertreter der Hohen Medizin', von einem regelrechten Doktor" (VH 252 f.) befreit worden zu sein. Selbst dem Medizinfamulanten in „Frost" kommen Zweifel am geplanten Berufsweg: „Aber ich weiß nicht, was aus mir werden wird. Ein Arzt? Das wäre unheimlich" (F 51). In „Alte Meister" beschuldigt Reger den Chirurgen, die nach einem Sturz notwendig gewordene Operation an seiner Frau „verpfuscht" (AM 248) und somit ihren Tod verschuldet zu haben. Zu Reger habe dieser und „alle Ärzte im Krankenhaus der Barmherzigen Brüder [...] diesen banalen Satz gesagt, *die Uhr ist abgelaufen, die Uhr ist abgelaufen, die Uhr ist abgelaufen*" (AM 273).

Arztgestalten mit bewundernswerten Fähigkeiten, mit Einfühlungsvermögen, Bildung und angenehmer Erscheinung kommen im gesamten Werk nicht vor – vermutlich, weil es sie, wie Bernhard Reger in einem nihilistischen Rückblick auf sein Leben sagen läßt, nicht gibt: „Der Mensch braucht ganz dringend einen Körperarzt und einen Seelenarzt und beide findet er nicht, lebenslänglich ist er auf der Suche nach einem guten Körperarzt und nach einem guten Seelenarzt und beide gibt es für ihn nicht, das ist die Wahrheit" (AM 273).[438]
Diese Erkenntnis im Spätwerk Bernhards schließt einen Gedankenkreis, dessen Beginn in seinem ersten Roman „Frost" angelegt ist. Hier formuliert Strauch,

---

[438] Vgl. die Ähnlichkeit mit dem von Bernhard gewählten Motto für die „Kälte" aus den theoretischen Schriften von Novalis: „Jede Krankheit kann man Seelenkrankheit nennen."

was Bernhard am Beispiel der Eisenbahnbrücke versinnbildlicht und in der Sicht auf die ohne Legitimierung hochgestellten Ärzte artifiziell verdichtet: „Er lehnte sich immer gegen Oben auf, ‚bis es nicht mehr da war' für ihn" (F 68).

In ihrer medizinwissenschaftlichen Arbeit interpretiert Monika Kohlhage Bernhards Krankengeschichte in der Autobiographie als Darstellung einer „Entwicklung von überladener, negativistischer Symbolik hin zum Mittel der Komik."[439] Sie vermutet, „daß das Schreiben selbst für Bernhard therapeutische Wirkung hatte, indem durch repetitives Verarbeiten der eigenen Problematik gewollt oder ungewollt eine zunehmende Distanz erzielt wurde."[440] Zu Recht bemerkt Kohlhage das Vorhandensein von „Mittel[n] der Komik". Diese Mittel faßt Kohlhage aber nicht als rezeptionslenkende Mittel der Darstellungsweise auf, sondern meint, „das Schreiben selbst" könne ursächlich sein für eine der Krankheitsgeschichte gegenüber entwickelte Distanz. Literaturwissenschaftlich ist diese Interpretation angreifbar, da Bernhards Texte formal oder inhaltlich keinesfalls „ungewollt", wie etwas vom Willen des Autors Unabhängiges zustande gekommen sind. Vielmehr offenbart sich in der Beschreibung angsteinflößender Phänomene, deren übertriebener Hochstilisierung und damit einhergehender Degradierung ihrer Verursacher die für Bernhard charakteristische „Methode" pointierter Kritik durch Lächerlichmachen: Es sei, läßt Bernhard Reger in „Alte Meister" polemisieren,

„ja auch eine Methode [...] alles zur Karikatur zu machen. Ein großes bedeutendes Bild [...] halten wir nur dann aus, wenn wir es zur Karikatur gemacht haben, einen großen Menschen, eine sogenannte bedeutende Persönlichkeit, wir ertragen den einen nicht als großen Menschen, die andere nicht als bedeutende Persönlichkeit [...], wir müssen sie karikieren. Wenn wir längere Zeit ein Bild betrachten und ist es das ernsthafteste, wir müssen es zur Karikatur gemacht haben [...], um es auszuhalten, also auch die Eltern zur Karikatur, die Vorgesetzten, so wir welche haben, zur Karikatur, die ganze Welt zur Karikatur [...]" (AM 117). Man brauche, erklärt Reger, „in einer durch und durch lächerlichen und in Wirklichkeit verkommenen Welt [...] die Kraft, die Welt zur Karikatur zu machen [...], die Höchstkraft des Geistes [...], die dazu notwendig ist, diese einzige Überlebenskraft [...]. Nur was wir am Ende lächerlich finden, beherrschen wir auch, nur wenn wir die Welt und das Leben auf ihr lächerlich finden, kommen wir weiter, es gibt keine andere, keine bessere Methode [...]" (AM 121 f.). Wer nicht in der Lage sei, „lächerlich zu machen", den hole „die Verzweiflung und danach der Teufel [...]" (AM 118).

---

[439] Kohlhage, S. 130.
[440] Ebd.

6 VERSTÜMMELUNGSMASCHINERIE

Zwei Ereignisse dominieren die Autobiographie Thomas Bernhards. In „Ein Kind" ist es ein Fahrradausflug des Achtjährigen und im „Keller" die Entscheidung des sechzehnjährigen Gymnasiasten, nicht mehr in die Schule zu gehen, sondern eine Lehre zu beginnen. Als breit angelegte Episoden jeweils am Anfang der Bände markieren sie thematisch Scheitelpunkte einer überwiegend als qualvoll empfundenen Kindheit und Jugend – die sprachliche Verarbeitung mit Elementen des Komischen hingegen erhöht diese Begebenheiten zu triumphalen Momenten schicksalhafter Vorausbestimmung und straft durch Lächerlichmachen die für das vorenthaltene Kindheitsparadies Verantwortlichen wegen ihrer als Fähigkeit ausgegebenen Unfähigkeit und ihrer als Wahrhaftigkeit getarnten Heuchelei. Im Desaster des heimlichen Fahrradausflugs bestätigt sich zwar vordergründig die Meinung der Mutter, ihr Kind sei ein erfolg*loser* „Nichtsnutz", „Unfriedenstifter" und „Lügner" (EK 38), die Darstellungsmittel aber weisen über das (verkannte) Kind hinaus auf den späteren weltweit anerkannten und erfolg*reichen* Schriftsteller.[441]

Ebenso wird der Schulabbruch nicht negativ als gescheiterte Schullaufbahn geschildert, sondern durch die Metapher der „entgegengesetzten Richtung" (vgl. Ke 20, Ke 86) positiv als erster Schritt zu Unabhängigkeit und Selbstbewußtsein.

Durch die stilisierte Ausarbeitung innerhalb der Autobiographie gewinnen nicht nur diese beiden Ereignisse eine überhöhte Bedeutung, sondern ebenso die desolate Lebensphase, die sie eingrenzen. Sie umklammern eine für das Kind in hohem Maße unerträgliche „Schreckenszeit" (Ke 13) in Elternhaus und Schule, die durch die Kehrtwendung auf dem Schulweg ihr Ende findet. Diese Zeit der Angst und der Demütigungen steht im Mittelpunkt der folgenden Überlegungen, wobei zunächst der Fahrrad-Episode ihres formal außergewöhnlichen Gefüges wegen besondere Aufmerksamkeit zukommt.

6.1 Die Fahrrad-Episode

„Denn selbst in meinem Scheitern ist noch meine Größe erkennbar" (EK 25).

Zu Beginn von „Ein Kind" schildert Bernhard, wie er sich als Achtjähriger heimlich das Fahrrad seines wegen des Krieges abwesenden Stiefvaters nimmt

---

[441] Mittermayer spricht von der Fahrrad-Episode als einem „Ausgangspunkt von Bernhards eigener Dichterexistenz" (S. 90).

und sich selbst das Fahrradfahren beibringt. Nach den ersten erfolgreichen Runden beschließt er, ins sechsunddreißig Kilometer entfernte Salzburg zu seiner Tante zu fahren. Doch der anfänglichen Euphorie folgt eine demütigende Niederlage: Die Fahrradkette reißt, das Kind fällt in den Straßengraben, verletzt sich und muß zu Fuß in Dunkelheit und Unwetter den Rückweg antreten. In einer Gaststätte nehmen sich zwei junge Männer des durchnäßten Kindes an, bringen es zum Trocknen der Kleidung zu ihrer Mutter und schließlich spät in der Nacht nach Hause. Aus Angst vor einer Bestrafung geht der Junge nicht zu seiner Mutter, sondern will sich seinem Großvater anvertrauen, der einige Kilometer entfernt wohnt. Da es ihm aber taktisch unklug erscheint, zu unpassender Stunde den Großvater zu wecken, holt er seinen Freund Schorschi aus dem Schlaf und erzählt zuerst ihm die Fahrradgeschichte, wobei er die vergangenen Stunden als heldenhaftes Abenteuer schildert und Schorschis Bewunderung erwirkt. Dem Großvater gelingt es, der Mutter die Fahrradtour als Glanzleistung des Kindes darzustellen, so daß es der befürchteten Strafe entgeht.

Nirgendwo intensiver als zu Beginn des letzten Bandes verwirklicht Bernhard seine Vorstellungen von einer anderen als „der üblichen uns bekannten Prosa" (DT 151): Obwohl es sich bei der parabelartigen Episode ebenso wie in den anderen Bänden der Lebensgeschichte um einen reinen Prosatext handelt, läßt sich diese lange Passage als einziger Teiltext der Autobiographie auf die stringente Formkonzeption eines fünfaktigen Schauspiels zurückführen, in der durch theatralisch-effektvolle Dramaturgie des Autors „Wörter" auf „Vorgänge äußerer und innerer Natur, gerade wegen ihrer Künstlichkeit" (DT 151) besonders eindrucksvoll verweisen.
Auch wenn der absatzlose Text das Erkennen endgültig abgeschlossener Gedankenschritte erschwert, unterliegt die Beobachtung, bei der Fahrrad-Episode handele es sich um fünf ausgeführte und begrenzte, allerdings auf die Dialogform verzichtende Akte, keineswegs nur einem subjektiven Rezeptionseindruck oder einer willkürlichen Zäsurgebung. Vielmehr folgt diese Lesart den Propositionen des Textes, die die Hypothese objektivieren und belegen.
Bei der Analyse und Interpretation der Fahrrad-Episode wird folgendermaßen vorgegangen:
1. Die in der Tiefenstruktur des Textes vorgegebenen fünf Teiltexte der Episode werden als fünf „Akte" bezeichnet. Maßgeblich für die Unterteilung ist eine im Text beschriebene Situationsveränderung des Kindes.
2. Jeder „Akt" wird durch eine Aktbezeichnung, eine Orts- und Zeitbestimmung kenntlich gemacht. Alle Angaben sind dem Text entnommen und Indizien eines vollendeten klassischen Sonnenumlaufs.

3. Da Bernhard die drei mittleren „Akte" des „Schauspiels" als ausgeschmückte Topoi inszeniert, wird, um diese Besonderheit hervorzuheben, dem 2., 3. und 4. „Akt" eine entsprechende Toposbezeichnung hinzugefügt.
4. Der Inhalt des jeweiligen „Aktes" wird skizziert.
5. Die Zitate am Schluß der Inhaltsangabe der „Akte" bezeichnen die Schlußäußerungen, welche die Zäsur im Prosatext vorgeben. Da sie von besonderer Relevanz für die Interpretation sind, werden sie im Schriftbild hervorgehoben.

1. Akt (Einführung); „Taubenmarkt", Straße; nachmittags (S. 7 – 11)
In der Expositionsszene fährt das Kind bereits auf dem Fahrrad. Nach einigen geglückten Runden macht es sich in euphorischer Stimmung zu einer großen Tour zu seiner Tante auf, doch nach wenigen Kilometern reißt die Kette.
„Ich war in den Straßengraben katapultiert worden. Ohne Zweifel, das war das Ende" (S. 11).

2. Akt (Konfliktverdichtung); Landstraße; abends; Unheiltopos (S. 11 – 15)
Der Junge wird sich bewußt, daß sein Vorhaben gescheitert ist. Das unerlaubt benutzte Fahrrad und die Kleidung sind kaputt, er selbst ist verletzt, weiß die Adresse der Tante nicht und hat Angst. Allein in Dunkelheit und Unwetter schiebt er unglücklich das Fahrrad nach Hause.
„Es war, als hätte der Regen alles von mir weggeschwemmt, als hätte er mir nichts als meine Armseligkeit gelassen" (S. 15).

3. Akt (Scheinlösung); Gasthaus; spät am Abend und nachts; Geborgenheitstopos (S. 15 – 19)
Ein Licht in der Dunkelheit weist den Jungen zu einem Gasthaus. Zwei junge Männer, eine Kellnerin, später die Mutter der jungen Männer nehmen sich seiner an. Die Burschen bringen den Jungen nach Hause. Am Ende der Szene steht das Kind allein in der Nacht vor dem dunklen Haus der Mutter.
„Ich blickte an der finsteren Hauswand empor, in den zweiten Stock hinauf. Es rührte sich nichts. Es war gegen drei Uhr früh. Der Blick auf das Steyr-Waffenrad meines Vormunds, das die Burschen an die Hausmauer gelehnt hatten, war der traurigste" (S. 19).

4. Akt (Umschlag); Gang zum Großvater; Morgendämmerung; Erlösungstopos (S. 19 – 36)
Das Kind begibt sich auf den Weg zu seinem Großvater, um ihm sein Vergehen zu beichten. Um den Großvater nicht aus dem Schlaf holen zu müssen und ihn dadurch möglicherweise gegen sich einzunehmen, weckt Bernhard zuerst seinen

Freund Schorschi und erzählt ihm sein Abenteuer. Die Szene endet mit der erhofften Vergebung durch den Großvater.
„Mein Großvater empfing mich mit einem strafenden Blick, gleichzeitig aber mit einem Händedruck, der mir sagte: alles in Ordnung. Was auch geschehen sein mag, es ist verziehen" (S. 36).

5. Akt (Epilog); Weg zwischen Ettendorf und Traunstein; mittags (S. 36 – 56)
Mit den Großeltern spaziert das Kind zu seiner Mutter. Die befürchtete Bestrafung durch die Mutter erfolgt nicht, weil der Großvater das Kind als ein von Eltern und Lehrern verkanntes Genie darstellt und die Fahrradtour als „ganz außerordentliche Leistung" (S. 54) würdigt.
„Das Kind soll seinen Ideen nachgehen, nicht den Ideen seiner Erzieher, die nur wertlose Ideen haben" (S. 56).

Die dem absatzlosen Prosatext inhärenten, aber erst durch die erfolgte Gliederung sichtbar gemachten Schnittstellen ermöglichen das Erkennen einer für die gesamte Fahrrad-Episode durchgängig zu beobachtenden Struktur. Die Äußerungen am Schluß jeden „Aktes" bewirken den von Bernhard für die „Wörter", die wie aus dem Hintergrund der Bühne hervortreten, beabsichtigten Effekt der *„Deutlichkeit"* oder *„Überdeutlichkeit"*: An den in einem Schauspiel wirkungsvollsten Stellen – bevor sich der Vorhang senkt – wird hier, am Ende des jeweiligen „Aktes", in besonders insistierender Weise die Aufmerksamkeit des Rezipienten auf die Kleinheit der titelgebenden Figur gelenkt. Die in jedem „Akt" übersteigert gestalteten Gedanken und Gefühle des Kindes konzentrieren sich in den jeweiligen Schlußäußerungen wie in einem Kulminationspunkt. Ihr „überdeutlicher" Sinn gibt die gesamte bedrückende Lebenssituation des einsamen Kindes wieder und steht in scharfem Kontrast zu den mächtigen Wortgestalten in der vorher geschilderten Situation. Diese dramaturgische Technik wird im folgenden beschrieben.

Zum ersten „Akt"
Die Denotate des „Einführungsaktes" spiegeln die erhabenen Gefühle der Beherrschung einer für das Kind „vollkommen neuen Disziplin" (S. 7) wider. Es gehört jetzt zu der „auserwählte[n] Klasse der Radfahrer" (S. 7). In der „luftigen Höhe" (S. 8) fühlt es sich als „Sieger" (S. 9), kostet die „Glückseligkeit des Triumphators" und eines „Beherrscher[s] der Welt" in einem „beispiellosen Hochgefühl" (S. 10), in „Verzückung" und „Enthusiasmus" (S. 11) aus. Diesen mit positiven Konnotationen belegten Denotaten werden solche mit diametral entgegengesetzten gegenübergestellt: „Verhängnisvolle[r] Entschluß" (S. 7), „schmerzendes Schuldbewußtsein" (S. 8), „Vergehen", „Verbrechen" (S. 9), „Ort meiner

Ungeheuerlichkeit", „Tragödie" (S. 10), „Verzweiflung", „Enttäuschung" (S. 11). Zwar bereiten sie auf den ersten Blick rezeptionssteuernd auf den Sturz in den Straßengraben vor, als Konsequenz der Bedeutung der Schlußäußerung aber stehen sie in Opposition zu einem nur momentan aufgeflammten Glücksgefühl und weisen eindringlich auf die insgesamt unglückliche Lebensphase des Kindes hin.

In den mittleren „Akten" wird der Rezipient in ein dialektisches Spiel zwischen der vom Kind empfundenen Tragik und den auf einen Effekt angelegten Sprachmitteln, diese Tragik verfremdend „überdeutlich" darzustellen, hineingezogen. Besonders eindrucksvoll ist dabei die Aufmerksamkeitslenkung auf die Kleinheit und das Ausgeliefertsein des Kindes durch sprachlich ausgeschmückte Topoi, die in dieser extremen Form im einleitenden ersten und ausklingenden letzten „Akt" fehlen.

Zum zweiten „Akt"
Im Unheiltopos des zweiten „Aktes" erwartet den Jungen „Unheil" (S. 12). Es wird „auf einmal jäh finster" (S. 12), ein Gewitter bricht herein und verwandelt die Landschaft in ein „Inferno" mit „brutale[n]" und „tosenden Wassermassen". Vollkommene „Finsternis"[442] deutet ein „furchtbares Ende" an. Das Kind ist „einer Versuchung [...] zum Opfer gefallen" (S. 12 f.).
Die klischeehaften Sprachbilder werden in diesem „Akt" zusätzlich durch einen lautmalenden Sturzbach aus stimmlosen und stimmhaften Reibelauten (s, ss, sch, ß) verstärkt: „Brutale Wa*ss*ermassen ergo*ss*en sich über mich und hatten in Sekunden*sch*nelle au*s* der Stra*ß*e einen reißenden Flu*ß* gemacht, und unter den to*s*enden Wa*ss*erma*ss*en mein Fahrrad *sch*iebend, heulte ich unaufhörlich" (S. 12).[443]

Sowohl die einzelnen Sprachzeichen als auch der propositionale Gehalt des zitierten Satzes können sämtlich dem Bedeutungsfeld des Lexems ‚Unheil' in seiner etymologischen Bedeutung als Gegenteil von ‚Heil' = ‚gute Vorbedeutung' zugeordnet werden.[444] Im Gegensatz zum nur kurzwährenden Heil des ersten „Aktes" wird im Unheiltopos eine Atmosphäre von schlechter Vorbedeutung, Bedrohung und Auswegslosigkeit aufgebaut: Im Unheil von Dunkelheit und Unwetter wird das Unheilvolle und Unentrinnbare der Lebensbedingungen des Kindes verdeutlicht.

---

[442] Wörtlich: „Die Finsternis war vollkommen."
[443] Hervorhebungen von mir.
[444] Vgl. Kluge, unter dem Stichwort ‚Heil'.

Zum dritten „Akt"
Ebenso plakativ arrangiert wirken die Requisiten des Geborgenheitstopos des dritten „Aktes", welche die Dekoration des „Bühnenraums" (DT 151) für den verunglückten, angstgeschüttelten Jungen bilden. In dem Licht und der Wärme des Gasthauses mit seiner „Harmonie, Lustigkeit, Geborgenheit" (S. 16) und beim Klang der Klarinette (vgl. S. 17) findet der Junge Ruhe; hier bekommt er zu essen und zu trinken, hier erfährt das triefend nasse Kind eine (wenn auch nur ephemere) Errettung aus seiner Angstwelt, die sich metaphorisch in der feenhaften Geste der Kellnerin, die es am Nacken berührt, zeigt: „Es war gerettet" (S. 16). Und einige Sätze später erhält das Kind von der Mutter der Jungen, die es nach Hause bringen, Milch, „in die sie Honig gerührt hatte" (S. 18) – eine nur wenig verdeckte symbolische Handlung von Zuwendung und Fürsorge. Sprachzeichen, deren Bedeutungen Assoziationen der Geborgenheit hervorrufen, lassen den Rezipienten an eine Phase der Erleichterung für das Kind glauben, die jedoch durch die Schlußäußerung des allein im Dunkeln vor der hohen Hauswand stehenden Kindes kontrapunktierend aufgehoben wird.

Zum vierten „Akt"
Ein weiteres eindruckvolles Bild vermittelt die sprachliche Umsetzung eines Erlösungstopos im vierten „Akt". Nach den Schrecknissen der Nacht und ihrer ausweglosen Finsternis begibt sich der Junge bei nun anbrechendem Morgenlicht zum Hause des Großvaters „wie auf einen heiligen Berg" (S. 24). „Ich hatte die Höhe des Heiligen Berges erreicht. Die Morgendämmerung gab meiner Ankunft vor dem großväterlichen Hause einen theatralischen Effekt, mein Auftreten begünstigend" (S. 27). Durch die Wortwahl aus dem sakralen Bereich („heilige[r] Berg", S. 24; „etwas Feierliches", „Wundertat", S. 25; „Paradies", „Glokken", S. 28; „Berg der Weisheit", S. 29) wird der Gang zum Großvater als Wallfahrt[445] zu einem Heiligtum zur Stunde der Laudes erhöht. Als ob Dantes Stationen des Inferno und des Purgatorio nun durchschritten seien, inszeniert Bernhard jetzt die aufgehende Sonne als verheißungsvolles Zeichen des Paradiso. Denn während der Bergbesteigung wird die unlängst noch als vernichtend empfundene und drastisch geschilderte Wetterkatastrophe mit keiner Silbe mehr erwähnt. Entsprechend dem befreienden Gefühl der auf dem Gipfel des Berges erhofften Absolution, bereitet Bernhard diese neue Stimmung vor: Harmonische

---

[445] Vgl. hierzu: Die Großeltern wohnen „in Ettendorf [...], in einem alten Bauernhaus, nur hundert Schritte von der berühmten Wallfahrtskirche entfernt, vor welcher alljährlich am Ostermontag der sogenannte Georgiritt stattfindet" (EK 19).
Weil der Großvater in Ettendorf wohnt, wird der Ort für den Jungen „der Heilige Berg", auf den er „jeden Tag pilgerte" (EK 121), und in der „Ursache" gibt Bernhard den Hinweis auf Ettendorf als „Wallfahrtsort" (U 67).

Bilder malen die von dem Kind geliebte Idylle des Bauernhofs aus, auf dem die Großeltern leben: „Es grenzte schon an das Paradies, die Großeltern auf einem richtigen landwirtschaftlichen Anwesen zu wissen, den Geist in der Materie sozusagen. Ich liebte den Stall und die Tiere, ich liebte die Gerüche, ich liebte die Bauersleute" (S. 28). Und wie als Zeichen des Willens zu einem Neubeginn erinnert er sich fortpflanzender und arterhaltender bäuerlicher Tätigkeiten: „Ich durfte zuschauen, wenn die Kühe gemolken wurden, ich fütterte sie, ich reinigte sie, ich war Zeuge, wenn sie kalbten. Ich war beim Ackern, beim Säen, beim Ernten dabei" (S. 28).
Die Szene bei Schorschi kann als retardierendes, spannungserhöhendes Moment vor der erwarteten Aussprache mit dem Großvater gedeutet werden. Wie aber um die Allwissenheit des Großvaters zu betonen, findet eine solche Aussprache gar nicht statt. Der Großvater verzeiht stumm und mit einem Händedruck, so daß ohne die vorher sorgfältig vorbereitete Rechtfertigung seitens des Enkels diese Verzeihung als unverdienter Gnadenakt einem Unwürdigen gegenüber erscheint.

Zum fünften „Akt"
Der fünfte „Akt" wird von dem „köstliche[n] Frühstück" der Großmutter, das der Junge „liebte [...] wie kein zweites" (S. 36 f.) und dem gemeinsamen Mittagessen der Familienmitglieder begrenzt.
Nachdem der Großvater das Abenteuer gutgeheißen hat, kann das Kind jetzt „behütet", „siegesgewiß" und „mit erhobenem Kopf, nicht mit gesenktem wie die umgekehrte Strecke ein paar Stunden vorher" (S. 37) gehen. Bevor der Großvater aber „amüsiert" (S. 56) die Tafel aufhebt, wird in groß angelegten Reflexionen – Monologen gleich – das innige Verhältnis von Großvater und Enkel erneut geschildert. Hingegen ist hierzu kontrastierend die problematische Beziehung zwischen Mutter und Kind durch wörtliche Wiedergabe der das Kind demütigenden Titulierungen seitens der Mutter gekennzeichnet. Das Kind ist ihr „Unglück", ihr „Tod", ein „Nichts", ein „Nichtsnutz", „nichts wert", ein „Unfriedenstifter" und „Lügner" (S. 38; vgl. S. 50). Erst durch die Kenntnis dieser Nichtswürdigkeit und Sündhaftigkeit des Kindes in den Augen der Mutter erhöht sich der Händedruck des Großvaters zu einer Begnadigung.
Abweichend von der in den Schlußäußerungen der vier ersten „Akte" vermittelten „Armseligkeit" des Kindes, erscheint die Äußerung des Großvaters am Schluß des fünften „Aktes" (gleichsam als gezogene Summe oder Lehre des Dramas) wie eine Prophezeiung von Größe und Anerkennung, die einst dem noch verkannten Kind wohlverdient widerfahren werden.

Zu Recht weist Honold darauf hin, daß das im Fahrrad-Ausflug Geschilderte „erst im Lichte der späteren Entwicklung" der Lebensgeschichte „die ihm hier zuerkannte Bedeutung"[446] gewinnt. Meine Bemühungen zielen aber darauf hin zu verdeutlichen, wie Bernhard durch den Einsatz von Elementen des Komischen den Leser beeinflußt, die damals von allen verkannte frühe „Bedeutung" des Kindes, die offensichtlich nur der Großvater richtig einschätzt, ebenfalls jetzt schon zu akzeptieren und diejenigen zu kritisieren, die sich einst dem Kind und seiner Begabung gegenüber ignorant gezeigt haben.

Die Erschließung der Fahrrad-Episode in ihre fünf durch den Textsinn vorgegebenen „Akte" hat sich für die Erörterung der im Text verwendeten sprachlichen Elemente als nützlich erwiesen. Es wird deutlich, daß Bernhard den Prosatext so gestaltet hat, daß er als theatrum mundi, inszeniert in einem einzigen Sonnenumlauf, empfunden werden kann bzw. soll. Im Mittelpunkt der Handlung steht das von bedrohenden Mächten umgebene Kind Thomas Bernhard,[447] das durch das Eingreifen des deus ex machina in Gestalt des Großvaters errettet wird. Honolds Wahrnehmung von „Bernhards ungut endende[m] Fahrradausflug" und dem Vollzug der „Prügelstrafe mit dem Ochsenziemer"[448] wird also vom Text eindeutig widerlegt.

Bernhards Kunstgriff, den Leser auf die extremen Gefühlsschwankungen des Kindes einzustimmen, gründet im wesentlichen in der massiven Darbietung von Oppositionsverhältnissen sowohl auf der Wort- als auch auf der Textebene.[449] Wie schon erwähnt und in der Beschreibung der einzelnen „Akte" kurz kommentiert, wird am Schluß der ersten vier „Akte" dramaturgisch konsequent die Kleinheit des Kindes überakzentuiert, einerseits durch den propositionalen Gehalt der Äußerungen selbst, andererseits durch den Kontrast dieser Äußerungen

---

[446] Honold, S. 18.

[447] Bernhard merkt an, daß er im Gespräch mit Schorschi darauf bedacht war, „keine Pointe vorwegzunehmen und im übrigen mich als den Mittelpunkt meines dramatischen Gedichts niemals außer acht zu lassen" (EK 36).

[448] Honold, S. 17.

[449] Ein eindrucksvolles Beispiel der Rezeptionsführung durch effektvoll eingesetzte Dichotomien findet sich bereits in einem frühen Gedicht von Bernhard mit dem Titel „Schützt mich". In dem relativ kleinen Textkorpus von vier Strophen zu jeweils drei Versen wird der Leser in jeder Strophe mit syntaktisch nahgestellten Lexem-Gegensatzpaaren, die entsprechend gegensätzliche Konnotationen hervorrufen, konfrontiert: „Osten und Westen", „nicht Nein und nicht Ja", in der dritten Strophe erneut „Osten und Westen", um in der letzten Strophe in einer ungewöhnlichen Dichotomie auf semantischer Ebene den Zenit des Gedichts zu erreichen: „Zugrunde will ich gehen und auffahren in die Hölle." Vgl. Jens Dittmar, S. 46.
Übereinstimmend mit meiner Auffassung kommt Ingrid Petrasch in ihrer Untersuchung zur Sinnbildlichkeit in Bernhards Prosa zu dem Ergebnis, „daß Dualismen im Rahmen der ‚Tropen- und Rätselsprache' durchgehend sinnbildliche Bedeutung haben" und den Blick des Lesers „auf eine ganzheitliche Weltsicht" lenken sollen. Vgl. Petrasch, S. 55.

zu einer im vorhergehenden Text überhöht dargestellten Größe, Gewalt oder Macht. Die kontrastierende Präsentation der Fahrrad-Episode auf mehreren Ebenen wird im folgenden an rezeptionsrelevanten Befunden exemplarisch gezeigt.

I. Wortebene

1. Auffällig häufiger Gebrauch von Wörtern und Wortgruppen an den Extrempolen ihrer Bedeutungsfelder; indefinite und negierende Pronomina

Triumphator	S. 8
Sieger	S. 9
Beherrscher der Welt	S. 10
Tragödie	S. 10
Unheil	S. 12
Inferno	S. 12, 14
Katastrophe	S. 19
Selbstmord	S. 29; 30, 3x
Tod	S. 38
Nichts	S. 38
Nichtsnutz	S. 38
Versager	S. 41
Lebenslänglich	S. 30, 40, 45
Unverzeihlich	S. 14
Unendlich	S. 51
Vollkommen neue Disziplin	S. 7
Geradezu perfekt	S. 7
Absolute Bewunderung	S. 7
Zum allererstenmal	S. 9
Keinerlei Notiz	S. 12
Die Finsternis war vollkommen	S. 12
Es rührte sich nichts	S. 19
Ich sah nichts mehr	S. 12
Ein furchtbares Ende	S. 13
Auf ihn setzte ich jetzt wieder alles	S. 13
Es rührte sich nichts	S. 19
Kein Zweifel	S. 19
Die Autorität, der sich jeder beugte	S. 19
Das ganze vollkommene Schauspiel	S. 24
Ich ließ alles zurück	S. 25
Nichtswürdiger Charakter	S. 25
Ich war nirgends glücklicher	S. 28

Der einzige Gedanke	S. 30
Keine andere Wahl.	S. 30
Die einzige freie Stelle	S. 30
Absolute Kärglichkeit	S. 32
Voll Liebe	S. 32
Hellichter Tag	S. 36
Vollkommen gleichgültig	S. 41
Außerordentliche Leistung	S. 54
Ein einziger unübertrefflicher Genuß	S. 54

2. Absolute Superlative; superlativische Ausdrücke

Bis zum Äußersten	S. 8
Den höchsten, ja den allerhöchsten Grad ihrer Verblüffung	S. 9
Mit dem höchsten Anspruch	S. 9
Gegen die größten Hemmnisse und Widerstände	S. 9
Die größte Entdeckung	S. 10
Mit dem höchsten aller Hochgefühle	S. 12
Höchststrafe	S. 13, 3x
Die niederträchtigste Weise	S. 14
Zutiefst betrogen	S. 15
Das scheußlichste aller Kinder	S. 15
Zutiefst verabscheuungswürdig	S. 15
Das scheußlichste Kind	S. 16
Der traurigste Anblick	S. 19
Früheste Kindheit	S. 22
Allergrößte Ungeheuerlichkeit	S. 23
Das Höchste	S. 23
Der großartigste Gedanke	S. 23
Höchste Instanz	S. 25
Hervorstechendste Eigenschaft	S. 25
Kleinste Einzelheiten	S. 26
Die abscheulichste Sorte	S. 29
Leidenschaftlichste Spekulation	S. 30
Auf das ästhetischste	S. 30
Selbstverständlichste Wörter	S. 30
Engster Vertrauter	S. 32
Die allerglücklichsten Menschen	S. 37

Die größte Enttäuschung	S. 39
Die größte Niederlage	S. 39
Geschliffenste Waffen	S. 41
Einfachste Rechnung	S. 41
Früheste Jugend	S. 44
Tiefste Verachtung	S. 44
Der Ungeübteste	S. 44
Der fürchterlichste aller Abgründe	S. 49
In der kürzesten Zeit	S. 52
Mit größtem Vergnügen	S. 54

3. Oppositionelle Wortpaare in extremer syntaktischer Nähe

Ort der Ungeheuerlichkeit/ Glückseligkeit	S. 10
Verzweiflung/ Ehrgeiz, Verzückung, Enthusiasmus	S. 11
Ich liebte meine Mutter/ ich war ihr kein lieber Sohn	S. 14
Nichts war einfach mit mir/ alles überstieg ihre Kräfte	S. 14
Die ganze menschliche Gesellschaft/ als einzigem, der nicht dazugehört	S. 16
Ich schämte mich zutiefst/ gleichzeitig war ich glücklich	S. 16
Sie reißen immer den Vorhang auf/ den die andern fortwährend zuziehen	S. 23
Großväter erschaffen den Teufel/ wo ohne sie nur der liebe Gott wäre	S. 24
Heiliger Berg/ Niederungen	S. 24 u. 25
Mein Scheitern/ meine Größe	S. 25
Tätig/ untätig	S. 25
Wir hören die Schwätzer schwätzen/ die anderen schweigen	S. 27
Einfachheit/ Vollkommenheit	S. 33
Mein klägliches Scheitern/ Triumph, Held	S. 36
Mit erhobenem Kopf/ nicht mit gesenktem	S. 37
Ganzes Unglück/ vollkommenes Glück	S. 38
Ihre Liebe zu mir/ Haß gegen meinen Vater	S. 39, 2x
Chaos/ Normalität	S. 43

II. Textebene
1. Aufgebauschte und klischeehafte Sachverhalte und Empfindungen

Die ersten selbstbewunderten Versuche auf dem Fahrrad
Das zerstörte Fahrrad
Die zerrissene Kleidung
Das Unwetter
Die Situation im Gasthaus
Reflexionen über den Großvater als Revolutionär und Anarchist
Reflexionen über die Familie, besonders die Mutter/Sohn-Beziehung
Die Darstellung der Fahrradgeschichte im Gespräch mit Schorschi
Die Ankunft des Kindes im Haus des Großvaters

2. Die Propositionen der Schlußäußerungen am Ende der ersten vier „Akte" stehen im Kontrast zum vorherigen Text durch jeweilige Überzeichnung des Sachverhalts in sehr groß/sehr klein

1. „Akt"
Der „Triumphator" mit dem „höchsten Anspruch" steht im Kontrast zu dem Kind im Straßengraben.

2. „Akt"
Das „Inferno" steht im Kontrast zu dem Kind in seiner „Armseligkeit".

3. „Akt"
„Errettung" und „Geborgenheit" im Gasthaus mit den ausgelassenen Menschen stehen im Kontrast zu dem einsamen Kind im Dunkeln am Fuße der Hauswand.

4. „Akt"
Die überhöht gezeichnete Gestalt des „allwissenden" Großvaters als Gottvater steht im Kontrast zur Unwürdigkeit des Kindes in den Augen der Mutter.

5. „Akt"
Die Schlußäußerung des fünften „Aktes" steht im Kontrast zu allen Schlußäußerungen der ersten vier „Akte". Während als Quintessenz der ersten vier „Akte" das Kind als klein, hilflos, unwürdig und ungeliebt erscheint, weist hier der Großvater auf seine eigentliche Größe hin.

3. Die Schlußäußerung des fünften „Aktes" steht im Kontrast zum Gesamttext der Fahrrad-Episode

„Das Kind soll *seinen* Ideen nachgehen, nicht den Ideen seiner Erzieher, die nur wertlose Ideen haben." Diese pauschale Verbalvernichtung der Ideen der Erzieher ist gleichzeitig eine Vernichtung ihrer Ideenträger – eine Taktik, die der Enkel vom Großvater übernehmen wird. Die bedeutungsvolle Äußerung der „höchsten Instanz" (EK 25), des „Richter[s]" und „Urteilssprecher[s]" (EK 20), der „Autorität, der sich jeder beugte" (EK 19), mit dem Hinweis auf die besondere Begabung des Kindes (das seine „Ideen" einmal als Schriftsteller verarbeiten wird, wie der Leser ja weiß) läßt die ein paar Seiten vorher der Mutter zugesprochene Auffassung, sie habe ein „außerordentliches Kind geboren [...], aber eines mit entsetzlichen Folgen" (EK 50), im autobiographischen Zusammenhang als Selbstironisierung erscheinen.

In der exklusiv ausgeformten Fahrrad-Episode wird der Leser einer fortwährenden ambivalenten Spannung gegensätzlicher Bewegungen von intellektueller Distanz und emotionaler Unmittelbarkeit ausgesetzt. Diese Haltung ist, wie gezeigt wurde, eine im Text angelegte Rezeptionsvorgabe, die Bernhard hier im wesentlichen durch scharfe Kontrastierungen in einer „Sprache der Ausschließlichkeit"[450] auf syntaktischer und semantischer Ebene hervorruft. Die Beobachtung, daß die „Wörter" zu effektvollen Inszenierungen geraten, um „ein Kind" in Szene zu setzen, also zu Selbstinszenierungen,[451] verifiziert Bernhard in mehreren Passagen in der Autobiographie. So hat die Fahrrad-Geschichte auf Schorschi „die erwartete großartige Wirkung":

> „Alles, was ich sagte, bewunderte er, und mit jeder neuen Wendung in meinem Bericht war seine Bewunderung eine noch größere. [...] Ich selbst genoß meinen Bericht so, als würde er von einem ganz anderen erzählt, und ich steigerte mich von Wort zu Wort und gab dem Ganzen, von meiner Leidenschaft über das Berichtete selbst angefeuert, eine Reihe von Akzenten, die entweder den ganzen Bericht würzende Übertreibungen oder sogar zusätzliche Erfindungen waren, um nicht sagen zu müssen: Lügen" (EK 35).

In den folgenden Zitaten aus dem „Keller" legt der Autor seinem „Hauptdarsteller" in der Autobiographie Worte in den Mund, die den in der Finsternis-Metapher beschlossenen Inszenierungscharakter seiner Erzähltechnik auch in der Autobiographie bestätigen:

---

[450] So der Untertitel eines Aufsatzes von Schmidt-Dengler: W. Sch.-D.: „Der Tod als Naturwissenschaft neben dem Leben, Leben". Zu Bernhards Sprache der Ausschließlichkeit. In: W. Sch.-D.: Der Übertreibungskünstler. Studien zu Thomas Bernhard. Wien, 3. Aufl. 1997, S. 9 – 16; S. 9.

[451] Honegger gibt in ihrer Bernhard-Biographie ein Gespräch mit einem langjährigen Leiter des Mozarteums in Salzburg wieder, der Bernhards Werke insgesamt als „Solo-Akte eines frustrierten Schauspielers" (S. 37) bezeichnet.

„Das Theater, das ich mit vier und mit fünf und mit sechs Jahren für mein ganzes Leben eröffnet habe, ist schon eine in die Hunderttausende von Figuren vernarrte Bühne [...]" (Ke 112).
„Jede dieser Figuren bin ich, alle diese Requisiten bin ich, der Direktor bin ich. Und das Publikum? Wir können die Bühne in die Unendlichkeit hinein erweitern, sie zusammenschrumpfen lassen auf den Guckkasten des eigenen Kopfes. [...] Manchmal behaupten wir, es sei eine Tragödie, manchmal das Gegenteil, und sagen, eine Komödie ist es, und wir können nicht sagen, jetzt ist es eine Tragödie, jetzt eine Komödie" (Ke 113).
Ein Kind ist immer ein Schauspieldirektor, und ich bin schon sehr früh ein Schauspieldirektor gewesen. Zuerst habe ich hundertprozentig eine Tragödie aufgeführt und dann eine Komödie und dann wieder eine Tragödie, und dann vermischte sich das Theater, es ist nicht mehr erkennbar, ob es eine Tragödie oder eine Komödie ist. Das verwirrt die Zuschauer" (Ke 114).

In Kenntnis dieses Lebensrückblicks aus dem zweiten Band der Autobiographie und der Schilderungen aus „Ein Kind" steht jeder „Zuschauer" vor der Entscheidung, die Fahrrad-Episode, als „Tragödie" oder als „Komödie" – oder als Tragikomödie aufzunehmen. Dennoch unterliegt das jeweilige Resultat seines Lektüreerlebnisses der gezielten Manipulation des Autors, der sein Publikum „durch Ankündigungen, offene und versteckte Signale, vertraute Merkmale oder implizite Hinweise für eine ganz bestimmte Weise der Rezeption"[452] prädisponiert, wie die Analyse der sprachlichen Mittel gezeigt hat. Gerade Bernhards Texte und seine „hinterhältige[ ] Komik", das hat Henscheid schon früh erkannt, verlangen dem Rezipienten „erst einmal einige Les-Übung"[453] ab. Die programmatischen Reflexionen von der Welt als Bühne und deren Performanz in der „Schlüsselszene"[454] des letzten Bandes in der Autobiographie bestätigen einmal mehr die Annahme, daß der „ideale Leser" von Bernhards Prosa, also derjenige, den die rezeptionsrelevanten Signale höchstmöglich zu stimulieren vermögen, „ein am Theater geschulter Beobachter"[455] ist.

6.2 Erzeuger und Erzieher

1. „Wir werden erzeugt, aber nicht erzogen, mit der ganzen Stumpfsinnigkeit gehen unsere Erzeuger, nachdem sie uns erzeugt haben, gegen uns vor, mit der ganzen menschenzerstörenden Hilflosigkeit, und ruinieren schon in den ersten drei Lebens-

---

[452] Jauß (Provokation), S. 131.
[453] Henscheid, S. 21.
[454] Honold, S. 18.
[455] Honegger, S. 310.

jahren alles in einem neuen Menschen [...], und sie wissen nicht, daß sie damit das größte Verbrechen begangen haben" (U 59).

2. „Gleich mit welchen Erziehungsmitteln und -methoden die neuen Menschen erzogen werden, sie werden mit der ganzen Unwissenheit und Gemeinheit und Unzurechnungsfähigkeit ihrer Erzieher, die immer nur *sogenannte Erzieher* sind und immer nur sogenannte Erzieher sein können, *zugrunde erzogen* [...]" (U 60).

3. „[...] und wie wir wissen, ist jedes dieser Leben, die gelebt werden, jede dieser Existenzen, die existiert werden, immer nur ein gestörtes oder eine gestörte, ein zerstörtes oder eine zerstörte und ein vernichtetes oder eine vernichtete, gestört und zerstört und vernichtet" (U 60/61).

4. „Es gibt überhaupt keine Eltern, es gibt nur Verbrecher als Erzeuger von neuen Menschen [...]" (U 61).

5. „Der neue Mensch wird in den ersten drei Jahren von seinen Erzeugern oder deren Stellvertretern zu dem gemacht, was er sein ganzes Leben lang sein muß und was er nicht und durch nichts ändern kann: *eine unglückliche Natur als total unglücklicher Mensch* [...]" (U 61).

6. „Der Neugeborene ist von dem Augenblick seiner Geburt verblödeten, unaufgeklärten Erzeugern als Eltern ausgeliefert und wird schon vom ersten Augenblick von diesen verblödeten und unaufgeklärten Erzeugern als Eltern zu einem ebensolchen verblödeten unaufgeklärten Menschen gemacht [...]" (U 61).

7. „Auch meine Erzeuger als Eltern haben so gehandelt, kopflos und in stumpfsinniger Übereinstimmung mit der ganzen übrigen, über die ganze Welt ausgebreiteten Menschenmasse, und einen Menschen gemacht und von dem Augenblick seiner Erzeugung seine Verblödung und Vernichtung betrieben, alles ist in diesem Menschen in den ersten drei Jahren, wie in jedem anderen, zerstört und vernichtet worden, verschüttet worden, zugeschüttet worden und mit einer solchen Brutalität zugeschüttet worden, daß dieser von seinen Erzeugern als Eltern zur Gänze verschüttete Mensch dreißig Jahre gebraucht hat, um den Schutt, mit welchem er von seinen Erzeugern als Eltern zugeschüttet worden ist, wieder wegzuräumen [...]" (U 62).

Diese gekürzten Zitate aus der „Ursache" geben die wesentlichen Aussagen Bernhards aus der Autobiographie zum schicksalsbedingten Abhängigkeitsverhältnis von Kindern zu ihren Eltern wieder. Die sich über mehr als vier Seiten (U 59 – 63) erstreckende Passage mündet in der Anklage, „daß unsere Erzeuger als Eltern das Verbrechen der Zeugung als das Verbrechen der vorsätzlichen Unglücklichmachung" (U 62) begangen haben, und daß aus „Mangel an tatsächlicher Liebe und Erziehungserkenntnis und -bereitschaft" der junge Mensch „nach und nach in seinen hauptsächlichen *Gefühls-* und Nervenzentren eingeebnet und gestört und zerstört" (U 63) wird.

Die anfangs festgestellte Identität von Autor, erinnertem und erinnerndem Ich in den fünf Büchern erweist sich im Hinblick auf die Rezeption der aufgeführten Beispiele erneut als bedeutsam: Auch diejenigen Äußerungen, die eher den Eindruck auktorialer Beschreibung erwecken, müssen ebenso wie die Äußerungen in Beispiel 7, in der das Possessivpronomen „meine" und in den Beispielen 1 und 3, in denen das Personalpronomen „wir" ausdrücklich das direkte Beteiligtsein des Ich-Erzählers kennzeichnen, in toto als Bernhards eigene Ansichten verstanden werden – als Resultate eigenen Erlebens.

Wenn auch der Großvater sein großes Vorbild ist, die einzige von ihm anerkannte „Autorität" (EK 19), der „Richter", „Urteilsprecher" (EK 20), sein „großer Erklärer" (EK 80), bemerkt doch schon der Halbwüchsige auch den Tyrannen und Despoten (dazu EK 43, Ke 73) in diesem geliebten Menschen und seine Unfähigkeit, die individuellen Bedürfnisse seiner Tochter und des „hypersensiblen" Enkels (Ke 90) zu erkennen. So bedeutet schließlich dessen Tod, „so entsetzlich er sich gezeigt" hat, für das gänzlich auf diesen Menschen fixierte Kind auch eine „Befreiung" (A 83) und den Beginn einer neuen, einer „zweite[n] Existenz, [und] ein[es] neue[n] Leben[s]" (A 84; vgl. A 85). Zur Mutter hat Bernhard ein distanziertes, von Mißtrauen, ja von Argwohn niemals freies, zu manchen Zeiten sicher sogar ein „feindseliges Verhältnis" (A 93). Sie ist, seiner Beobachtung nach, „keine Erzieherin" (EK 42; vgl. EK 49) gewesen – „sie züchtigte mich, aber sie erzog mich nicht" (EK 49). In ihrer „Hilflosigkeit" (EK 49) versucht die Mutter, ihn „mit fürchterlichsten Sätzen in die Knie zu zwingen" (EK 38) und verletzt dabei – ungleich stärker als durch die Demütigung der Schläge – „jedesmal" seine „Seele zutiefst [...]" (EK 38). Ihren Haß gegenüber dem Vater des Kindes, der sie als Schwangere sitzengelassen hat, überträgt sie auf das Kind und traktiert es mit vernichtenden Beschimpfungen als

Schreckenskind	EK 16
Fehltritt	EK 16
Nichts	EK 38
Nichtsnutz	EK 38
Zerstörer	EK 38
Unfriedenstifter	EK 38
Lügner	EK 38
Ungeheuer	EK 50
Kind der Schliche	EK 50
Kind des Teufels	EK 50

Er sei ihr „Tod" (EK 50), die „größte Enttäuschung ihres Lebens, die größte Niederlage" (EK 39). Mit diesen „teuflischen Wörtern" stürzt sie das Kind „jedesmal in den fürchterlichsten aller Abgründe" (EK 49), aus dem es „zeitlebens nicht mehr herausgekommen" ist (EK 49/50). In Erwartung dieser „teuflischen Wörter" verurteilt das Kind sich im Anblick des zerstörten Fahrrads auf seinem Ausflug zur „Höchststrafe. Nicht zur Todesstrafe, aber zur Höchststrafe" (EK 13), der in seinen Augen schwereren Maßnahme. Diese Höchststrafe, deren Bedingungen Bernhard nicht weiter erklärt, scheint für das Kind darin zu bestehen, daß es die entwürdigenden Projektionen der Mutter internalisiert und schließlich jegliches Selbstwertgefühl verliert. Es glaubt von sich, „verkommen" und „ekelhaft" (EK 15), „grausam", „niederträchtig", „hinterhältig" und „gefinkelt" (EK 14) zu sein, ein „Verbrecher" und „Feind" (EK 16) der menschlichen Gesellschaft, der als einziger nicht zu ihr gehört.

Folgende Beispiele zeigen, wie Thomas Bernhard die für das Kind erschreckende Erfahrung der Isolation, entstanden aus „Mangel an tatsächlicher Liebe und Erziehungserkenntnis und -bereitschaft" (U 63), in literarischer Stilisierung wiedergibt.
Der Interpretation der ausgewählten Erlebnisschilderungen wird insofern leicht vorgegriffen, als ihre die jeweilige Szene abschließenden Äußerungen als rezeptionswirksame Signale optisch hervorgehoben werden. Sie markieren Bernhards poetologische Verfahrensweise, auf die schon mehrere Male rekurriert wurde, durch besonders „aufleuchtende Wörter" auf „Vorgänge äußerer und innerer Natur" zu verweisen (vgl. DT 150 f.). Da die Szenen oft lang und nicht zusammenhängend, sondern in mehreren Passagen der Autobiographie geschildert werden, wird der Ablauf des Geschehens nicht durchgehend im Wortlaut des Originaltextes wiedergegeben, sondern auch paraphrasiert.

1. Wenn die Mutter das Kind wegen der „Ungeheuerlichkeit" (EK 123) des Schuleschwänzens oder anderer Vergehen bestraft, schlägt und beschimpft sie es. Diese Tortur zeichnet Bernhard in einem dichten, bewegenden Bild. „Zusammengekrümmt" versucht das Kind, sich „in der Ecke neben der Tür" (EK 123) zu schützen. Aber die Mutter greift zum Ochsenziemer und schlägt das Kind. Es springt auf, während die Mutter noch weiterschlägt, und fühlt sich wie am Boden zerstört.
„Mit teuflischen Wörtern erreichte sie ihr Ziel, daß sie Ruhe hatte, andererseits stürzte sie mich damit jedesmal in den fürchterlichsten aller Abgründe [...]" (EK 49). *„Dieses Wort [Unfriedenstifter] traf mich ins Herz"* (EK 123).

2. Der gehaßte Gang zur Schule hat etwas „Dämonisches". Er führt am Gefängnis vorbei, „ein[em] abschreckende[n] Gebäude, von einer drei Meter hohen

Mauer umgeben und mit schwer vergitterten Fenstern." Die Lehrer verletzen das Kind durch „Wutausbrüche" (EK 113).
„Ich war so hilflos, wie ich niemals vorher gewesen war. Zitternd ging ich in die Schule hinein, weinend trat ich wieder heraus. Ich ging, wenn ich in die Schule ging, zum Schafott, und meine endgültige Enthauptung wurde nur immer hinausgezogen, was ein qualvoller Zustand war" (EK 113).

3. Der Junge wird von seinen Mitschülern gemieden, weil er in ärmlichen Verhältnissen lebt (so interpretiert Bernhard diesen Zustand) und die schlechtesten Noten bekommt. Um so privilegierter erscheinen ihm die Kinder der „wohlhabenden" Leute. Sie „bissen [...] in riesige Äpfel und in dick aufgestrichene Butterbrote, meine Leidensgenossen aus dem Waisenhaus und ich mußten sich mit einem Stück trockenen Brotes begnügen."
„Ich scheiterte tatsächlich konsequent, und nach und nach hatte ich meine Bemühungen aufgegeben" (EK 120).

4. In der ausweglosen Schul- und Familiensituation wird das Kind zum Bettnässer. Mehrere Male beschreibt Bernhard dieses Leiden, das die Mutter[456] und später auch die Erzieher im Kinderheim zum Anlaß für neue Demütigungen nehmen. Eine Szene in der Kirche endet mit den Worten:
„Ging ich aus dem Beichtstuhl hinaus, sah ich auf dem Boden die Bescherung und schämte mich" (EK 139).

5. Als das Kind einmal nachts glaubt, das „Glück" zu haben, von seinem „Drang rechtzeitig aufzuwachen [...] und gerade noch den Abort erreicht" hat, stellt sich am nächsten Morgen heraus, daß es die „Wäschekastentür[457] mit der Aborttür verwechselt hatte" (EK 140).
„Mein Entsetzen war ein doppeltes, die Bestrafung eine furchtbare" (EK 140).

6. Die Bestrafung im Kinderheim in Saalfeld für das Bettnässen besteht darin, daß das Kind kein Frühstück bekommt. Bernhard beschreibt, daß das Frühstück aus einem süßen Brei besteht, den er sehr liebt. „[....] je öfter mir dieser Brei

---

[456] Bernhard beschreibt, wie entwürdigend er es empfand, daß seine Mutter das nachts naß gewordene „Leintuch mit dem großen gelben Fleck aus dem Fenster" hängte – „*zur Abschreckung, damit alle sehen, was du bist"* (EK 138), wie sie sagte.
Alice Miller schildert ein Fernsehinterview, in dem sich der Regisseur Ingmar Bergmann an eine ähnlich qualvolle Zeit in seiner Kindheit erinnert: „So mußte er z. B., wenn seine Hosen naß waren, den ganzen Tag ein rotes Kleid tragen, damit alle es sehen konnten und er sich schämen mußte." Miller, S. 119 ff.

[457] In Süddeutschland, Österreich und der Schweiz ist Kasten die Bezeichnung für Schrank.

entzogen wurde, und das war beinahe täglich, desto größer war naturgemäß meine Sehnsucht danach" (EK 144).
"Ich war auf einmal so isoliert wie noch nie" (EK 145). *"Ich war in eine neue Hölle geraten"* (EK 145).

7. Eine Rolle als Engel im Weihnachtsspiel im Kinderheim wird mit der Bekundung eingeleitet, daß Auswendiglernen für das Kind mit der „größte[n] Mühe" verbunden ist, „in zwei oder drei Wochen zwei Sätze zu lernen und zu behalten" (EK 149). Es verpatzt den Auftritt, und die für die Aufführung verantwortliche Schwester schließt es während der Aufführung vom Spiel aus.
"Alles hatte geklappt, nur der Engel hatte versagt. Er saß heraußen auf dem Gang und weinte, während im Saal der Vorhang fiel und der Applaus prasselte" (EK 149).

Sämtliche Szenen weisen in ihrem Handlungsaufbau die gleichen Strukturen auf: Ein Sachverhalt (äußerer Vorgang) wird aus der Empfindungswelt des Kindes metaphernreich geschildert. Diesen Sachverhalt schließen lapidare Bemerkungen ab, die zielgerichtet wie mit einem Brennspiegel seine psychische und physische Geringfügigkeit und die durch sie hervorgerufene Isolation abbilden. Hierbei ist anzumerken, daß Bernhard nicht versucht, die kindliche Sprachkompetenz zu imitieren, sondern die von ihm gewählte Diktion gibt lediglich die übersteigerten Gedanken und Gefühle des sensiblen Kindes wieder, das er einmal war.

Zu 1.
In wenigen Sätzen formt Bernhard aus diesem Handlungsskelett eine kafkaeske Theaterszene, die sich in einem eindringlichen Bild verdichtet. „Zusammengekrümmt" versucht das Kind, sich vor den Schlägen und Verbalinjurien der Mutter zu schützen. Stilistisches Merkmal der Beschreibung ist die gehäufte Verwendung von verba movendi, die den Aufruhr in der Küche (als äußerem Ort des Geschehens) kennzeichnen: werfen, setzen, greifen, springen, krümmen, schlagen, laufen, beben. In der Unterwürfigkeitshaltung eines verängstigten Tieres kauert das Kind in der Ecke der Küche und fühlt sich dieser Gewalt gegenüber zu keiner Rechtfertigung imstande.

Die überzeichnete Darstellung verleiht dem äußeren Geschehen eine komische Färbung. Dennoch verbietet sich jeder Vergleich mit den in Lustspielen beliebten Prügelszenen. Während dort mit ähnlichem szenischen Inventar der Geprügelte (oft gerade wegen seiner vergeblichen Gegenwehr) Heiterkeit und Schadenfreude auslöst, bewirkt diese Inszenierung einen gegensätzlichen Effekt, weil Bernhard nicht die sichtbaren (auf der Bühne belachbaren) Schläge, sondern die das Kind in seinem Inneren verletzenden Beschimpfungen („Das Wort war hundertmal mächtiger als der Stock" EK 49) als Grund dafür angibt, „in den fürchterlichsten aller Abgründe" (EK 49) zu stürzen: Die Äußerungen evozieren Assoziationen haltlosen Stürzens und erlangen durch den jede weitere Steigerung ausschließenden Superlativ eine zusätzlich verstärkende und nicht überbietbare Dimension. Der Aufruhr in der Küche gerät durch diese in ihrer Hyperbolik nicht mehr zu intensivierende Bemerkung als vorweggenommenes Abbild des seelischen Aufruhrs des Kindes, eines „inneren Vorgangs" also, der durch die outrierte Ausformung sichtbar gemacht wird.

Zu 2.
In den 23 Zeilen dieser Szene (EK 113, Z. 3 – 26) finden sich 12 Ausdrücke, die sämtlich mit Assoziationen von Bedrohung, Bedrohung der Freiheit oder Bedrohung des Lebens belegt sind.

Gefängnis
Abschreckendes Gebäude
Drei Meter hohe Mauer
Schwer vergitterte Fenster
Dämonisches
Spott
Verachtung
Wutausbrüche
Strafen
Schafott
Enthauptung
Qualvoller Zustand

Diese Ausdrücke versprachlichen das explizit genannt „Dämonische" des Schulwegs als Weg „zur endgültigen Enthauptung". Aber erst in Kenntnis der letzten Äußerung in dieser Szene kann das Dämonische des Schulwegs in vollem Umfang seiner semantischen Merkmale als ‚das dem eigenen Willen nicht unterworfene Bestimmende' auf die inneren Zustände des Kindes übertragen werden: Beim nochmaligen Lesen der Passage kommt einem Satz in der Mitte des Textes eine rezeptionsrelevante, vorher nicht wahrzunehmende Brisanz zu, der die Voraussetzung für diese Übertragung bereitstellt: „Als *E*sterreicher[458] hatte ich es schwer, mich zu behaupten" (EK 113, Z. 13/14). Die kontrastierenden Propositionen beider Äußerungen „behaupten"/„Enthauptung" in syntak-

---

[458] Das „E" ist im Original hervorgehoben, um auf den in Deutschland auffallenden österreichischen Dialekt des Schülers hinzuweisen, dessentwegen er verspottet wird.

tisch geringem Abstand ermöglichen die Bedeutungsverlagerung auf die täglich dem Kind bevorstehende Vernichtung seines Selbst.

Zu 3.
Prägend für diese Szene sind semantische Oppositionen, die die von Bernhard geschilderte Teilung der Schulklasse in die „sogenannten Gescheiten" und in die „sogenannten Schlechtesten, in das Rudel der Dummköpfe" abbilden. Als Grund für seine Unbeliebtheit in der Klasse und seine schlechten schulischen Leistungen erkennt das Kind die sozialen Unterschiede zwischen der privilegierten Schülergruppe und der unterprivilegierten, zu der es selbst gehört. Wenn der Junge von den Lehrern mit dem Rohrstock geschlagen wird, weiß er „wofür, aber ich wußte nicht, wie ich dazu kam." Die anderen Kinder hatten „angesehene Eltern", er ist „der Sprößling sozusagen von armen, dahergelaufenen Leuten." Die Eltern der anderen Mitschüler haben ein „Haus", seine Familie hat nur eine „Wohnung" (alle Zitate EK 119). Die reichen Kinder essen „riesige Äpfel" und „dickaufgestrichene Butterbrote",[459] während die „Leidensgenossen aus dem Waisenhaus" und er sich „mit einem Stück trockenen Brotes begnügen" (EK 120) müssen.[460]

Die kontrastierenden Begriffe versprachlichen nicht nur die Polarisierung der Schulklasse, sondern ebenso die vom Kind empfundene Polarisierung der Welt in eine paradiesische, in der „riesige Äpfel" gegessen werden, und in seine höllische, in der es sich „mit einem Stück trockenen Brotes begnügen" muß. Das am Ende der Passage ausgesprochene „tatsächliche Scheitern" entspricht der fortwährenden Unterlegenheitserfahrung des Kindes, deren Verursacher die „Verbrecher als Erzeuger" (U 61) sind, und die ihm keinerlei Unterstützung bieten. Ebenso wie den determinierenden sozialen Zuständen kann das Kind seiner allseitigen psychischen Unterdrückung aus eigener Kraft nichts mehr entgegensetzen und „scheitert". Die etymologische Bedeutung des Begriffs ‚scheitern' als ‚Schiffbruch leiden', ‚in Trümmer gehen'[461] überträgt Bernhard auf das zertrümmerte und zerstörte Selbstwertgefühl des Kindes.

---

[459] Das Bild von Äpfeln und Butterbroten verwendet Bernhard auch in einer Szene, in der ein Vorkommnis auf der Reise nach Saalfeld geschildert wird. Auch hier dokumentiert es den Mangel des Kindes selbst an der notwendigsten Fürsorge seitens seiner Familienangehörigen: Bernhard ist das einzige Kind, dem aus Unachtsamkeit kein Reiseproviant mitgegeben wurde, während die anderen Kinder „Äpfel und Butterbrote" eingepackt bekommen haben (EK 136).

[460] Bernhard erinnert sich an anderer Stelle, daß ihm schon in der Grundschule die Unterschiede der sozialen Herkunft seiner Klassenkameraden augenscheinlich war: „Die Reichen hatten große, die Armen hatten kleine Holzscheite mitgebracht" (EK 90).

[461] Vgl. Kluge unter dem Stichwort ‚scheitern'.

Zu 4.
Die Szene besteht aus drei kurzen Sätzen, in denen im dritten und abschließenden Satz in einer hochkomprimierten Metapher vom körperlichen auf das seelische Leiden des Kindes verwiesen wird.[462] Durch die Ansammlung religiös besetzten Vokabulars (Kirche, beichten, knien, Sünden, Beichtstuhl) wird die Größe göttlicher Gewalt beeindruckend zu der Nichtigkeit des im Beichtstuhl seine „Sünden herunterstammel[nden]" (EK 139) Kindes gezeichnet. Im ironischen Gebrauch des Wortes „Bescherung" gerät seine Verfehlung zu einer Sünde, deren Absolution unmöglich erscheint: Wird „bescheren" nicht in seiner heutigen Bedeutung von ‚unverdienter göttlicher Zuteilung' verstanden (wie beispielsweise im Tischgebet „[...] und segne, was du uns bescheret hast" oder im Sinne einer Beschenkung am Heiligen Abend), sondern in seiner vergessenen alten, heute gegensätzlichen Bedeutung von ‚seines Anteils berauben',[463] so wird der benetzte Beichtstuhl zum symbolischen Zeichen des auch des göttlichen Wohlwollens beraubten Kindes.[464]

Zu 5.
In ähnlicher Brechung wie „Bescherung" wird hier das Wort „Glück" im ersten Satz des Wäscheschrank-Malheurs gebraucht. Nach einem kurzen Lesemoment der befreienden Assoziation von einem glücklich ausgehenden Vorgang wird der Leser in den nächsten Sätzen mit einem das Gegenteil ausdrückenden Sach-

---

[462] Im Zusammenhang mit der Thematik des Bettnässens sei auf Pfabigans Ergebnisse hingewiesen. Die von Pfabigan psychologisch gestützte „Geldtheorie" (mit seinen Exkrementen bezahlt das Kind die Muttermilch) scheint mir zu eingeengt, um die gesamte Problematik des Bettnässens durch das Schulkind zu begründen. Hingegen ist die Bewertung, diese Störung sei nicht nur „der Protestschrei eines leidenden Kindes", sondern „auch eine perfekte Zentrierungsstrategie in der innerfamiliären Rivalität um Aufmerksamkeit, wenn auch eine negative" (S. 29), im Kontext der Autobiographie nachvollziehbar. Zur psychoanalytischen Bedeutung des „anal eingefärbten Vokabulars" (S. 28) in Bernhards Äußerungen vgl. Pfabigan, S. 27 ff.

[463] Vgl. Kluge unter dem Stichwort ‚Bescherung'.

[464] In einem 1981 von Krista Fleischmann geführten Interview (also etwa zur Zeit der literarisierten Niederschrift dieser Szene in „Ein Kind") weist Bernhard der „Kirche" Schuld an Malheuren dieser Art in seiner Kindheit zu: „Jedesmal, wenn ich zum Beichtstuhl 'kommen bin, hab' ich in die Hosen g'macht vor Schreck vor'm lieben Gott, weil ich mir gedacht hab' der sieht jetzt alles und merkt, was da los ist, und g'fürcht' hab' ich mich vor dem Geistlichen. Und jedesmal, wenn ich mich hingekniet hab', war schon alles naß, und da hab' ich mich wahnsinnig geniert, weil natürlich unter mir schon eine Riesenlakken war, und hab' mir gedacht, um Gottes Willen, der jetzt hinter mir ist, der sieht jetzt, was dieser Furchtbare angestellt hat. Das hat ja alles Nachwirkungen. Insofern hat die Kirche ja an mir sehr viel gut zu machen, aber das kann sie leider nicht, weil sie zu blöd ist dazu. Sie hat ein Menschenleben auf dem Gewissen." Fleischmann, S. 61.

verhalt konfrontiert. Seine vollständige Ironisierung, das heißt hier die Umkehrung in seine gegenteilige Bedeutung, erfährt „Glück" durch das Unglück des „doppelten Entsetzens" in der Schlußäußerung.

Zu 6.

In dieser Szene wird der Mangel des Kindes an Liebe und Zuwendung durch die Metapher des Entzugs einer süßen Milchsuppe dargestellt. Das Bekenntnis: „Die süße Suppe liebte ich über alles [...], je öfter mir dieser Brei entzogen wurde, und das war beinahe täglich, desto größer war naturgemäß meine Sehnsucht danach" (EK 144), überhöht in der Emphase („über alles") das normale Bedürfnis nach Nahrung. Die bisher schon in verschiedenen Varianten beschriebene Entbehrung mütterlicher Liebe wird hier in dem Bild des Milchentzugs als Bestrafung erneut beschworen.[465] Wie sehr das heimwehkranke Kind leidet, wie mutterseelenallein es ist, wird in der Schlußäußerung überdeutlich. Es ist so „isoliert wie noch nie" und ist „in eine neue Hölle geraten" (EK 145).

Zu 7.

Diesen kleinen verpatzten Auftritt bauscht Bernhard durch sprachliche Effekte zu einer allegorischen Szene auf: So illustrieren hier Superlative (das Geringste, die größten Schwierigkeiten, der kürzeste Text, die größte Mühe) und die Ausschließlichkeitsformen „absolut" und „alles" (EK 148 f.) nicht nur die in der Aufführung beabsichtigte Verkörperung eines übermenschlichen Wesens, sondern sie assoziieren zugleich die übermenschliche Versagensangst des Kindes vor dieser Aufgabe. Ebenso wird durch den Gebrauch biblischen Wortschatzes eine zweite Dimension des Spiels erzeugt, die die Erzieherin übermächtig als Vollstreckerin göttlichen Verweises erscheinen läßt. Wie ein Racheengel schließt sie das unschuldig schuldig gewordene Kind aus der Gemeinschaft aus: „Ich landete auf einer Bank auf dem Gang. Das Spiel ging weiter. Alles hatte geklappt, nur der Engel hatte versagt. Er saß heraußen auf dem Gang und weinte, während im Saal der Vorhang fiel und der Applaus prasselte" (EK 149).

---

[465] Die Auflösung des Sprachbildes „süße Suppe" in seiner Bedeutung als emotionale Zuwendung findet sich unmittelbar vor der Schilderung des Theaterspiels: „Ich hatte vor dem Einschlafen nur zwei Wünsche: die süße Suppe zum Frühstück essen zu dürfen und bald wieder bei meinem Großvater zu sein" (EK 148). Die Metapher des Nahrungsentzugs findet sich auch in der „Ursache". Weil das Kind nicht rechtzeitig in den Luftschutzkeller gegangen ist, wird es von dem Direktor geohrfeigt und mit „wahrscheinlich zwei Tage[n] Frühstückslosigkeit" (U 30) bestraft. Über die Bedeutung des Essens, Trinkens und Kochens in den Theaterstücken von Thomas Bernhard: Hilde Haider-Pregler u. Birgit Peter: Der Mittagesser. Eine kulinarische Thomas-Bernhard-Lektüre. Frankfurt/M. 2001.

Die Szene besteht aus 34 Zeilen (EK 148 u. 149) und läßt sich inhaltlich in zwei Teile gliedern. Im ersten Teil (S. 148, Z. 16 – S. 149, Z. 4) berichtet Bernhard von den Vorbereitungen zum Weihnachtsspiel, in dem er einen Engel darstellen soll, und von seinen Schwierigkeiten, etwas auswendig zu lernen. Im zweiten Teil (S. 149, Z. 4 – 21) wird die Aufführung beschrieben, in der er „kein Wort" seines Textes, der aus „zwei oder drei Sätzen" besteht, herausbringt. Der erste Teil wird von gegensätzlichen Denotaten geprägt, die die übermäßige Leistung des Kindes beim Auswendiglernen des nur kurzen Textes veranschaulichen: „Absolut eine Nebenrolle, man traute mir nicht das Geringste zu", „die größten Schwierigkeiten", „der kürzeste Text", „die größte Mühe". Der zweite Teil enthält ein Vokabular, das den mißglückten Auftritt und die Zurechtweisung der für die Aufführung verantwortlichen Schwester wie einen von Menschen nicht mehr lenkbaren Vorgang erscheinen läßt: „Schöpferin", „Flügel", „Engel", „Stoß in den Rücken". Als Folge des unerwarteten Stoßes „stürzte" das Kind in den Saal und war „fassungslos" – also ohne jeglichen Halt und Hilfe. Im Bild des kleinen ausgestoßenen Engels, der allein auf dem Gang sitzt und weint, „während im Saal [...] der Applaus prasselte", zeigt sich erneut überdeutlich das aus dem Paradies vertriebene Kind, das wieder – trotz größter Bemühungen seinerseits – nicht erfüllt hat, was von ihm erwartet wird.

Wie gezeigt wurde, versprachlichen die aufgeführten Beispiele auf verschiedene Weise die von Bernhard als Unterdrückungsmechanismen empfundene Konstellation von unverständigen Erwachsenen und den ihnen ausgelieferten Kindern. Das Komische der Szenen ergibt sich in allen Fällen aus dem Darstellungsmoment einer David/Goliath-Perspektive analog der kindlich überdimensionierten Empfindungen, die Bernhard durch kontrastierende Wortpaare, superlativische Wörter und Syntagmen sowie durch klischeehafte Bilder und Metaphern erzeugt.
Der sich an die Peinigungen seiner Kindheit erinnernde Autor hat der dem Kind nicht möglichen Distanz zu diesen Vorkommnissen in rückblickender Ironisierung Worte gegeben. Obwohl die Darstellung subjektiv-biographisch Erlebtes wiedergibt, gewinnt sie auch eine gewisse Allgemeingültigkeit, die in den Beispielssätzen zu Anfang dieses Kapitels zum Ausdruck kommt und im indefiniten Artikel im Titel des letzten Bandes anklingt. Zudem finden sich zahlreiche thematische und stilistische Parallelen im fiktionalen Werk, in dem ebenso wie in der Autobiographie die für den Antrieb der „Verstümmelungsmaschinerie" Verantwortlichen (Familie, Erzieher, Schule, Staat und Kirche) genannt werden. Auch dort berichtet keiner der Protagonisten von einer behüteten, glücklichen Kindheit. Caribaldis Kindheit war „von Not" und „Schreckensherrschaft" (MG 311) bestimmt, Regers Kindheit war ein „Kindheitsloch" (AM 108), eine „Kindheitshölle" (AM 110), ein „Erzeugungsverbrechen" und ein „Unterdrük-

kungsverbrechen" (AM 111) durch die Eltern. Das Zuhause des Innsbrucker Kaufmannssohnes Georg war ein „Kinderkerker", so daß er noch als Erwachsener „zuckte, wenn er das für ihn immer schwierige Hauptwort ‚Ochsenziemerhieb'" (VK 10) sagte. Für Strauch bedeutet Kindheit und Jugend ein „grausames Alleinsein" (F 29), für die dem Selbstmord der Familie entgangenen Brüder in „Amras" eine „traurige Verwahrlosung" (Am 37). Der Lebensrückblick des Reger in „Alte Meister" kann stellvertretend für zahlreiche, im gesamten Werk immer wieder anklingende Äußerungen stehen: *„Die Hölle kommt nicht, die Hölle war [...], denn die Hölle ist die Kindheit"* (AM 106). Damit ein solcher „fortwährende[r] Unterdrückungsmechanismus" (AM 106) nicht reproduziert wird, schlägt Oehler in „Gehen" vor, die „Infamie", Kinder zu zeugen, mit der „Höchststrafe" zu ahnden (G 17 ff.) mit dem Ziel, die Menschheit langsam total aussterben zu lassen (G 20). Dieser absurde Redebeitrag Oehlers kann als Antizipation der Darstellung des gleichen Problems in der Jahre später verfertigten Autobiographie gelesen werden.

6.3 Schule und Lehrer

Wie gezeigt wurde, verwendet Bernhard in der Fahrrad-Episode auffällig viele sprachliche Elemente mit extrem voneinander entfernten Bedeutungsfeldern in enger syntaktischer Berührung. Diese Beobachtung konnte als Überakzentuierung von Sachverhalten und Emotionen im Kontrast zu der demütigenden Degradierung des Kindes ausgewiesen werden. Auch im weiteren Verlauf der Autobiographie wendet Bernhard diese Darstellungstechnik immer dort an, wo er forciert auf die Unterdrückung des Kindes hinweist. Sie entspricht dem noch wenig differenzierenden Schwarz/Weiß-Denken des Kindes, dem seine Welt, das heißt seine erlebbare Umgebung, entweder als gut *oder* böse, entweder als Paradies *oder* Hölle erscheint.[466] In dieser Konsequenz beschreibt Bernhard die familiäre und schulische Situation des Kindes etwa bis zum Eintritt ins Gymnasium, wo „Die Ursache" einsetzt. Dem reflektierenderen Denken des Heranwachsenden wird dort mit einem rekflektierenderen Wortschatz entsprochen, in dem die erwachende jugendliche Rebellion ihren sprachlichen Ausdruck findet.

Die ersten Lebensjahre verbringt das Kind zumeist bei den Großeltern, wo es sich ausnahmslos wohlfühlt. „Es grenzte schon an das Paradies, die Großeltern auf einem richtigen landwirtschaftlichen Anwesen zu wissen [...]. Ich war nir-

---

[466] Vgl. hierzu: Horst Nickel: Entwicklungspsychologie des Kindes- und Jugendalters (Bd. II, Schulkind und Jugendlicher). Bern 1975.

gends glücklicher" (EK 28). „Hier war mein Paradies" (EK 77); „[...] es war das Paradies. Und ich war mir, während ich in diesem Paradies lebte, dieser Tatsache durchaus bewußt" (EK 84). Mit dem beabsichtigten Umzug nach Deutschland zur Mutter und deren Ehemann droht auch eine zeitlich nicht absehbare Trennung von den Großeltern, die erst später nachkommen sollen, und das Ende des Aufenthaltes im Paradies (vgl. EK 95). Der Umzug ist für das Kind eine „Katastrophe" und bedeutet, „[...] Abschied zu nehmen von allem, das zusammen tatsächlich mein Paradies gewesen war" (EK 96). Glücklicherweise verzögert sich die Abreise etwas – Bernhard spricht von einer „Gnadenfrist", das „Paradies aufzulösen" (EK 100). Dieses Interim wird besonders in den beiden folgenden paratraktischen Sätzen deutlich, in denen in großer syntaktischer Nähe Paradies und Hölle genannt werden: „Kein Zweifel, mein Paradies war gar kein Paradies mehr. Der Lehrer hatte es mir nach und nach zur Hölle gemacht" (EK 97). Obwohl sich unerwartet das neue Domizil der Großeltern doch als „Idylle" (EK 117) herausstellt, empfindet Bernhard die nächsten Jahre als eine „unmenschliche Last" (EK 132): Sein Zuhause ist die „Vorhölle" (EK 125) oder „Hölle" (EK 93, Kä 38), die Wege ins Rathaus, um die Fürsorge abzuholen, sind „Höllengänge", die in die „Hölle" (Kä 73) führen, das Heim in Saalfeld ist eine „neue Hölle" (EK 145), die Schule erscheint als „Hölle" (EK 93, EK 125), das Gymnasium als „tagtägliche Hölle" und das Internat als „zweite Hölle" (U 86).

Paradies und Hölle, diese im abendländischen Verständnis am entferntest zu denkenden Pole uneingeschränkter Harmonie und endloser Qualen, beherrschen das Empfinden des jungen Bernhard bis zu seinem sechzehnten Lebensjahr. Die Suggestion dieser auffällig oft wiederholten dyadischen Ausdrücke wird beim Lesevorgang noch zusätzlich durch das Arrangement des Kontextes verstärkt, der Assoziationen entweder ausschließlicher Erhebung *oder* Vernichtung erweckt – entweder der im Paradies zu erwartenden Belohnungen *oder* der in der Hölle zu befürchtenden Bestrafungen. So werden in der Umgebung des Signalwortes „Paradies" Vokabeln aus ländlich-friedvollen Bereichen verwendet, wie beispielsweise Tiere füttern, ernten, gemeinsame Mahlzeiten, Abenteuer mit dem Freund (EK 28, 77, 83), während „Hölle" mit klischeehaften Szenen und Reflexionen der Reue, der Erniedrigung und Qualen umgeben ist (EK 93, 145, U 86, Kä 73) und in „Ein Kind" in dem Satz gipfelt: „Die Teufel peinigten mich mit immer größerer Unverschämtheit" (EK 125).

Das altersabhängige extrem bildbestimmte und grobstrukturierte Denken des Schülers Thomas Bernhard setzt der erwachsene Autor in extrem bildbestimmte und grobstrukturierte sprachliche Elemente um. Durch den Orts- und Schulwechsel erlangen die „Zugrunderichter" (EK 52), eine Bezeichnung des Großvaters für Lehrer, die endgültige Macht über das Kind und sein kindliches Denken, so daß die Höllenseite der Welt die Überhand gewinnt, eine Belastung, die das Kind vorläufig nur durch die Erinnerung an das verlorene Paradies ertragen kann. Diese Denkkontraste bildet Bernhard in dem kontrastierenden Wortpaar Paradies und Hölle ab, dessen Expressivität den Rezeptionsvorgang maßgeblich beeinflußt: Das Klischee des Wortpaares verschafft das intellektuelle Vergnügen der sofort aufrufbaren Bedeutungen. Da beide Denotate innerhalb einer kurzen Sequenz so häufig wiederholt werden, daß diese einmal und mühelos geleistete referentielle Umsetzung nicht erneuert werden muß, nimmt der Rezipient nur noch amüsiert die Worthülsen wahr und stellt sich auf deren Wiederholung ein.

Bergson beschreibt Wiederholungen als besonders effektvoll, um einen Vorgang komisch erscheinen zu lassen, wobei erst die Wiederholung der Wiederholung dies möglich mache.[467] Obwohl die Repetition – in angemessener Weise – ein emphatisches Mitte der Rhetorik ist, bemüht sich doch jeder Autor um Ersatzformen für Ausdrücke, die er häufig verwenden muß, um einen geschmeidigeren Sprachrhythmus zu erzielen. Dieses Zuvorkommen verweigert Bernhard seinen Lesern. Seine einmal gewählten „Wörter" sollen so lange auf der Bühne erscheinen, bis die künstlich eingeengte Sprachwelt als eingeengte Lebenswelt des Kindes „überdeutlich" erkannt wird. Der Rezipient gerät in das kontrastierende Spannungsgebiet zwischen der künstlichen Sprachwelt des erinnernden Ichs und der ehemals realen Gefühlswelt des erlebenden Ichs. Das Komische ergibt sich dabei keineswegs durch das Dargestellte, sondern allein durch die außergewöhnliche Darstellung.

Im Gegensatz zum Kind ist der ältere Gymnasiast Thomas Bernhard in der Lage, die „Teufel" zu benennen und sie als Peiniger anzuprangern. Es sind erstens die „Erzeuger und also unsere Eltern", die in „vollkommener *Unwissenheit und Gemeinheit*" (U 59) die Kinder für das ganze Leben zerstören, vernichten und zugrunde richten (vgl. U 59 ff.). Zweitens die Kirche, „eine der größten Vernichterinnen" (U 63), die die „*Seele* dieses neuen Menschen" (U 63) zerstört, und drittens „die Schulen", die „im Auftrag und auf Befehl der Regierungen" den „*Geistesmord*" (U 63) an den jungen Menschen begehen.[468] Während der Internatszeit sei sein Gemüt „beinahe zugrunde gegangen", niemand habe aber „diese *Gemütsverdüsterung* und *Gemütsverfinsterung als Gemütszerstörung*"

---

[467] Vgl. Bergson, S. 64 f.
[468] Vgl. hierzu: Jean-Jacques Rousseau: Emile oder Über die Erziehung (hrsg., eingeleitet u. mit Anm. versehen v. Martin Rang). Stuttgart 1963 [1762]. Im Mittelpunkt des revolutionären idealen Erziehungs-Konzepts steht der schädigende Einfluß der Institutionen Staat, Schule und Kirche auf die Gefühls- und Geisteswelt des jungen Menschen.

wahrgenommen und niemand habe bemerkt, daß es sich „*um einen Krankheitszustand handelte als Todeskrankheit*" (U 44 u. 45). Dem Urteil des Großvaters, Lehrer seien „die Stumpfsinnigen", „die Banausen" (EK 42), „die Zugrunderichter" (EK 52), „nichts anderes als *Ver*zieher, *Ver*störer, *Ver*nichter" (EK 53) und „Idioten" (EK 88), fügt Bernhard noch die vernichtenden Eigenschaften der „Unsicherheit", „Inkonsequenz" und „Erbärmlichkeit" (U 91) hinzu, mit der sie die „Zersetzung und Zerstörung und, in böswilliger Konsequenz, Vernichtung [der] ihnen anvertrauten jungen Menschen als Schüler" (U 91) betrieben. Seine Professoren seien „Kranke" gewesen, „deren Höhepunkt als Krankheitszustand immer der Unterricht gewesen" sei (U 91). Die Schulen selbst werden mit gleicher Heftigkeit benannt als

Erziehungsanstalten	U 11
Kerker	U 11
Staatlicher Kerker	U 11
Unterrichtsapparat	U 76
Unterrichtsmühle	U 77
Katastrophale Verstümmelungsmaschinerie	U 77
Erziehungs- und Unterrichtsmaschine	U 88
Verrottungszentren	U 92
Quälmaschine	U 99
Lernfabrik	Ke 10
Lernmaschine	Ke 10, Ke 21
Tödliche Institution	Ke 86
Fabriken der Dummheit und des Ungeistes	EK 124

Nur im jeweiligen Textzusammenhang sind diese hier isolierten Bezeichnungen als Substitutionen von „Schule" zu erkennen, da ihnen allen ein semantisches Merkmal fehlt, das sie einem ‚Ort der Lehre und des Lernens' zuordnete. Das von Bernhard verwendete Vokabular ließe sich vielmehr durch Seme wie (+ maschinell), (+ zerstörend) und (+ bedrohend) umschreiben und erweckt Vorstellungen eines Tötungsapparates wie in Franz Kafkas Erzählung „In der Strafkolonie":[469] Wie dort der ausgeklügelte Mechanismus der Exekutionsmaschine, so verdichten sich die von Bernhard verwendeten „Wörter" zu einem literarischen Bild selbsttätig handelnder Instrumentarien zur Vernichtung des „*Geistes*vermögen[s] und des *Körper*vermögen[s]" (Ke 20). Auch die Meinung des Großvaters,

---

[469] Franz Kafka: In der Strafkolonie. In: F. K.: Sämtliche Erzählungen (hrsg. v. Paul Raabe). Frankfurt/M. 1985 [1935], S. 100 – 123.

alle Schulen seien „zerstörende Institutionen [...], Mörder des Kindes" (EK 52) sowie das Gefühl des Kindes, „in einem solchen Erziehungskerker als Erziehungshäftling vernichtet" (U 20) zu werden, verstärkt in diesem Zusammenhang die Gemeinsamkeiten beider Foltermaschinen.

Die Erinnerung an die „Unglücksperiode" der Schulzeit, an die „Periode der Nutzlosigkeit", an die „fürchterliche Epoche" (Ke 9) hinterläßt in Bernhard ein „Schultrauma" (Ke 56, dazu auch U 19 f.) bis ins Erwachsenenalter. Doch während der Verurteilte bei Kafka nur durch glückliche äußere, von ihm selbst nicht beeinflußte Umstände im letzten Moment der Vernichtung durch die Maschine entgeht, gelingt dem „Lernmaschinenopfer" (Ke 21) Bernhard im „entscheidenden Augenblick" (Ke 55) „in Todesangst" (Ke 21) die lebensrettende Flucht aus der „Verstümmelungsmaschinerie" (U 77) aus eigenem Willen und Entschluß. Diese Lebensrettung findet der Fünfzehnjährige in der dem Gymnasium „entgegengesetzten Richtung" (Ke 7): Auf dem Weg in die Schule beschließt er eines Tages, keinen Schritt mehr in diese Richtung zu gehen, macht kehrt und läßt sich auf dem Arbeitsamt eine Lehrlingsstelle in einem Lebensmittelgeschäft zuweisen. Wie um sich dieser lebensrettenden Wendung ständig zu versichern und diesen Zustand aller Welt kundzutun, wiederholt Bernhard die Worte „in die entgegengesetzte Richtung" auf den ersten Seiten des „Kellers" dreiundzwanzig Mal (S. 7, 1x; S. 8, 2x; S. 15, 10x; S. 16, 4x; S. 17, 3x; S. 18, 3x).

„Die anderen Menschen", so die programmatischen ersten drei Wörter des 22 Zeilen langen Anfangssatzes des „Keller" (S. 7), trifft der am Ende der Passage ebenfalls „andere" junge Bernhard ausschließlich in einer Welt, die seiner bisherigen diametral entgegengesetzt ist. Der Kontrast dieser Welt und ihrer Gegenwelt wird als literarisierter Bewußtseinsvorgang versinnbildlicht, der kompromißlos nur ein Entweder – Oder kennt:

Er geht nicht mehr in das „gehaßte Gymnasium",
sondern in die „rettende Lehre",

nicht mehr „mit dem Sohn des Regierungsrats",
sondern „mit dem Schlossergesellen",

nicht mehr „in die Mitte der Stadt",
sondern „an ihren Rand",

nicht mehr „durch die Reichenhaller Straße",
sondern „durch die Rudolf-Biebl-Straße",

nicht mehr „durch die wilden Gärten",
sondern „durch die Schrebergärten",

nicht mehr „an den kunstvollen Villen vorbei",
sondern „an der Blinden- und Taubstummenanstalt vorbei und über die Eisenbahndämme und an den Sportplatzplanken in der Nähe des Lehener Irrenhauses",

nicht mehr „in die Hohe Schule des Bürger- und Kleinbürgertums",
sondern „in die Hohe Schule der Außenseiter und Armen, in die Hohe Schule der Verrückten und der für verrückt Erklärten" (Alle Zitate Ke 7).

Um diesem Gedankengang abschließend noch einmal Nachdruck zu verleihen, erfolgt auf Seite 13 eine erneute, metaphorisch aufgeladene Gegenüberstellung: Nicht in den „Schulpalast",[470] sondern in den „Keller" (des Lebensmittelgeschäftes) führt ihn sein selbstgewählter Weg, der das gegensätzlicher nicht denkbare Daseinsverständnis des ehemaligen „Nichts" und „Nichtsnutz" (EK 38) und des „anderen" Menschen mit einer „nützlichen Existenz" (Ke 8) versinnbildlicht. In einer anderen Stelle des „Keller" löst Bernhard die Metapher der „entgegengesetzten Richtung" auf und bekräftigt erneut die Richtigkeit des rigorosen Entschlusses:

> „Die Scherzhauserfeldsiedlung war der äußerste Punkt der entgegengesetzten Richtung gewesen, und diesen äußersten Punkt habe ich mir zum Ziel gesetzt. An diesem äußersten Punkt durfte ich nicht mehr scheitern. Und nicht nur geographisch war die Scherzhauserfeldsiedlung der äußerste Punkt der entgegengesetzten Richtung gewesen, in jeder Beziehung" (Ke 86).

In der Reflexion des menschlich-sinnvollen Prinzips einer „nützlichen Existenz" im „Keller" wird in scharfem Kontrast die vormalige Sinnlosigkeit des „Schulpalastes" (Ke 8) als „Alptraum" (Ke 8), als nunmehr abgeschlossene „Periode der Nutzlosigkeit" (Ke 9), als „fürchterliche Epoche" (Ke 9) gegenübergestellt: Der Vernichtung der Existenz eines „völlig nutzlos[en]" (Ke 13) Daseins wird in beharrlich insistierenden, häufig wiederholten Ausdrücken die Nützlichkeit, das heißt das jetzt lebenswerte Leben entgegengestellt: Die „nützlichsten Jahre" (S.

---

[470] Der appellative Charakter der Passage der „entgegengesetzten Richtung" insgesamt, aber im Besonderen diese Gegenüberstellung zweier äußerst reich emotional konnotierter Ausdrücke ähnelt in ihrer Diktion Büchners „Landboten", der mit dem Aufruf beginnt: „Friede den Hütten! Krieg den Palästen!" Vgl. Georg Büchner: Der hessische Landbote. In: G. B.: Werke und Briefe. München, Wien 1980 [1834], S. 210 – 233.

12); „auf die nützlichste Weise", „eine „nützliche Existenz" (S. 8); „nützlich" (S. 9, 3x; S. 10, 1x; S. 12, 2x; S. 13, 1x).

Zutreffend hebt Theisen die hier zur Sprache gebrachte „Diachronizität zweier sich entgegengesetzter Welten oder Zustände" hervor sowie die „Dynamik ihres Gegensatzes",[471] in der die Rettung des jungen Bernhard zum Ausdruck gebracht wird, während Maier der Auffassung ist, Bernhard betone das Negative der Scherzhauserfeldsiedlung lediglich um einer (nachträglichen) „phänomenale[n] Selbstheroisierung"[472] wegen.
Mir ist nicht bekannt, ob sich Bernhard mit der Philosophie Bergsons beschäftigt hat, aber in Bergsons philosophischer Reflexion über Kunst und Leben wird „nützlich" (wie bei Bernhard optisch hervorgehoben) in einen ähnlichen Bezug zum menschlichen Leben gestellt wie in dem erörterten Passus des „Keller": „Der Mensch muß leben. Und das Leben verlangt, daß wir die Dinge in ihrem Bezug auf unsere Bedürfnisse erkennen. Leben heißt handeln. Leben heißt, nur das anzunehmen, was uns an den Dingen als *nützlich* erscheint. Alle anderen Eindrücke müssen verblassen oder dürfen uns nur nebenbei beschäftigen."[473] In diesem Sinne nützlich fühlt sich der junge Bernhard erst im Keller des Podlaha, nützlich und zugleich befreit von jahrelanger Daseinsqual: „Ich lebte, jahrelang war ich schon tot gewesen" (Ke 12).
Als Zeichen existentieller Notwendigkeit für den „jungen Helden" bewertet auch Jean-Marie Paul das bei Bernhard in dieser Passage häufig verwendete Adjektiv: „La mise en valeur de l'adjectif ‚utile' par les procédés bernhardiens habituels, soulignement et réitération, sert à montrer dans les premières pages de Der Keller l'importance décisive de la conversion opérée par le jeune héros."[474]

Der Beamtin auf dem Arbeitsamt weist Bernhard eine Position der falschen, unnützen Richtung zu. Die Einwände, die sie gegen sein Vorhaben erhebt, erhöhen somit einmal mehr den rigorosen, konzessionslosen Entschluß, gegen alle Widerstände anzugehen.[475] „Sie verstand nicht" (S. 15), sie „verstand ganz einfach nicht" (S. 16), sie „glaubte" ihm nicht (S. 17), sie war „entsetzt" (S. 17 u. 18), sie betrachtete ihn als wahrscheinlich „verrückt" (S. 15). Sie spricht die Adresse des Podlaha nur „widerwillig" aus, sagt den Namen Podlaha nur „widerwillig",

---

[471] Theisen, S. 258.
[472] Maier, S. 95.
[473] Bergson, S. 99.
[474] Jean-Marie Paul: Le point final de la mort: De la fiction autobiographique à la verité de la fiction dans l'œuvre de Thomas Bernhard. In: Le texte et l'idée. Centre de l'université de Nancy II, 4/1989, S. 165 – 210; S. 191.
[475] Martin Lüdtke ist der Ansicht, die gesamte Autobiographie werde durch eine inhaltliche Struktur der „entgegengesetzten Richtung" bestimmt. Vgl. S. 1181.

gibt nur „widerwillig" die genaue Adresse an, spricht nur „widerwillig" das Wort „Scherzhauserfeldsiedlung" aus – das Wort war ihr „das widerwärtigste" (S. 17) gewesen, und „das Wort *Podlaha* war ihr „zutiefst zuwider gewesen" (S. 18). Daß der Beamtin keineswegs das „Wort" „zuwider" war, sondern die Assoziation, die sich mit ihm verbindet, wird deutlich, wenn Bernhard ergänzt: „[...] und die ganze Richtung, die ich selbst als *entgegengesetzte Richtung* bezeichnete, verachtete sie" (S. 18). Und schließlich, als er sich als „offensichtlich intelligenter Mensch, zwei, drei Stunden vorher noch Gymnasiast", nicht von seinem Vorhaben abbringen läßt, hatte sie auch für ihn „nur mehr noch Verachtung übrig" (S. 18). Er war ihr „unverständlich", und sie nahm ihn „überhaupt nicht mehr ernst" (S. 19).

Dieser erste weit ausgreifend angelegte Passus aus dem „Keller" mit seiner literarischen Metaphorik spricht beispielhaft dafür, daß Bernhards Schreibstil nicht leichtfertig als Niederschlag eines „psychisch Kranken"[476] gedeutet werden sollte, der durch das Schreiben seine seelische Stabilität herbeigeführt hat, sondern als Schreibstil, der in unverwechselbarer Weise geeignet ist, psychische Verletzungen zu reflektieren. Zweifelsohne geht es hier um eine Lebenskrise. Doch wird sie keineswegs durch den Akt der Schilderung überwunden, sondern in der Autobiographie wird die etwa dreißig Jahre zurückliegende Krise und ihre Überwindung aus eigener Kraft in literarischer Umformung geschildert und mit ihr die inneren Vorgänge eines damals Verzweifelten wieder aufgerufen. So erscheint es wenig dienlich, Bernhards Diktion „krankhafte" Züge"[477] zu attestieren. Im Gegenteil wird in der Literarisierung dieses morgendlichen Entschlusses Bernhards poetologische Forderung nach der „Überdeutlichkeit" der Wörter und dementsprechend ihrer Bedeutungen als Ausdruck abstrakter „innerer" Vorgänge beispielhaft umgesetzt. Bernhard bedient sich dabei äußerst reduzierter sprachlicher Mittel, die jedoch auf eine äußerst komplexe Innenwelt verweisen,[478] wie beispielsweise in der angesprochenen Szene des Adverbials „in die entgegengesetzte Richtung", wo beiden Wegpolen, Schule und Arbeitsamt, jeweils die kontrastierenden Begriffe nützlich = lebenswert und unnützlich = nicht lebenswert zugeordnet werden. Stilistisch und thematisch begleiten hier beide sprachlichen Elemente buchstäblich auf Schritt und Tritt den Gang *und* den Gedankengang des Fünfzehnjährigen in entgegengesetzte Seins-Richtungen, wobei

---

[476] Bugmann, S. 186.
[477] Ebd.
[478] Zum reduzierten Sprachgebrauch bei Bernhard („Grenze der Bernhardschen Darstellungskunst"): Benno v. Wiese: Thomas Bernhard. In: B. v. W. (Hrsg.): Deutsche Dichter der Gegenwart. Berlin 1973, S. 632 – 646; S. 639.

die Nennung des einen Begriffs auch immer den anderen impliziert,[479] wie durch die Segmentierung einzelner Konstituenten der Passage ersichtlich wurde. Wie am Beispiel der „entgegengesetzten Richtung" ersichtlich, ist die kumulative Verwendung gleicher oder ähnlicher materieller Ausdrücke – zumindest als Ergebnis ästhetischer Verfahrensweise – keineswegs ein Indiz restringierter Sprachanwendung, sondern ein Beleg dafür, daß sich das einzelne Wort niemals auf nur *ein* ihm entsprechendes außersprachliches Objekt beziehen läßt, sondern, wie Trier formuliert, „daß vielmehr hier ein zweites Wirkliches mitspricht, nämlich das System des objektiven in der Sprache [...] überlieferten und dem Sprecher und Hörer gegenwärtigen Ganzen des Begriffsfeldes."[480] Das heißt, daß sich in einer Identifizierung der hier diskutierten Syntagmen mit ihren vermeintlichen außersprachlichen Objekten nur ein erstes und vorläufiges Verständnis des weitgespannten Sinngehalts erschließen läßt, und daß erst die Vielfalt der möglichen Bedeutungen Bewußtseinsvorgänge erkennbar werden lassen – also die von Bernhard postulierten „inneren Vorgänge".[481]

In der Realisierung des Bernhardschen Prinzips der Formdominanz bestätigt sich Bergsons Beobachtung, daß, „sobald sich unsere Aufmerksamkeit auf die materielle Seite einer Metapher konzentriert, [...] die ausgedrückte Idee komisch [wird]."[482] Für die Rezeption der wiederholt gleichen oder nur geringfügig vari-

---

[479] Vgl. Jost Trier, der sein Buch mit den Sätzen einleitet: „Kein ausgesprochenes Wort steht im Bewußtsein des Sprechers und Hörers so vereinzelt da, wie man aus seiner lautlichen Vereinsamung schließen könnte. Jedes ausgesprochene Wort läßt seinen Gegensinn anklingen." J. T.: Der deutsche Wortschatz im Sinnbezirk des Verstandes. Von den Anfängen bis zum Beginn des 13. Jahrhunderts. Heidelberg, 2. Aufl. 1973 [1931].

[480] Trier, S. 4.
In seiner „Denkschrift" zur derzeit vieldiskutierten Reformierung der deutschen Rechtschreibung formuliert Reiner Kunze dieses von Trier wissenschaftlich-sachlich benannte Faktum in poetischer Sprache: „Das Wort besitzt eine Aura, die aus seinem Schriftbild, seinem Klang und den Assoziationen besteht, die es in uns hervorruft, und je wichtiger und gebräuchlicher ein Wort ist, desto intensiver und prägender ist diese Aura." R. K.: Die Aura der Wörter. Denkschrift. Stuttgart, 3. Aufl. 2003, S. 28.

[481] Die insistierende Kraft gerade nicht substituierter Wörter innerhalb eines kleineren literarischen Korpus erweist sich beispielhaft in einem berühmten Gedicht des 22jährigen Mallarmé. Im viermaligen Ausruf „l'Azur" des Schlußverses Spracharmut des Dichters zu erkennen, erschiene absurd, selbst dann, wenn das lyrische Ich das Blau des Himmels nur als Naturerlebnis eines sonnigen Tages preisen würde. Im Zusammenhang des Gedichtes erweist sich der emphatische Ausdruck als allumfassende Opposition zur ersten Zeile der sechsten Strophe („Le Ciel est mort") und als ungenügendes Sprachzeichen vielschichtiger, tiefster seelischer Ergriffenheit.
Stephane Mallarmé: L'Azur. In: S. M. : Œuvres complètes. Paris 1970 [1864] (Bibliotheque de la Pléiade), S. 37.

[482] Bergson, S. 78.

iert angebotenen Metaphern ergibt sich daraus folgende Konsequenz: Die häufigen Wiederholungen werden als Kunstmittel der Komisierung aufgefaßt und belacht, weil die Konzentration auf die „materielle Seite der Metapher" vorläufig eine weiterführende Deutung ausblendet. Wird sich der Rezipient jedoch der Inkongruenz zwischen dem Komischen der Darbietung und dem Ernst des inhaltlich Gemeinten bewußt – hier der verzweifelten Suche eines jungen Menschen nach einer lebenswerten Zukunft – stehen die Worthülsen als Objekte des Komischen nicht länger allein zur Disposition. Vielmehr erfordert die einem unkomplizierten Lachvorgang hinderliche emotionale Beteiligung eine Auseinandersetzung mit denjenigen referentiellen Objekten, die sein Leben bisher in die falsche Richtung gelenkt haben.

Im weiteren Verlauf des Bandes „Der Keller" (auch als Erwähnung in der „Ursache") wird zumeist unspektakulär von der Richtigkeit der Entscheidung berichtet, die „tödliche Institution" (Ke 86) des Gymnasiums als „Inbegriff des [ihm] in allem Entgegengesetzten" (U 89) gegen die Lehrstelle ausgetauscht zu haben. Die Begriffe „Vorhölle", „Hölle", „Fegefeuer", „Vorhöllen- oder Höllenbewohner" (Ke 35, 44, 48, 55) beziehen sich zwar auf die Scherzhauserfeldsiedlung, in der das Lebensmittelgeschäft liegt, und in dem Bernhard jetzt arbeitet, aber es ist nicht mehr *seine* Hölle, sondern die Hölle der „Ärmsten und Unglücklichsten" (Ke 44), die in diesem „Schmutzfleck", diesem „größte[n] Schandfleck der Stadt" (Ke 27) leben müssen. Weil er den Höllenqualen seines Zuhauses entkommen ist („*mein Zuhause war meine Hölle* gewesen"; Ke 68), kann der Lehrling dieser Hölle der anderen „mit der Leichtigkeit des glücklichen Selbstbewußten" (Ke 79) begegnen. Was dem Kind in seiner Denkwelt vereinfachend als unübersehbarer Raum der Hölle erschien, kann der Gymnasiast konturieren. Er erkennt Eltern und Lehrer als Mitverursacher der „Verstümmelungsmaschinerie" (U 77), und indem er fähig wird, sie zu benennen und ihrer Unfähigkeit wegen zu verlachen (ähnlich wie Bachtin das Lachen der Unterdrückten beschreibt), kann er sie besiegen: Bachtin interpretiert den Effekt des karnevalesken Lachens als „Sieg über die Furcht [...], vor allem als Sieg über die moralische Furcht, die das Bewußtsein des Menschen knechtet, bedrückt und dumpf macht: als Sieg über die Furcht vor allem Geheiligten und Verbotenen [...], vor der Macht Gottes und vor der Macht der Menschen, vor den autoritären Geboten und Verboten, vor Tod und Vergeltung im Jenseits, vor der Hölle, vor allem, was entsetzlicher ist als die Erde."[483]

Mehr als dreißig Jahre später fühlt sich der Autor in das damals erwachende Selbstbewußtsein des Heranwachsenden ein und gibt dessen erweiterter Denkwelt eine entsprechende Sprachwelt. Auch wenn die verspottenden Bezeichnun-

---

[483] Bachtin, S. 35. Zur Bedeutung der Lachgestalt „Hölle" und der mit ihrer Vernichtung einhergehenden „besiegte[n] Furcht" vgl. Bachtin, S. 36 f.

gen „*Ver*zieher", „*Ver*störer", „*Ver*nichter" (EK 53) als Ausdrücke des Großvaters gekennzeichnet sind, widerlegt Bernhard sie nicht, so daß sie in Kenntnis des Kontextes auch als Urteil des Enkels gelten können. Die sich wiederholenden, syntaktisch nah angeordneten und zusätzlich durch Kursivdruck optisch hervorgehobenen Präfixe stehen für die literarische Drohgebärde gegenüber den einst phantomhaften und jetzt benannten „Teufeln" (Ke 125).

Zugleich konfrontiert Bernhard seine Vernichter mit den Orten ihrer Vernichtungsarbeit mit „Wörtern", die den Vernichtungsapparat schonungslos benennen. Sie bestehen zum größten Teil aus zwei- oder mehrgliedrigen Komposita als pejorative Periphrasen für den Begriff „Schule" und können im Zusammenhang des sie umgebenden Textes als Isotopieverhältnisse den Bereichen ‚maschinell', ‚zerstören' und ‚maschinell zerstören' zugeordnet werden und als Mechanismen der Lebenszerstörung gelesen werden. Die ungewöhnlichen und deshalb erhöhte Aufmerksamkeit beanspruchenden Neologismen kontrastieren den gewohnten Wortschatz des Rezipienten. Ihr Neuheitseffekt erfordert die kognitive Aktivität des Transfers in gewohnte Begriffe und Bedeutungen. Sie wirken beim Lesen als Stolpersteine, die zuerst aus dem Weg geräumt werden müssen, um den Lesevorgang fortsetzen zu können. Diese von Bernhard kalkulierte Verzögerung durch die erschwerte Übertragung der Bezeichnungen in ihre gemeinten Bedeutungen und die damit einhergehende Leseverweildauer auf dem jeweiligen Wort (ein der Wiederholung gleicher Lexeme entgegengesetzter Kunstgriff mit gleichem Effekt) bewirken durch die Vielzahl ihres Vorkommens eine ähnliche Aufmerksamkeitslenkung auf ihre Wortgestalt wie ihn Bühnengestalten in sogenannten Stolperszenen als Garanten für belachbare Vorgänge erzielen.
Bergsons Theorie des Lachens besteht im wesentlichen aus der Feststellung, daß sich der komische Effekt durch die offensichtliche Mechanisierung von etwas Lebendigem ergibt. Die Urszene einer solchen Mechanisierung sei im Stolpern eines Menschen zu sehen, der für die Dauer dieses Vorgangs statt seiner gewohnten Lebendigkeit unbewußt eine steife Mechanisierung annimmt: „Etwas Mechanisches überdeckt etwas Lebendiges".[484]
Bernhards Stolpersteine in Form von gegensätzlichen Begriffspaaren, Wiederholungen und ungewöhnlichen Wortschöpfungen sind bewußt verteilte Felsbrocken, die nicht nur die Maschinerie seiner psychischen Vernichtung, sondern ebenso ihre mechanisch arbeitenden Repräsentanten durch seine Sprachwut vor lachendem Publikum zu Fall bringen.

---

[484] Bergson, S. 39. Möglicherweise spielt Bergson auf die erste überlieferte, belachte Sturzszene der Philosophie an, die des Thales von Milet: Statt auf seinen Weg zu achten, betrachtete er die Sterne, stürzte, und wurde von einer Magd ausgelacht. Häufig erörtert in „Das Komische" (a.a.O.), siehe dort das Personenregister, S. 465.

6.4 Das Komische des Kontrastes

Im bisherigen wurde versucht zu zeigen, daß Bernhard den handlungsohnmächtigen Empfindungen des Kindes und Jugendlichen gegenüber seinen damaligen Vernichtern in der Autobiographie eine diese Vernichter vernichtende Sprachmacht entgegenstellt. Während Piechotta solche „hyperbolischen Aufgipfelungen" als Spiegel „absoluter Subordination des Menschen unter ein ihm absolut überlegenes System"[485] begreift, erweitert mein Ansatz diesen Gedanken dahingehend, daß durch diese Darstellungsweise die „Subordination" am Ende aufgehoben wird, indem sie das Unterdrückende und Bedrohende durch die Elemente des Komischen bloßstellt, der Lächerlichkeit ausliefert und somit entmachtet. Die an den einzelnen Textbeispielen diskutierten sprachlichen Besonderheiten dienen dabei nicht unmittelbar der Präzisierung des jeweils geschilderten Sachverhaltes, sondern fungieren zunächst als Zeichen mit eigener Autonomie, die den Rezeptionsvorgang Bernhards poetologischer Zielsetzung entsprechend beeinflussen. Sie reflektieren in der für Bernhard charakteristischen, häufig bis zur Paradoxie verschlüsselten Kongruenz von syntaktischer Anordnung, semantischer Aussage und pragmatischer Funktion der „überdeutlichen Wörter" den geheimen Wunsch des Kindes, die institutionalisierte Übermacht von Elternhaus und Schule zu attackieren und durch Lächerlichmachen zu beschädigen – letztlich das einem jeden komischen Vorgang eingeschriebene Anliegen. Das Komische konstituiert sich in den aufgeführten Beispielen dieses Spannungsverhältnisses hauptsächlich durch die Ausklammerung einer objektiven Kritik in der extremen Überbewertung der Höllenseite der Kindheit, die ihre überproportionale Dimension erst vor dem kontrastierenden Hintergrund des ebenso wenig differenziert gesehenen Paradieses erhält. Die kontinuierliche Kontrastierung der Lexemgegenpole groß/klein in variierenden Formen, in der die geschilderten Situationen durch sprachliche Überzeichnung trivialisiert werden, lassen diese komisch erscheinen, obwohl sie für das Kind von essentieller Bedeutung sind. Kontrastierend zur Naturgewalt und der Gewalt in Elternhaus und Schule werden dem Rezipienten in übertriebener Form Nichtigkeit, Unvermögen und Versagen aus der Perspektive des Kindes vorgeführt. Gleichzeitig weiß aber der Leser der Autobiographie, daß aus diesem Kind ein bedeutender Schriftsteller geworden ist, und daß die autobiographischen Schilderungen nicht irgend „Ein Kind" präsentieren, sondern daß Bernhard sich selbst in ihnen repräsentiert. So wird die vorgebliche Nichtigkeit als Scheinnichtigkeit denunziert, als etwas bloß Gesagtes, hinter dem meistens etwas anderes vom Autor mitgemeintes und vom Leser mitzudenkendes Gegenläufiges verborgen ist.

---

[485] Piechotta, S. 12.

Alle Bemühungen, die das Komische als das der eigenen Lebensordnung Entgegenstehende zu erklären versuchen, weisen der Kontrastierung hohe Bedeutsamkeit zu. Kontrastierungen im weitesten Sinn sind prädestiniert, komische Effekte zu erzeugen, indem sie am offensichtlichsten die für das Komische unabdingbare Voraussetzung der Inkongruenz erfüllen und die Diskrepanz zwischen Schein und Sein, zwischen Wert und Unwert, zwischen Anspruch und Erfüllung begrifflich vor Augen führen. Im Kontrast in seinen mannigfaltigen Darstellungsmöglichkeiten vermutet Karl Julius Weber sogar „vielleicht die wichtigste Rolle in der Welt des Lächerlichen".[486] So wie die schwarze Farbe von der weißen absteche, die dunkle von der hellen, so bewirke der Kontrast auch, „daß ein Fortissimo nach einem Pianissimo stärker schallt, so wie in der Stille der Mitternacht ein von einem hohen Gewölbe herabfallender Tropfen widerhallt wie ein Donnerschlag [...]".[487] Auch Lipps spricht sich für die Kontrastierung als effektivstes Komisierungsmittel aus und hebt vor allem das Gegensatzpaar groß/klein hervor: „Ein Kleines, ein relatives Nichts, [...] bildet jederzeit die eine Seite des komischen Kontrastes; ein Kleines, ein Nichts, nicht überhaupt, sondern im Vergleich zu demjenigen, mit dem es kontrastiert. Die Komik entsteht eben, indem das Kleine an dem Anderen, zu dem es in Beziehung gesetzt wird, sich misst und dabei in seiner Kleinheit zu tage tritt."[488] Diesen Effekt, den auch die Finsternis-Metapher benennt (dunkle Bühne, aufleuchtende Wörter), hat Bernhard, wie gezeigt wurde, am greifbarsten in der Fahrrad-Episode genutzt. Für den Leser bedeutet eine solche Darstellungsweise, daß er ständig mit äußerst expressiven Elementen syntaktischer und semantischer Hervorhebungen konfrontiert wird und eine Einordnung der Begriffe in sein eigenes Wertsystem vornehmen muß, das heißt, er muß den Bedeutungsgehalt der übertriebenen Versprachlichung eigenen, subjektiven Bewertungskriterien unterziehen. In der Konfrontation polarer Begriffe wird der Leser die Distanz dieser Begriffe und Bedeutungen von seinem Standpunkt – seinem Gefühl von „angemessen" oder „unangemessen" entsprechend – einschätzen müssen, um je nach seinem Empfinden einer sprachlichen bzw. seinem Weltbild adäquaten Normalität auf diese Verwendung komischer Elemente reagieren zu können.

Wie Bernhard im „Keller" schreibt, „liebte" er damals und liebt auch „heute vor allem den Gegensatz" (vgl. Ke 100) und setzt diese Elemente qualitativ und quantitativ in herausfordernder Weise ein. Er konfrontiert zumeist einander aus-

---

[486] Weber, S. 250.
Vgl. Volkelts Einwand gegen die dominante Funktion des Kontrastes: Ohne die Komponente der Scheinhaftigkeit, des „nichtigen Wertanspruchs" könne sich das Komische nicht entfachen. Volkelt, S. 403 ff.
[487] Weber, S. 251.
[488] Theodor Lipps: Komik und Humor. Eine psychologisch-ästhetische Untersuchung. Hamburg u. Leipzig 1898.

schließende oder annähernd ausschließende sprachliche Zeichen und erzielt dadurch extrem voneinander entfernte, mit gegensätzlichen Wertpotentialen belegte Bedeutungsfelder.

Bergson spricht in diesem Zusammenhang von der Komisierung durch den Transpositions-Vorgang, den extreme „Vergleichswörter, das sehr Große und das sehr Kleine, das Bessere und das Schlechtere" erfordern. „Zwischen diesen kann die Transposition in diesem oder jenem Sinn stattfinden. Indem wir den Abstand verringern, stoßen wir auf neue, weniger brutal entgegengesetzte Wörter und auf subtilere Effekte der komischen Umsetzung."[489] Bernhard stellt durchgängig die denkbar „brutalst" entgegengesetzten Wörter in Opposition zueinander oder entfernt sie durch Hyperbeln extrem weit von ihrem Positiv, ihrer Grundform, so daß *theoretisch* größtmögliche komische Effekte erreicht werden könnten – vorausgesetzt, daß es dem Rezipienten gelingt, die Darstellung vom Dargestellten zu abstrahieren. In einer solchen, ausschließlich intellektuell vorgenommenen Interpretation wird er die stilistischen Extrema als komische Elemente goutieren. Doch die Präsupposition einer gewissen Kongruenz der sichtbaren sprachlichen Zeichen und ihrer außersprachlichen Bedeutungen kann *praktisch* nie gänzlich ignoriert werden, so daß sich der Rezipient bewußt wird, der Scheinwelt Bernhardscher theatralischer Inszenierung erlegen zu sein. In diesem zweiten Interpretationsvorgang wird im Wissen, daß es sich um tatsächlich Geschehenes handelt (im Unterschied zur Rezeption des fiktionalen Werkes), die für das Entstehen von Komik unerläßliche Voraussetzung der emotionalen Zurückhaltung nur bedingt möglich sein. Joachim Ritter hat diese psychische Bewegung beschrieben:

> „Man hat gesagt, daß das Nachdenken über das Lachen melancholisch macht. Indem das, was im Lachen erscheint, das Lächerliche, als solches bedacht wird, verstummt das Lachen, und es treten diejenigen Elemente des Lebens hervor, in denen es seine Brechungen, seine Zacken und Kanten, seine innere Zweideutigkeit hat [...]. Der Mensch erscheint als die geschlagene und gestoßene, als die abirrende und taumelnde Kreatur."[490]

Bevor aber die „geschlagene und gestoßene Kreatur" und ihre „inneren Vorgänge" in der beabsichtigten Weise „überdeutlich" sichtbar werden können, wendet Bernhard ein komisierendes Verfahren der Provokation durch dominierende Wörterpräsenz an, das den Leser amüsiert und ihm den direkten Zugang zu den inneren Vorgängen des jungen Bernhard vorerst verstellt.[491] Erst in einem weite-

---

[489] Bergson, S. 84.
[490] Ritter, S. 62.
[491] Vgl. das im Protestbrief an Josef Kaut erörterte Verfahren in Kap. 2.4 dieser Arbeit.

ren Gedankenschritt, in dem er über sein Lachen und das Lächerliche „als solches",[492] nachdenkt und „die Wörter" als Kritik des „Lernmaschinenopfers" an der „Verstümmelungsmaschinerie" interpretiert, wird die Inkongruenz zwischen nicht komischer Thematik und deren komischer Inszenierung aufgehoben.

---

[492] Hierzu die Eingangssätze von Ritter, S. 62.

7 SELBSTMORDGEDANKENZWECKE

„Das einzig Richtige" (U 12), der „entsetzlichsten Zeit", der „Verzweiflungs- als Reifezeit" (U 8) im Salzburger Internat zu entkommen, sieht der Schüler Bernhard im „Selbstmorddenken [...], in welchem er schon vor dem Eintritt in das Internat geschult gewesen war, denn er war in dem Zusammenleben mit seinem Großvater die ganze Kindheit vorher durch die Schule der Spekulation mit dem Selbstmord gegangen" (U 12). Gleich „in den ersten Tagen" beschäftigt ihn „naturgemäß der *Selbstmordgedanke*" (U 11); „Verzweiflungs- und Angstzustände" führen schließlich zu „vollkommene[r] Aussichts- und Hoffnungslosigkeit", so daß der unglückliche Schüler nur noch daran denkt, „das Leben oder die Existenz abzutöten" (U 11).

Schon in diesen wenigen exemplarischen Sätzen aus der „Ursache" wird ersichtlich, daß sich der Schüler intensiv mit der Möglichkeit des Selbstmords als letztem Trumpf gegen existentielle Bedrohungen auseinandersetzt. Der Selbstmord als Ausweg, den Unerträglichkeiten des Lebens zu entkommen, spielt in der gesamten Autobiographie und im übrigen Werk eine zentrale Rolle. Doch anders als die Figuren im fiktionalen Werk, deren „einzige[s] erreichbare[s] Lernziel [...] der Tod" (V 137) ist, entscheidet sich Bernhard für das Leben. Im folgenden wird versucht, die sprachlichen Zeichenformen, in die Bernhard diese vielschichtigen, Jahrzehnte zurückliegenden Gedanken-Vorgänge faßt, zu analysieren und zu interpretieren.

7.1 Selbstmordspekulationen

In einem Gespräch mit Kurt Hofmann über sein Leben und seine Arbeit äußert sich Bernhard über kindliche Phasen der Selbstmordüberlegungen:

> „Ich glaube nicht, daß ich falsch geh', daß fast jedes Kind sehr oft den Gedanken hat, sich umzubringen, auch die Versuche macht, aber es dann doch nicht tut oder es nicht gelingt. Das hat man doch als Kind ganz stark. Da kommt so eine Welle, so zwischen sieben und zwölf Jahren,[493] dann ebbt' s ein bißchen ab, dann wird man ein

---

[493] Jean Améry weist auf Forschungsergebnisse hin, denen zufolge bisher in der Fachliteratur kein Fall beschrieben worden ist, in dem sich ein Kind unter sieben Jahren selbst das Leben genommen hat. J. A.: Hand an sich legen. Diskurs über den Freitod. Stuttgart, 6. Aufl. 1979, S. 53. (Künftig: Améry, Diskurs)

bißchen robuster, glaub' ich, dann kommt wieder eine ganz sensible Phase zwischen achtzehn und vierundzwanzig, und wer das übersteht, wird eh fünfzig und heiratet und schreitet so aufrechten Kopfes und klopfenden Herzens in das normale Leben hinein."[494]

Auch wenn Bernhard die neutrale Form „jedes Kind" und das anonymisierende „man" gebraucht, geht aus dem Zusammenhang der Äußerungen hervor, daß er auch eigene Erfahrungen wiedergibt, zumal er im weiteren Verlauf dieses Gesprächs die unmißverständliche Form der ersten Person Singular benutzt.

Auch in seiner Autobiographie verwendet Bernhard häufig „man", wenn er „ich" meint. Lejeune nennt mehrere Gründe, die einen Autor veranlassen können, von sich selbst in der dritten Person zu sprechen, beispielsweise könne dies auf „ungeheure[m] Stolz" beruhen oder „eine besondere Form der Bescheidenheit"[495] sein. Ein solches Verfahren könne sich als „Zufälligkeit, Personendoppelung oder ironische Distanz"[496] erweisen. Bei Bernhards ausgeprägtem Stilwillen und nach den Ergebnissen meiner Untersuchung ist der grammatische Personenwechsel auf eine von Bernhard geschickt genutzte sprachliche Möglichkeit zurückzuführen, auf dem (Um)weg einer vorläufigen Distanzierung den eigentlichen Sinn des Ausgesagten zu prononcieren. Dieses literarische Spezifikum der Bernhardschen Autobiographie zeugt keineswegs von „Unsicherheit oder Nachlässigkeit",[497] wie behauptet wurde, sondern sie stellt eine ästhetische Bereicherung durch einen probaten Kunstgriff moderner autobiographischer Texte dar,[498] sich dem früheren Selbst geschützter zu nähern, denn die unterschiedliche Perspektivierung in einer Autobiographie distanziert ja nicht nur vom Geschehen, sondern der Autobiograph gewinnt dadurch eine Distanz zu sich selbst: Er erschafft Raum für neue Sehensweisen, sowohl für eigene als auch für die seiner Leser; für Bernhard ist diese teichoskopische Haltung zudem charakteristisch für sein gesamtes Prosawerk.

Übereinstimmend mit dieser Erkenntnis beschreibt Bernhard seine Kindheit bis zum Alter von sieben Jahren als „Paradies"; mit acht Jahren aber denkt er zum ersten Mal an Selbstmord (vgl. EK 114).

[494] Hofmann, S. 54 f.
[495] Lejeune, S. 218.
[496] Ders., S. 219.
[497] Brettschneider, S. 75.
[498] Vgl. Christa Wolfs autobiographischen Roman „Kindheitsmuster". Darmstadt 1977 [Berlin u. Weimar 1976].
Zum grammatischen Personenwechsel in Bernhards Autobiographie und allgemein vgl. auch Theisen, S. 261 u. S. 262 ff. Eine ausführliche Erörterung grammatischer Formen in Autobiographien bei Waldmann, S. 70 ff.

Ungefähr der im Interview mit Hofmann genannte Zeitrahmen „so zwischen sieben und zwölf Jahren" (s. o.) wird in der Autobiographie als die Zeit der intensivsten Beschäftigung mit dem Selbstmord-Thema beschrieben. In der „Ursache" stellt sich dem Zögling[499] das Internat von Anfang an als ein „raffiniert gegen ihn und also gegen seine ganze Existenz entworfener *niederträchtig gegen seinen Geist* gebauter Kerker" dar und bedeutet schließlich „vollkommene Aussichts- und Hoffnungslosigkeit" (U 11). So ist es für den im Selbstmorddenken geübten Knaben völlig „naturgemäß", sich „schon in den ersten Tagen in erster Linie" (U 11) mit Selbstmordgedanken zu tragen, „und er macht schon am zweiten Tag einen Versuch mit dem Hosenträger" (U 12), um sein Leben zu beenden. Zum Geigenüben ist ihm die Schuhkammer zugewiesen worden, der „zweifellos [...] fürchterlichste Raum im ganzen Internat" (U 12), wo er „allein mit sich selbst [ist] und allein mit seinem Selbstmorddenken, das gleichzeitig mit dem Geigenüben einsetzt" (U 12). Während der verzweifelte Schüler hier „Zuflucht zu sich selbst" findet, das heißt im Zwiegespräch mit sich selbst sein kann, „geht er gänzlich in seinem Selbstmorddenken auf [...]" (U 12). In der „Kälte" kommt Bernhard auf die Internatszeit und seine damaligen Selbstmordgedanken noch einmal erläuternd zurück:

„Ich war ja immer nahe daran, zu ersticken, solange ich in Salzburg gewesen war, und ich hatte nur einen einzigen Gedanken in dieser Zeit, nämlich den Selbstmordgedanken; aber wirklich Selbstmord zu machen, dazu war ich zu feige und auch viel zu neugierig auf alles, von einer schamlosen Neugierigkeit bin ich zeitlebens gewesen, das hat immer wieder meinen Selbstmord verhindert, ich hätte mich tausendemale umgebracht, wenn ich nicht immer von meiner schamlosen Neugierde zurückgehalten worden wäre auf der Erdoberfläche. Nichts habe ich zeitlebens mehr bewundert als die Selbstmörder [...]. Ich verachtete mich, weil ich weiterlebte" (Kä 65).

Damals war sich der Schüler der lebenszugewandten Macht der Neugier noch nicht bewußt, sondern sah in ihr einen Mangel an „Kraft, Entschiedenheit und Charakterfestigkeit für den Selbstmord" (U 15), und als eine Unzulänglichkeit, „während so viele im Internat in der Schrannengasse Selbstmord gemacht haben, diesen Mut aufgebracht haben, merkwürdigerweise keiner in der Schuhkammer, die doch für den Selbstmord die ideale gewesen wäre [...]" (U 14).

Erst mit der Zerstörung der Geige durch einen Bombenangriff kommen die Selbstmordgedanken „zum Stillstand" (U 14). Dennoch verläßt Bernhard das

---

[499] Zu Beginn der „Ursache" spricht Bernhard von sich als „Dreizehnjährige[m]", S. 10; Beginn und Ende des Internataufenthalts werden allerdings mit „Herbst dreiundvierzig (seinem Eintreten) und Herbst vierundvierzig (seinem Austreten)" (U 15) angegeben. Sein Geburtsdatum ist der 9. Februar 1931.

Thema nicht und kehrt in seiner Lebensbeschreibung mehrfach zu ihm zurück, am eindringlichsten in „Ein Kind", der lebensgeschichtlich dem Internataufenthalt vorhergehenden Zeit, in der der Achtjährige mit den Schwierigkeiten in der Familie, dem Orts- und Schulwechsel nicht mehr fertig zu werden glaubt und „zum erstenmal" (EK 114) Selbstmordgedanken hat.

Aber das Kind sieht auch in verschiedenen Möglichkeiten des Selbstmords (Erhängen mit dem „Wäschestrick", „vor ein Auto oder den Kopf auf das Bahngeleise" (vgl. EK 114 f.) keine „Rettung" (EK 114), keinen „Ausweg" (EK 115) und „mußte weiterleben, obwohl es [...] unmöglich erschien" (EK 114).[500] Aber anders als in den Bänden, in denen von den Spekulationen des Heranwachsenden über den *Selbstmord* berichtet wird, werden im letzten Band die widersprüchlichen Wünsche des Kindes und seine noch kindlichen Vorstellungen vom *Sterben* hervorgehoben. Nur wenige Monate vor seinem „ununterbrochene[n] Gedanke[n] [...] Wenn ich nur sterben könnte!" (EK 114) ist es von seiner und des Großvaters Unsterblichkeit überzeugt: „Noch glaubte ich nicht daran, eines Tages selbst sterben zu müssen, auch an den Tod meines Großvaters glaubte ich nicht. Alle sterben, ich nicht, alle, nicht mein Großvater, war meine Sicherheit" (EK 87).[501] Diese Sicherheit des Kindes wird auch nicht durch die Tatsache geschmälert, daß der Großvater „täglich mit Selbstmord" droht und eine „schußbereite Pistole" (EK 63 f.) unter dem Kopfkissen hat.

7.2 Das Komische der Wiederholung und der Übertreibung

Wenn Bernhard lediglich die Absicht gehabt hätte, über seine Selbstmordabsichten und -versuche zu berichten, wäre dieser Sachverhalt bereits in den ersten Seiten seiner Lebensbeschreibung erfüllt. Hier erfährt der Leser, daß Bernhard

---

[500] In einem Gespräch mit Kurt Hofmann erzählt Bernhard von einem in der Autobiographie nicht geschilderten Selbstmordversuch, bei dem er Kopfschmerztabletten seiner Mutter geschluckt hat. „Ich weiß nicht, so dreißig Stück auf einmal. Das war die Rettung, weil's zuviel war, dadurch ist alles wieder herausgekommen" (S. 53 f.).
Bernhard gibt für dieses Vorkommnis kein Alter und kein Motiv an, da er jedoch beim Apotheker „Für die Mutti die Tabletten" holte und anschließend über „Kinder" und Selbstmordabsichten spricht, ist anzunehmen, daß er zwischen „sieben und zwölf Jahren" war, wie aus dem Zusammenhang dieser Passage geschlossen werden kann.

[501] Krista Fleischmann gegenüber erinnert sich Bernhard, zu damaliger Zeit („das war in Traunstein"), als ein Freund von ihm an Blinddarmentzündung gestorben sei, habe er das Gefühl gehabt, unsterblich zu sein, „[...] weil ich gar keinen Blinddarm hab' wahrscheinlich. Ich hab' ja alles, woran man sterben kann, hab' ich ja überhaupt nicht. Also wieso, an was soll ich sterben?" Fleischmann, S. 50 f.

als Schüler unter den Zuständen im Internat leidet, sich von seiner Familie verraten fühlt, sich in Kriegsgeschehnissen ängstigt und glaubt, diesem „ununterbrochenen *Verletzungszustand*" (U 11) nur entrinnen zu können, indem er sich das Leben nimmt. Aber immer wieder aufs neue wird der Leser seitenlang mit nur leicht veränderten Sprachfacetten zum Thema Selbstmordgedanken/ Selbstmord konfrontiert, in denen bereits Gesagtes fortwährend wiederholt wird. Obwohl das Geschilderte zunächst niemanden unberührt lassen kann, weil es ernsthaft zu sein scheint, kehrt sich dennoch, bedingt durch die sich ständig erhöhende Wiederholungsdosis nicht nur des Themas, sondern auch des zu seiner Ausbreitung verwendeten quantitätsmäßig geringen Vokabulars, anfängliche Teilnahme zunehmend in abwartende Distanz. Diese Rezeptionshaltung eingeschränkter emotionaler Teilnahme forciert Bernhard zusätzlich durch eine Bemerkung, die den künftigen Handlungsverlauf vorwegnimmt: Der Junge habe „tatsächlich [...] viele Versuche gemacht, sich umzubringen, aber keinen dieser Versuche *zu weit* getrieben [...]", sondern sie „immer in dem entscheidenden lebensrettenden Punkte abgebrochen [...]" (U 13). Zwar mußte der Leser um das Leben des Autors ohnehin nicht fürchten (da sich in einer Autobiographie das Problem der Darstellung des eigenen Sterbens im Gegensatz zu Ich-Erzählsituationen im fiktionalen Genre nicht stellt,[502] aber er könnte Schilderungen hochdramatischer, lebensgefährlicher Situationen, Rettungsversuche und ähnliches im Verlauf der Erzählung erwarten. Durch diese Bemerkung wird jedoch ein Vorwissen vermittelt, welches eine Zurücknahme möglicher Erwartungen auf den Fortgang der Handlung zugunsten der Konzentration auf die stilistische Besonderheit der dauernden Wiederkehr identischer oder nur geringfügig differierender Ausdrücke vorgibt. Der Effekt dieser insistierenden Thema- und Wortwiederholung ist ein ähnlicher, wie er in einer Komödie durch immer gleiche Repliken provoziert wird, wie beispielsweise, um bei Bernhard zu bleiben, das monotone „Morgen Augsburg" des Caribaldi in „Die Macht der Gewohnheit" oder, in seiner Prosa, Regers endlose, nur leicht variierende Sermone über Kindheit, Katholizismus und Staat in „Alte Meister", wie auch die unzählige Male wiederholten Wörter „Weinflaschenstöpselfabrikant"[503] in „Auslöschung" oder „gehen" und „watten" in den gleichnamigen Erzählungen: Die Aufmerksamkeit des Rezipienten wird durch das Déja-vu-Erlebnis des mehrmalig Gelesenen oder Gehörten kurzzeitig geschärft, und ein neuerliches Erscheinen der

---

[502] Vgl. Franz K. Stanzel: Theorie des Erzählens. Göttingen, 3. Aufl. 1985. Darin: Kap. 7.3.1. „Sterben in der Ich-Form", S. 290 ff.
[503] Das Wort „Weinflaschenstöpselfabrikant" strapaziere die Geduld des Lesers; die „monotone Repetition des Wortes" solle „offenbar so etwas wie einen Witz vermitteln", so Bernhard Sorg in einem Aufsatz. B. S.: Die Zeichen des Zerfalls. Zu Thomas Bernhards „Auslöschung" und „Heldenplatz". In: Text und Kritik (hrsg. v. Heinz Ludwig Arnold), H. 43, München, 3. Aufl. 1991, S. 75 – 87; S. 79. (Künftig Sorg, Zeichen).

Repetition wird mit einer gewissen Anspannung (zulasten der Aufmerksamkeit auf den Gegenstand der eigentlichen Handlung) erwartet. Erscheint das Signalwort, löst sich die Spannung (gegebenenfalls im Gelächter) unter der Prämisse, daß der Rezipient die Wiederholung als Element des Komischen auffaßt und – dem individuell verschieden intensiven Grad der entstehenden Komik entsprechend – goutiert. Mit anderen Worten: Wie in allen Ausformungsmöglichkeiten des Komischen ist auch hier erst die persönliche Wertperspektive des jeweiligen Rezipienten für Richtung und Intensität des Effekts entscheidend.[504] Den intellektuellen Prozeß des Belustigtseins durch das Komische der Wiederholung veranschaulicht Bergson am Beispiel des Springteufels, eines Kinderspielzeugs, dessen Reiz wesentlich darin besteht, den an einer Feder hochschnellenden Teufel immer wieder zurückzudrängen im Wissen und in der Erwartung, daß sich dieser Vorgang wiederholt. Aufgrund dieser Beobachtung hat Bergson ein Gesetz formuliert:

---

[504] In seiner Untersuchung des Komischen versucht James K. Feibleman Spielarten von „comedy" im Hinblick auf das ihnen innewohnende Kritikpotential graduell zu bestimmen (J. K. Feibleman: In Praise of Comedy. A Study in Its Theorie and Practise. New York 1970). Feibleman trägt dem subjektiven und relativen Charakter des Komischen bzw. der Lach-Ursachen Rechnung und will deswegen seine entworfene Skala ausdrücklich als vorläufig und als nicht statisch verstanden wissen: „If the grouping below prove wrong, as well it may, a revision need not impair the recognition of the necessitiy for a measure-scale of some sort" (S. 204). Ausgehend von den Wirkungen – hier bezieht sich Feibleman also auf den perlokutiven Teil des Sprechaktes – ergibt sich folgende Skala:
Joy
Divine Comedy
Humour
Irony
Satire
Sarcasm
Wit
Scorn
Werde die Skala aufwärts gelesen, zeige sie zunehmende Affirmation des belachten Gegenstandes an, jedoch verminderte Intensität der Kritik, während sich diese Faktoren entgegengesetzt verhielten, wenn die Skala abwärts gelesen werde. Feibleman fügt in einer Fußnote an, daß es sich in seiner Wertung um ein „judgment of the effectiveness of comedy" handele und nicht um eine „summary observation of all instances of comedy".
S. 204 u. 205.
Hierzu auch Volkelt: „Die Arten des Komischen: Vor allem derbe und feine Komik", Kap. 17, S. 407 – 445.

„Die Komik der Wiederholung von Wörtern beruht im allgemeinen auf zwei Faktoren: Ein zurückgedrängtes Gefühl schnellt wie eine Feder vor, und ein Gedanke macht sich einen Spaß daraus, das Gefühl wieder zurückzudrängen."[505]

„Gefühl" und „Gedanke" stehen hier synekdotisch für das komplexe Wechselspiel zwischen psychischem Eindruck (die Wiederholung wird individuell verschieden aufgenommen, gegebenenfalls als komisch) und physischer Reaktion, in der auf den Eindruck (eventuell mit Lachen) reagiert wird.

In der „Ursache" werden auf den ersten Seiten (S. 7 - 13) alle Voraussetzungen zur Entwicklung eines solchen Vorgangs geschaffen. Die dann auf Seite 13 verwendeten Ausdrücke

Selbstmordgedankenzwecke	Z. 6
Selbstmorddenken	Z. 7/8
Selbstmordmeditation	Z. 24/25
Beschäftigung mit dem Selbstmord	Z. 27
Selbstmorddenken	Z. 34/35

rufen schon jetzt thematisch merklich Bekanntes auf. Denn schon seit den ersten Sätzen des Bandes weiß der Leser, daß sich Bernhard, wenn er die Stadt nicht im „entscheidenden, lebensrettenden Augenblick" verlassen hätte, er sich „urplötzlich umgebracht" (U 9) haben würde. Einige Zeilen später ist ihm eine fast identische Wort- und Inhaltswiederholung präsentiert worden: „[...] und gehen sie [die Bewohner Salzburgs] nicht in dem entscheidenden Zeitpunkt weg, machen sie direkt oder indirekt früher oder später unter allen diesen entsetzlichen Umständen entweder urplötzlich Selbstmord oder gehen direkt oder indirekt langsam und elendig [...] zugrunde" (U 9 f.).
Auf den Seiten 11 und 12 ist das Internat als „Kerker" geschildert worden, und der Leser hat bereits erfahren, daß sich der Schüler „schon in den ersten Tagen in erster Linie [...] naturgemäß" mit Selbstmordgedanken beschäftigt, daß er „einen Sprung aus dem Fenster" (U 11) in Erwägung zieht oder daran denkt, sein Leben durch „Erhängen beispielsweise in der Schuhkammer" (U 11 f.) zu beenden. Dem Leser ist eindringlich berichtet worden, daß der Junge beim Geigenüben in dieser Schuhkammer unablässig an Selbstmord denkt: Wenn er „in die Schuhkammer eintritt, tritt er in den Selbstmordgedanken ein", dort ist er „allein mit seinem Selbstmorddenken" und geht „gänzlich in seinem Selbstmorddenken auf, in welchem er schon vor dem Eintritt in das Internat geschult gewesen war, denn er war in dem Zusammenleben mit seinem Großvater die

---

[505] Bergson, S. 54.

ganze Kindheit vorher durch die Schule der Spekulation mit dem Selbstmord gegangen" (U 12). Zusätzlich zu den fortwährenden Wiederholungen von gleichen oder ähnlichen Lexemen, Syntagmen oder Textsegmenten, die die Begriffe Selbstmord/Selbstmordgedanken explizit aufweisen, wird der Rezipient durch Semrekurrenzen zum eingeführten Thema Selbstmord/Selbstmordgedanken bis Seite 13 festgehalten, zum Beispiel:

Das Leben oder die Existenz abtöten	S. 11
Nicht mehr leben oder existieren müssen	S. 11
Sprung aus dem Fenster	S. 11
Erhängen	S. 11/12
Möglichkeiten, sich aufzuhängen	S. 12
An einen Strick kommen	S. 12
Ein Versuch mit dem Hosenträger	S. 12

Wenn jetzt vom „Hantieren mit Stricken und Hosenträgern" (S. 13) gesprochen wird und wenn zweifellos hyperbolische Angaben von „Hunderten von Versuchen mit den in der Schuhkammer zahlreichen Mauerhaken" (S. 13) gemacht werden, entstehen begründete Zweifel an der ausschließlichen Ernsthaftigkeit und Informationsabsicht des inhaltlich Gemeinten.

Um das Ausmaß auffälliger Wiederholungsmomente des in den ersten Seiten der „Ursache" ausgebreiteten Selbstmord-Themas zu demonstrieren, sind nachfolgend die den Selbstmord umkreisenden Begriffe von Seite 14 bis 18 aus ihrem Satzgefüge herausgelöst und in der Abfolge ihrer Erscheinung im Text aufgelistet:

Seite 14

Selbstmordmeditation	Z. 2
Selbstmordgefügigkeit	Z. 3
Selbstmordmeditation	Z. 4
Selbstmordgefügigkeit	Z. 4
Selbstmorddenken	Z. 9
Selbstmorddenken	Z. 13
Selbstmord	Z. 28
Selbstmord	Z. 33/34
Selbstmord	Z. 36

Seite 15

Selbstmord	Z. 4
Selbstgemordete Schüler	Z. 20
Selbstmordthema	Z. 26/27

Selbstmord	Z. 30
Selbstmordgedanke	Z. 31
Selbstmordgedanken	Z. 34
Selbstmordgedanken	Z. 35

Seite 16

Selbstmordgedanken	Z. 2
Selbstmordgedankenzeit	Z. 7
Selbstmord	Z. 9
Selbstmord	Z. 10
Selbstmordgedanken	Z. 14
Selbstmordgedanken	Z. 20
Selbstmord	Z. 20
Selbstmörder	Z. 23
Selbstmörder	Z. 32

Seite 17

Selbstmörder	Z. 4
Selbstmörder	Z. 9
Selbstmörderbegräbnis	Z. 16
Selbstmord	Z. 19
Selbstmord	Z. 26
Selbstmord	Z. 34/35
Selbstmord	Z. 35

Seite 18

Selbstmord	Z. 4
Selbstmord	Z. 8
Selbstmord	Z. 9
Selbstmörder	Z. 9
Selbstmord	Z. 11
Selbstmörder	Z. 11
Selbstmord	Z. 16
Selbstmörder	Z. 19
Selbstmörder	Z. 21
Selbstmord	Z. 21
Selbstmord	Z. 24
Selbstmord	Z. 29
Selbstmord	Z. 31
Selbstmord	Z. 32

Nicht nur als isolierte Lexeme, sondern auch eingebunden in ihren Kontext gerieren sich die Wiederholungen quantitätsmäßig als auffällige, übertriebene und nicht texthomogene Sprachelemente und allein schon dadurch als komische Elemente. Zusätzlich zu den Wörtern, in denen die Buchstabenfolge Selbstmord/Selbstmörder erscheint, wird der Leser durch Isotopien zum Themenkreis festgehalten:

Seite 14
Existenz abschließen   Z. 27

Seite 15
Aus den Schlafzimmerfenstern stürzen   Z. 1
Aus den Abortfenstern stürzen   Z. 1
Im Waschraum an den Brausen   Z. 2
aufhängen
Umbringen   Z. 8/9
Aus dem Fenster stürzen   Z. 9
Aufhängen   Z. 9
Von den Stadtbergen stürzen   Z. 11/12
Selbstmörderstraße   Z. 13
Zerschmetterte Menschenkörper   Z. 15

Seite 16
Auslöschung meiner Existenz   Z. 9/10
Hängen und zerschmettert   Z. 25

Seite 17
Selbstauslöschung   Z. 22/23
Selbstvernichtung   Z. 23

Bemerkenswert dabei ist, daß jedes einzelne dieser Elemente, also jede Wiederholung bzw. ihre nur leicht veränderte morphologische Erscheinung, für sich allein nicht komisch ist und somit auch keinen komischen Effekt bewirkt, da das Sprachzeichen ohne seine Umgebung keinen Verdacht seiner Wiederholung erwecken kann. Erst durch wiederholtes Wiederholen und mit dem retrospektiven Wissen der bereits erfolgten Wiederholung können die stilistischen Elemente als Kuriositäten erkannt werden. Bergson betont, daß „die Wiederholung eines Wortes an sich überhaupt nicht lustig"[506] sei, sondern nur deshalb komisch wirke,

---

[506] Bergson, S. 54.

„weil sie ein bestimmtes Spiel zwischen geistigen Elementen versinnbildlicht, wobei dieses Spiel selbst ein durchaus materielles Spiel widerspiegelt. Es ist das Spiel der Katze mit der Maus, das Spiel des Kindes mit seinem Springteufel – aber verfeinert, vergeistigt, übertragen auf die Ebene der Gefühle und Gedanken. [...] Die Komik der Wiederholung von Wörtern beruht im allgemeinen auf zwei Faktoren: Ein zurückgedrängtes Gefühl schnellt wie eine Feder vor, und ein Gedanke macht sich einen Spaß daraus, das Gefühl wieder zurückzudrängen."[507]

An welcher Stelle der geschilderten Spekulationen über den Selbstmord dieses dialektische Spiel zwischen zurückgedrängtem Gefühl und belustigtem Gedanken entsteht, das Bergson am Springteufel-Beispiel beschreibt, ist nicht festzulegen, selbst nicht, ob es überhaupt entsteht, also vom Komischen gesprochen werden kann. Das von Bergson als Springteufel-Spiel deklarierte Beispiel für das Komische der Wiederholung ist zugleich ein geniales Beispiel zur Veranschaulichung der verschiedenartigen Modalitäten des Komischen, insbesondere der das Komische herbeiführenden bzw. das Komische unterdrückenden oder verhindernden Faktoren eines zur Disposition stehenden Gegenstandes. Ob sich dieser materielle oder ideelle Gegenstand als Objekt des Komischen erweist, hängt – im Bild des Bergsonschen Beispiels gesprochen – sowohl von der mentalen als auch von der emotionalen Ausgangsposition des Spielbetrachters oder -manipulators ab. Nur dann, wenn er bereit und fähig ist, in der Lust am Spiel Mitgefühl mit dem dem Teufel aufgezwungenen und von ihm selbst nicht verhinderbaren oder korrigierbaren sinnlosen Auf- und Abschnellen auszuschließen, wenn also diese Tätigkeit und ihr Betrachten ausnahmslos vom Vergnügen der mechanischen Wiederkehr des Teufels und seines darauffolgenden Verschwindens bestimmt ist, kann dieses Spiel als in sich geschlossene Tätigkeit ausgeübt und begriffen werden, in Freude an dieser Tätigkeit und ihrem Ergebnis, und keinem weiteren Nutzen verpflichtet. Im Zusammenhang mit der Auffassung von Bernhards Wörter-Wiederholungen als Ausdrucksmittel des Komischen bestätigt das Springteufel-Beispiel zudem trefflich das Modellartige aller Definitionsversuche des Komischen, denn es verdeutlicht die theoretische Möglichkeit und zugleich praktische Unmöglichkeit einer mehr als bloß vordergründigen Trennung von emotionaler Unempfindlichkeit gegenüber dem Komik-Produzenten (die das Komische erfordert) und emotionaler Sensibilität (die es ausschließt) innerhalb des gleichen Vorgangs.

Doch mehr als jedes andere literarische Genre beansprucht das verbürgt Selbsterlebte eines Autors die innere Teilnahme des Lesers am Geschehen, weil er intensiver als in fiktionalen Texten den Textsinn im Kontext seines eigenen Lebens situiert. In Bernhards Autobiographie wird der Leser mit dem Schicksal

---

[507] Ebd.

eines Kindes und jungen Menschen mit fortwährenden Selbstmordgedanken konfrontiert, so daß er einer beständigen Selbstbeobachtung unterworfen ist, die einerseits dem ernsten Inhalt, andererseits einer diesem Inhalt zuwiderlaufend erscheinender komisierten Form geschuldet ist: Darf er sich dem intellektuell-ästhetischen Reiz der Darstellung ergeben – oder verbietet das Geschilderte jede emotionale Distanz? Negiert das Amüsement über einen Text, dessen Inhalt ernst ist, nicht das Aristotelische Unschädlichkeitspostulat des Lachanlasses sowohl durch den Autor als auch durch den Leser, weil Grenzbereiche des gesellschaftlich tolerierten Belachbaren verletzt werden, z. B. „die über- und außermenschlichen, die irreversiblen Mächte: das Göttliche, das Schicksalhafte, die ernste Wirklichkeit des Todes"[508] – sämtlich Themen, die in Bernhards Autobiographie zur Sprache gebracht werden. Letztlich ist dies eine grundsätzliche Frage zur angemessenen Rezeption Bernhardscher Texte. Für die fünf Bände der Autobiographie ist sie nicht unerheblich, weil das Rezeptionsergebnis (die Autobiographie wird goutiert oder abgelehnt und dementsprechend formal und inhaltlich reflektiert) auch abhängig davon ist, welche literarische Ästhetikerfahrung und –erwartung an diese Textgattung, deren Gestus traditionell ernsthaft ist, herangetragen werden, mit anderen Worten, mit welchem „Erwartungshorizont"[509] sich der Rezipient dem Text nähert.

Bernhards Rezeptionsvorgabe, wie sie in der Finsternis-Metapher zum Ausdruck kommt, schließt weder die eine noch die andere oben angesprochene Haltung aus, sondern setzt beide geradezu voraus. Erst die Präsenz beider Rezeptionseinstellungen zum Werk erfüllt die Zielsetzung des „erfolgreiche[n] Manipulator[s] der Rezeption seines Werkes",[510] nämlich die einer künstlichen Wörterinszenierung, in der Wörter aus „totale[r] Finsternis" nach einem exakten Regieplan „langsam zu Vorgängen *äußerer und innerer Natur,* gerade wegen ihrer Künstlichkeit besonders deutlich zu einer solchen werden" (DT 151).

Im folgenden versuche ich am Beispiel des oben erörterten Wiederholungs-Elementes die Schematisierung eines möglichen Rezeptionsverlaufs, in dem sowohl die Vorgaben der Finsternis-Metapher als auch die Ergebnisse der Einzeltextanalysen im Hinblick auf die Aussagen zum „philosophischen Lachprogramm" in ihrer Realisierung berücksichtigt sind. Dabei zeichnen sich drei in der Bernhardschen Poetologie fundierte zeitlich nacheinander ablaufende Rezeptionsphasen ab, die sich als Wort-Wahrnehmung, Wort-Erwartung und Wort-

---

[508] Trautwein, S. 95, zit. nach Fritz Martini: Einige Überlegungen zur Poetik des Lustspiels. In: Wesen und Formen des Komischen im Drama (hrsg. v. Reinhold Grimm u. Klaus L. Berghahn). Darmstadt 1975 (=Wege der Forschung LXII), S. 337 – 365; S. 337.
[509] Vgl. den an anderer Stelle behandelten Aufsatz von Jauß (Provokation).
[510] Pfabigan, S. 9.

Erkenntnis separieren lassen. Jede dieser Phasen treibt auf eine tiefere Erkenntnis der Bedeutungsinhalte sowohl des einzelnen Wortes als auch des jeweilig so gestalteten Teiltextes zu. Es wird eine sukzessive Entwicklung erkennbar, die in Absicht und Wirkung in vollem Umfang dem Kunstwillen des Autors entspricht.

1. Wort-Wahrnehmung:
„[...] man macht mit der ersten Seite *einen Vorhang* auf [...]."
Alle erscheinenden Wörter haben vorerst den gleichen Stellenwert und zielen auf eine Weiterführung des Textverlaufs.

2. Wort-Erwartung:
„[...] langsam kommen aus dem Hintergrund, aus der Finsternis heraus, Wörter [...]".
Einzelne Wörter exponieren sich. Der Rezipient erkennt diese Wörter wieder, da sie wiederholt erscheinen, und erwartet schließlich ihre Wiederholung. Im Wiedererkennungs-Effekt wird durch Gedächtnisentlastung (es muß nichts Neues erkannt werden) ein kognitives Lustgefühl ausgelöst.

3. Wort-Erkenntnis:
„Wörter, die langsam zu *Vorgängen äußerer und innerer Natur*, gerade wegen ihrer Künstlichkeit besonders deutlich zu einer solchen werden."
Durch Übersättigung infolge der wiederholt erscheinenden Wörter wird dieser Effekt beschädigt. Das Interesse an den Wortgestalten nimmt ab und wendet sich einer reflexiven Bewertung ihrer außersprachlichen Objekte zu. Dem Rezipienten wird bewußt, daß die Überzahl der Wörter allein zum Zweck der Aufmerksamkeitszentrierung auf sie selbst eingesetzt ist, um über die Distanz dieses literarisch-ästhetischen Mittels ihrer eigentlichen Bedeutung näher zu kommen.

Legt man der komisierenden Funktion der Wiederholungen (als „Spiel im Spiel"[511]) Bergsons Springteufel-Beispiel zugrunde, so wäre der für den Ausgang des Rezeptionserlebnisses entscheidende Moment in der zweiten Phase, der Wort-Erwartung, zu positionieren. Denn hier ist das Spiel schon im Gang, und es liegt in der Entscheidung des Spielers, es fortzusetzen oder wegzulegen – die Lektüre zu goutieren, weil ihre ästhetische Konstruktion anspricht, oder sie als „Tortur"[512] zu empfinden, weil die ungewöhnliche Behandlung zum Beispiel

---

[511] Trautwein, S. 106.
[512] Daß Bernhards Texte zur Plage geraten können, bemerkt Reich-Ranicki in seiner Rezension der Bände „Die Ursache", „Der Keller" und „Der Atem": „Jedenfalls sind die Anhänger und Bewunderer Thomas Bernhards janusköpfige Wesen mit einem Zug ins Masochistische. So stellen sie ungeniert fest, die Lektüre seiner Bücher sei eine Tortur.

des gesellschaftlich mehr oder weniger tabuisierten Selbstmordthemas konventionelle Rezeptionsmuster-Erwartungen nicht erfüllt. Die von Jauß diskutierte „Grenze zwischen Leben und Kunst, pragmatischem Verhalten und ästhetischer Einstellung",[513] die sich angesichts vielfältiger Erscheinungsformen des Komischen und des Lächerlichen ergibt, zeigt hier ihre Durchlässigkeit: „Sobald die ästhetische Einstellung [auf eine Situation, in der wir lachen, A. M.] in ihr die Gegensinnigkeit eines komischen Konflikts entdeckt, gewinnt sie die Freiheit eines Abstands, der uns mit der bedrohlichen Situation wenigstens auf der ästhetischen Ebene fertig werden läßt."[514] Bereits 1981 mahnte Manfred Jurgensen in einem Essay an, es sei „an der Zeit, Bernhards literarische Auseinandersetzung mit dem Tode aus der Perspektive einer stilistischen, freilich zugleich philosophischen Clownerie zu sehen",[515] und macht somit auf das Bernhardsche Ästhetikum des Komischen aufmerksam, durch das sich, wie Michel-Andino zum gleichen Problem bemerkt, „selbst das Kardinalproblem menschlicher Existenz, die Endlichkeit [...] zumindest etwas entschärfen" läßt, ohne das es „vielleicht gar nicht auszuhalten"[516] wäre.

Dem Bernhardschen Poetikverständnis entsprechend, entgeht den Rezipienten, die nicht bis zur dritten, oben erörterten Rezeptionsphase durchhalten, nicht nur ästhetischer Genuß, sondern auch das eigentliche Ziel des Durchbrechens literarischer Erwartungen der „üblichen uns bekannten Prosa" (DT 151), in dem „Vorgänge äußerer und innerer Natur" (DT 151) des ehemaligen „Lernmaschinenopfers" (Ke 21) erfahrbar werden: Erst im verzögerten, durch stilistisches

---

Doch nichts liegt ihnen ferner, als auf diese Tortur etwa zu verzichten oder sich von ihrem Urheber gar abzuwenden. Im Gegenteil: Sie genießen, woran sie leiden." M. R.-R.: Thomas Bernhards entgegengesetzte Richtung. In: Frankfurter Allgemeine Zeitung v. 8. 4. 1978. In der Frankfurter Allgemeinen Sonntags-Zeitung vom 25. 5. 2003 (Rubrik: Fragen Sie Reich-Ranicki) wiederholt Reich-Ranicki diese Beurteilung fast wörtlich und bezeichnet Bernhard zudem als einen „der bedeutendsten Stilisten der deutschen Literatur nach 1945."
[513] Jauß (Ästhetische Erfahrung), S. 207. Jauß sieht die vor allem von Souriau getroffene scharfe Differenzierung von Lächerlichem und Komischem nicht gegeben.
Vgl. hierzu Karlheinz Stierles ähnliche, aber radikalere Negierung einer Trennung von ästhetisch Komischem und lebensweltlich Lächerlichem: „Am Phänomen des Komischen läßt sich exemplarisch ästhetische Einstellung in der Lebenswelt erfassen." K. S.: Komik der Lebenswelt und Komik der Komödie. In: Das Komische (hrsg. v. Wolfgang Preisendanz und Rainer Warning). München 1976 (=Poetik und Hermeneutik VII; Statements der Autoren, S. 372 – 373; S. 372. (Künftig: Stierle, Statements)
[514] Ders. (Ästhetische Erfahrung), S. 217.
[515] Manfred Jurgensen: „„Todesarten" der Sprache. Zu Ingeborg Bachmann, Thomas Bernhard und Peter Handke. In: Neue Zürcher Zeitung v. 4./5. 1. 1981.
[516] Andreas Michel-Andino: Kleine Philosophie des Lachens. Ein Essay über das Phänomen des Komischen. Koblenz 2000, S. 83.

Raffinement sensibilisierten Ein*fühlens* in das Geschilderte tritt die Schilderung zurück, und statt des Komischen der Form wird der Ernst des Geschilderten, der ihr unterlegt ist, sichtbar. Den Überlegungen der drei Phasen folgend, unterläge der Bernhardschen Autobiographie somit eine doppelte Inkongruenz, die sich sowohl ästhetisch als auch lebensweltlich begründete, und die das „Paradox" des Bernhardschen „Publikumserfolges"[517] erklärbar machen könnte. Während die normverletzende Formdominanz aber im verbindenden Lachen *über* und *mit* dem Autor sanktioniert wird, erzwingt das der Form unterlegte Motiv ein ausgrenzendes und bestrafendes *Ver*lachen der „*Ver*zieher, *Ver*störer, *Ver*nichter" (EK 53).

Die „monomanischen Wiederholungen und Variierungen" bilden somit keineswegs, wie Bugmann folgert, den Bernhardschen „Zwangscharakter"[518] ab und können auch nicht als „leere[ ] Wiederholungsrituale"[519] diskreditiert werden, sondern sie repräsentieren die bewußte Setzung nicht-pronominalisierter Lexeme, deren affektanregende rhetorische Kraft[520] Bernhard furios ausspielt. Der Suggestivität des wiederholten Wortes,[521] dessen Wirkung stärker als mögliche Synonymisierungen, Proformen, Anaphern, Kataphern oder deiktische Umschreibungen ist, war sich Bernhard schon in den Anfängen seines Schreibens bewußt. Beispielsweise erhält ein aus sieben Versen bestehendes frühes Gedicht seine Faszination gerade durch die Wortfolgen-Wiederholung in den ersten sechs Versen, deren Beginn jeweils „In der Bibel [...]"[522] heißt. Jahraus begreift die Wiederholung sogar als „Prinzip" des Bernhardschen Stils; sie habe „zu dem inhaltlichen Ziel einer Entfaltung dessen geführt, was als *die Welt des Thomas Bernhard* bezeichnet werden kann."[523] Ohne den exzessiven Gebrauch der

---

[517] Vgl. Wolfram Buddecke und Helmut Fuhrmann: Das deutschsprachige Drama seit 1945. Schweiz. Bundesrepublik. Österreich. DDR. Kommentar zu einer Epoche. München 1981, S. 222.
[518] Bugmann, S. 186.
[519] Ria Endres: Am Ende angekommen. Dargestellt am wahnhaften Dunkel der Männerporträts des Thomas Bernhard. Frankfurt/M. 1980, S. 25.
[520] Vgl. Ueding, S. 70 ff.
[521] Ein Beispiel des Wissens um die Aussagekraft der Wiederholung findet sich in den ersten Zeilen des Johannes-Evangeliums, Kap.1, V. 1: „Im Anfang war das Wort, und das Wort war bei Gott, und Gott war das Wort."
[522] Vgl. Dittmar, S. 47.
[523] Jahraus, S. 282.
Im Zusammenhang mit der Darlegung seines „philosophischen Lachprogramms" äußert sich Bernhard zu Lachanlässen aufgrund fortgesetzter Wiederholung folgendermaßen: „[...] wenn irgend eine alte Großmutter auf der Bühne sich jeden dritten Satz wiederholt und alle Augenblick' sagt ‚mein Eineizwilling' oder irgend sowas, dann lachen die Leut'." Fleischmann, S. 39.

„zahllosen gewollten Wiederholungen und [...] stereotypen wie übertreibenden Wendungen"[524] als stilistisches Medium zur artifiziellen Erzeugung des Komischen sind Bernhards Texte in ihrer Gesamtheit in der Tat nicht vorstellbar. Ihre quantitative und rezeptionsrelevante Dimension wird erschreckend deutlich in der Vorstellung der Beseitigung sämtlicher Wort- und Themenwiederholungen allein aus der Autobiographie – Bernhard-Leser säßen vor fast leeren Blättern. Aber anders, als für das fiktionale Werk beschrieben worden ist,[525] ist das Moment der Wiederholung in der Autobiographie primär nicht durch die Handlung motiviert, sondern ein selbständiger Bestandteil des künstlerisch-literarischen Zusammenhangs. Unter ausdrücklichem Hinweis auf Bergson, der die Beispiele für seine Theorie des Lachens gleichermaßen dem artifiziellen wie auch dem lebensweltlichen Bereich entnommen hat, um auf Interdependenzen der Lachanlässe hinzuweisen,[526] hebt Trautwein „die Bauform der Wiederholung, die den zielorientierten Handlungsintentionen zuwiderläuft",[527] besonders hervor.

Die Auffassung des Fürsten Saurau in Bernhards Roman „Verstörung", jeder Begriff sei „in sich wieder unendlich viele Begriffe" (V 170), veranschaulicht das der einzelnen Begriffs*wiederholung* inhärente potenzierte Bedeutungsvolumen. Gleichzeitig erinnert diese Erkenntnis daran, daß die Wiederholung eines Gedankens niemals genau der gleiche Gedanke sein kann wie der wiederholte, obwohl der Gegenstand des Denkens der gleiche geblieben ist, sondern daß ebenso seine „Begriffsverwandten"[528] mitgedacht werden. Da Bernhards Wörter innere Vorgänge wiedergeben, muß das je einzelne Wort als komprimierte Begriffsform auf komplizierte Gedankengänge verweisen. So sind Bernhards Wörter nicht nur als Sprachzeichen aufzufassen, die auf etwas *anderes* verweisen, sondern auch als Sprachzeichen, die ebenso auf sich selbst verweisen bzw. zurückweisen, den jeweils fixierten Begriff variieren und seine außersprachliche Referentialität in Frage stellen.
Unterschiedliche Reaktionen auf die von Wiederholungen geprägte Wiedergabe der Selbstmord-Spekulationen des jungen Bernhard sind, das sei erneut betont, entscheidend abhängig von der subjektiven, individuell verschiedenen Akzeptanz und Aufnahmebereitschaft des jeweiligen Rezipienten für gerade diese stilistische Normabweichungserscheinung in Verbindung mit einem ernsten Thema.

---

[524] V. Wiese, S. 633.
[525] Vgl. Walitschs Untersuchung von „Die Macht der Gewohnheit", S. 150 f.
[526] Vgl. Trautwein, S. 109.
Auch Schopenhauer beschreibt die „Inkongruenz der anschaulichen und der abstrakten Erkenntniß" als zwei Erscheinungen desselben Phänomens. Schopenhauer (Wille), Bd.1, S. 101, § 13.
[527] Trautwein, S. 106.
[528] Trier, S. 1.

Wenn die Wiederholungen aber als sprachlich-artifiziell erzeugte Elemente des Komischen identifiziert werden und ihr provokativer Charakter als ursächlich für die Anziehungskraft der oben erörterten Passage erkannt wird, erfüllen sie ihre geplante Funktion als sprachliches Medium des Ausdrucks unerträglicher innerer Vorgänge des jungen Bernhard.

Weitere, die komische Grundstimmung erhaltende Signale können im Kontext der erörterten Passage (U 13 – 18) in folgenden stilistischen Elementen ermittelt werden (in Beispielen):

1. Hyperbolische Äußerungen:
„[...] Hunderte von Versuchen mit den in der Schuhkammer zahlreichen Mauerhaken [...]" (S. 13)
„Auch heute, drei Jahrzehnte später, lese ich [...] von selbstgemordeten Schülern und anderen, jährlich von Dutzenden, obwohl es, wie ich weiß, Hunderte sind" (S. 15)
„Wie oft, und zwar hunderte Male, bin ich durch die Stadt gegangen, nur an Selbstmord, nur an Auslöschung meiner Existenz denkend [...]" (S. 16)
„ [...] den Selbstmörder trifft keine Schuld, die Schuld trifft die Umwelt, hier also immer die katholisch-nazistische Umwelt [...]" (S. 18)
„[...] jede[m] Feinnervigen [...] ist ununterbrochen alles ein Grund zum Selbstmord gewesen" (S. 18)

2. Superlativische Adjektive:
„Er hatte auf seiner Geige [...] die virtuoseste Musik" gemacht (S. 13)
„[...] die mit der [...] vorgeschriebenen Musik aber nicht das geringste zu tun hatte [...]" (S. 13)
„[...] unter den extremsten menschensadistischen und naturklimatischen Bedingungen [...]" (S. 15)
„[...] und der Selbstmordgedanke ist immer der wissenschaftlichste Gegenstand [...]" (S. 15)
„von der [...] größten Sensibilität und Verletzbarkeit" (S. 16)
„[...]unter den deprimierendsten, menschenentlarvendsten Umständen" (S. 16)

3. Verabsolutierungen:
„jeden Tag" (S. 13; 2x)
„vollkommen erschöpfende Erziehungsqualen" (S. 13)
„die einzige Fluchtmöglichkeit" (S. 13)
„keinen dieser Versuche" (S. 13)
„immer in dem entscheidenden [...] Punkte" (S. 13)
„vollkommen fragwürdige Existenz" (S. 14)

„immer zu schwach" (S. 14)
„nie die Kraft" (S. 15)
„sie hatten sich alle aus den Schlafzimmerfenstern [...] gestürzt" (S. 15)
„kein anderes als das Selbstmordthema" (S. 15)
„nur an Selbstmord [...] denkend" (S. 16)
„den Selbstmordgedanken als den einzigen" (S. 16)
„[...] über den Selbstmordgedanken und über Selbstmord ist immer debattiert und diskutiert und in allen ausnahmslos ununterbrochen *geschwiegen* worden, und immer wieder ist aus uns ein *tatsächlicher Selbstmörder* hervorgegangen [...]" (S. 16)
„[...] ich habe sie alle hängen und zerschmettert gesehen [...]" (S. 16)
„Der ausgehende Herbst und das in Fäulnis und Fieber eingetretene Frühjahr haben immer ihre Opfer gefordert [...]" (S. 17)
„[wir waren] immer vorbereitet gewesen [...], während der Direktor mit seinen Gehilfen niemals und auch nicht in einem einzigen Fall [...] aufmerksam geworden [...] war" (S. 18).
„[...] die Schuld trifft [...] immer die katholisch-nazistische Umwelt [...]" (S. 18).

Durch diese Bernhard-typischen stilistisch auffälligen und immer wiederkehrenden Formen der Übertreibung, die Vancea zu Recht als Bestandteile der Bernhardschen „ästhetisch-philosophischen Prinzipien"[529] bewertet, Hieber als „absichtsvoll maßlose[ ] Übertreibung",[530] Sorg hingegen als „gefährliche Nähe zur Stilblüte",[531] entwickelt sich eine dem Geschilderten entgegenlaufende Atmosphäre, in der der Leser eine zeitlang weniger an das lebensmüde Kind denkt, sondern die gekonnte Inszenierung und die Wortkaskaden genießt. Da der Leser der Autobiographie aber niemals gänzlich unberücksichtigt lassen kann, daß es sich dabei schließlich um die Selbstmordgedanken eines jungen Menschen handelt, geraten die immerwährenden Wiederholungen und Übertreibungen zu Text-Markierungen, die zwar für eine gewisse Spanne Lesezeit zunehmend emotionsärmer und daher belustigender aufgenommen werden können (in den ersten beiden oben erörterten Rezeptionsphasen), die aber auf eine Peripetie zie-

---

[529] Vancea, S. 165.
[530] Hieber, S. 555.
[531] „Übertreibung ist in der Tat eine Groteske und Komik erzeugende Figur; zu unterscheiden wäre zwischen einer rein sprachlichen Übertreibung, die eine gefährliche Nähe zur Stilblüte und zur verbalen Sorglosigkeit ganz allgemein nicht verleugnen kann, und eine Übertreibung eher inhaltlicher Natur, in der die Gewalt der Dinge als drohender Widerschein der menschlichen Brutalität die Übermacht des Trivialen über die Sphäre angestrengtester Begrifflichkeit anzeigt." Sorg (Bernhard), S. 91. Wie ich zu zeigen versuche, bereiten die „rein sprachlichen" Übertreibungen eine intensivere Sicht für den „drohenden Widerschein der menschlichen Brutalität" vor.

len (die dritte Phase), an der ihr semantischer Gehalt in den Vordergrund tritt und eine Revision der bisherigen Reaktionen erforderlich macht, das heißt eine Identifizierung dieser sprachlichen Elemente als Elemente des Komischen und somit Elemente mit sprachlichem Kritikpotential. „Wer übertreibt, sieht die verborgene Struktur der Dinge, weiß, was übertrieben werden muß, weiß, warum ein Text übertreibt und tritt vor das verachtete Publikum als Eingeweihter, dessen Kritiker allemal im Unrecht sind,"[532] „denn nur in der Übertreibung wird sichtbar, wie notwendig es ist, die Welt zu entstellen, um sie kenntlich zu machen."[533]
Die „verborgene Struktur" der Dinge und Zustände, wird, Bernhards Intention folgend, nicht unmittelbar erkennbar, sondern erst dann, wenn sich der Rezipient vorher „zur notwendigen Distanz durchgearbeitet hat" und ihm bewußt wird, „daß es sich um künstlich aufgebaute Übertreibungen handeln muß. Zwar mag er sie zuletzt als Übertreibungen entlarven, sie entbehren aber nicht eines gewissen Ernstes, aus dem dann eine Erkenntnismöglichkeit abgeleitet werden kann."[534] Wird aber Bernhards Hyperbolik nicht als pragmatisches Medium der Stilisierung und Verfremdung aufgefaßt, sondern als (mißglückter) Versuch, umweglos Authentizität real gelebten Lebens wiederzugeben, kann es zu dem Rezeptionsergebnis führen, sie sei Ausdruck von „Allmachtsphantasie" und „Realitätsverdrehung".[535]
Die Wirkungskraft hyperbolischer Äußerungen betont eindrucksvoll Murau in „Auslöschung":

> „Wenn wir unsere Übertreibungskunst nicht hätten, hatte ich zu Gambetti gesagt, wären wir zu einem entsetzlich langweiligen Leben verurteilt, zu einer gar nicht mehr existierenswerten Existenz. Und ich habe meine Übertreibungskunst in eine unglaubliche Höhe entwickelt, hatte ich zu Gambetti gesagt. Um etwas begreiflich zu machen, müssen wir übertreiben, hatte ich zu ihm gesagt, nur die Übertreibung macht anschaulich, auch die Gefahr, daß wir zum Narren erklärt werden, stört uns in höherem Alter nicht mehr. [...] Das Narrentum ist es, das uns glücklich macht, hatte ich zu Gambetti gesagt" (Ausl 128 u. 129). „Mit diesem Übertreibungsfanatismus habe ich mich schon immer befriedigt, habe ich zu Gambetti gesagt. Er ist manchmal die einzige Möglichkeit, wenn ich diesen Übertreibungsfanatismus nämlich zur Übertreibungskunst gemacht habe, mich aus der Armseligkeit meiner Verfassung zu retten, aus meinem Geistesüberdruß, habe ich zu Gambetti gesagt. Meine Übertreibungs-

---

[532] Sorg (Zeichen), S. 84.
[533] Schmidt-Dengler (Scheltreden), S. 146.
[534] König, S. 201.
[535] Maier, S. 157.

kunst habe ich so weit geschult, daß ich mich ohne weiteres den größten Übertreibungskünstler, der mir bekannt ist, nennen kann" (Ausl 611).[536]

In ähnlichem Sinn äußert sich der „Übertreibungskünstler"[537] Bernhard selbst in einem Interview:

> „Es ist ja alles übertrieben, aber ohne Übertreibung kann man gar nichts sagen, weil, wenn Sie die Stimme nur erheben, ist's ja eigentlich schon eine Übertreibung, weil wozu erheben Sie's denn? Wenn man irgendwas sagt, ist es schon eine Übertreibung. Auch wenn man nur sagt, ich will nicht übertreiben, ist's schon eine Übertreibung."[538]

Es ist nur folgerichtig, wenn Huntemann in seiner Untersuchung des „System[s] Bernhard" die herausragende Stellung der Übertreibung hervorhebt und feststellt, man könne das Gesamtwerk als „eine einzige große Übertreibung" begreifen, sofern es in der Literatur „Normen für die verhältnismäßige Wiedergabe von Realität"[539] gäbe.

7.3 Die anderen sterben, ich nicht

Die Todesthematik in modernen Autobiographien findet ihre wohl „radikalste[ ] Ausprägung bei Bernhard."[540] „Seit der frühesten Kindheit", so berichtet der Autor, sei er von seinem Großvater belehrt worden, „daß es der kostbarste Besitz des Menschen sei, sich aus freien Stücken der Welt zu entziehen durch Selbstmord, sich umzubringen, wann immer es ihm beliebe" (EK 30).[541] Johannes Freumbichler hat sich aber nicht das Leben genommen, sondern ist im Alter von achtundsechzig Jahren einer Krankheit erlegen. Doch hatte er „lebenslänglich mit diesem Gedanken spekuliert, es war seine am leidenschaftlichsten ge-

---

[536] Seinem Aufsatz zu Thomas Bernhards Roman „Auslöschung. Ein Zerfall" gibt Hermann Korte den Titel: Dramaturgie der „Übertreibungskunst" In: Text und Kritik (hrsg. v. Heinz Ludwig Arnold), H. 43, München, 3. Aufl. 1991, S. 88 – 103.
[537] Schmidt-Dengler (Scheltreden), S. 146.
[538] Fleischmann, S. 59.
[539] Willi Huntemann: Artistik & Rollenspiel. Das System Thomas Bernhard. Würzburg 1990, S. 208. (Künftig: Huntemann, Artistik)
[540] Vgl. Holdenried, S. 317 u. ff.
[541] Anscheinend hatte das Kind an der Ernsthaftigkeit der Äußerungen des Großvaters doch Zweifel, denn sonst hätte es wohl nicht so unaufgeregt hingenommen, daß der Großvater verlauten ließ, „lieber Selbstmord" zu begehen, als „unten, in Traunstein" (EK 29) wohnen zu müssen.

führte Spekulation, ich habe sie für mich übernommen" (EK 30), erläutert sein Enkel rückblickend in „Ein Kind" noch einmal das in der „Ursache" weit gefächerte Thema. Dieser am Ende der Autobiographie in einem eingestreuten Passus geäußerte Satz, der die übereinstimmende Meinung von Großvater und Enkel wiedergibt, ist wegweisend für das generelle Verständnis der Ausführungen des Autors zum Selbstmord: Er legt die Deutung nahe, daß es Bernhard ebenso wie seinem geliebten und bewunderten Vorbild vorrangig um das intellektuelle philosophische Spiel der Spekulation geht, seinem Leben jederzeit hypothetisch ein selbstbestimmtes Ende setzen zu können („wann immer es ihm beliebe", EK 30) und weniger um die letzte Konsequenz, dies auch physisch umzusetzen, daß also der eigentliche Zweck der Spekulation die Spekulation selbst ist. Auch die Unterweisung des Großvaters, Selbstmord müsse „möglichst auf das ästhetischste" (EK 30) ausgeführt werden – eine Bemerkung, die der Enkel später in seine eigenen Spekulationen einbeziehen und in der Autobiographie erwähnen wird (vgl. EK 114) – bekundet eine im Vergleich mit einer spontan vollzogenen Handlung von beiden weitaus höher bewertete geistige Abwägung verschiedener Umstände dieses letzten Schrittes.

Bernhard, der der Auffälligkeit des Wortes hohe Bedeutung beimißt, hebt speziell in Passagen des Selbstmordthemas die herausragende Stellung des Wortes im Gegensatz zur Tat hervor. So ist „Selbstmord" eines der „selbstverständlichsten Wörter" des Großvaters, und auch der Enkel hat „Erfahrung im Umgang mit diesem Wort" (EK 30). „Sich aus dem Staub machen können [...] sei der einzige tatsächlich wunderbare Gedanke" (EK 30), so die Ausführungen des Großvaters, der diesen Gedanken „unausweichlich" in „keine[r] Unterhaltung, keine[r] Unterweisung" (EK 30) fehlen ließ. Und schon für den Internatsschüler war das „Selbstmordthema", der „Selbstmord und der Selbstmordgedanke [...] immer der wissenschaftlichste Gegenstand" (U 15). Mit dem „Gedanken spekulieren", Selbstmord als eines der „selbstverständlichsten Wörter" gebrauchen, der „wunderbare Gedanke", der „wissenschaftlichste Gegenstand" – diese „Wörter" zielen nicht auf die Tat, sondern umschreiben einzig Gedanken, deren Gegenstand die Tat ist. Auch die in der „Ursache" ungewöhnlichen Kollokationen aus dem Wortfeld „Selbstmord" betonen das um den Selbstmord kreisende Denken, beispielsweise

Selbstmordmeditation U 14
Selbstmordgefügigkeit U 14
Selbstmordgedankenzeit U 16

Im Internat beschäftigt sich Bernhard „beinahe ununterbrochen" mit dem „Selbstmorddenken", das sich wie „ein Mechanismus" mit dem „Auspacken der

Geige" und dem „angefangenen Geigenspiel" (U 14) in der Schuhkammer einstellt, und er geht dabei „unter dem ihm leicht und auf das virtuoseste, wenn auch nicht exakteste kommende Geigenspiel [...] gänzlich in seinem Selbstmorddenken auf" (U 12). Bernhard ergänzt, daß sein „Eintritt in die Schuhkammer [...] gleichzeitiges Einsetzen seiner Selbstmordmeditation und das intensivere und immer noch intensivere Geigenspiel eine immer intensivere und immer noch intensivere Beschäftigung mit dem Selbstmord" (U 13) bedeutet.

Die Parallelität des Töne-Erzeugens und des mechanisch gleichzeitig einsetzenden Gedanken-Erzeugens findet ihre sprachliche Umsetzung in der mechanisch wiederkehrenden Zeichenkonstellation des Selbstmordthemas: Das Hervorbringen ständig ein und derselben oder nur leicht variierter Töne, Sequenzen und Läufe mit dem Ziel der perfekten Klangerzeugung wird in den Wiederholungen und Variationen von Wörtern und Wortgruppen in Sprachzeichen adaptiert. So zeigt sich im Bild der wiederholt erzeugten Töne im Bestreben um ihre klangliche Vollkommenheit das Bestreben, im Medium der Sprache durch Repetition und Variation von Wörtern eine Perfektionierung des Verweises dieser materiellen Repräsentanten auf innere Vorgänge zu erreichen. Aber ebenso wie der Schüler Bernhard auf seiner Geige zwar „die virtuoseste Musik" macht und sie dennoch „nicht das geringste" mit der in seinem Lehrbuch „vorgeschriebenen Musik" (U 13) zu tun hat, weiß der Autor Bernhard, daß die Sprachzeichen, seien sie noch so virtuos gebraucht, nie deckungsgleich mit dem *gedachten* Gegenstand sein können, sondern sich ihm nur annähern können, wie er mehrere Male in der Autobiographie hervorhebt. In der „Kälte" spricht Bernhard häufig über die „verzweifelte und dadurch auch nur zweifelhafte Annäherung an den Gegenstand" durch das Wort, weil in jeder sprachlichen Formulierung nur eine relative, niemals aber eine totale Wahrheit darstellbar sei und deswegen die „totale Wahrheit auf dem Papier zur Lüge" (Kä 89) geraten müsse.

So sind die immer wiederkehrenden Wörter Ausdruck unablässigen Bemühens, Gedankenformationen in ihnen gemäße Sprachformationen[542] zu transformieren in der Gewißheit, dieses Ziel dennoch nicht erreichen zu können – bzw. es auch nicht erreichen zu wollen, da es den endgültigen Verzicht des intellektuellen Vergnügens der Spekulationen bedeuten würde. Es ist Jochen Hieber zuzustimmen, der im Zusammenhang stilistischer Auffälligkeiten in Bernhards Prosa von

---

[542] Vgl. zum erörterten Problem Ludwig Wittgenstein: Tractatus logico-philosophicus. Logisch-philosophische Abhandlung. Frankfurt/M. 1963 [1921]: „Wir benützen das sinnlich wahrnehmbare Zeichen (Laut- oder Schriftzeichen etc.) des Satzes als Projektion der möglichen Sachlage. Die Projektionsmethode ist das Denken des Satz-Sinnes." (§ 3.11, S. 20).

„romantische[m] Erbe" spricht: „Die kunstvollen Perioden, die sich in der Tat fast naturgemäß entwickeln, wieder in sich selbst zurücklaufen und sich selbst reflektieren, die mit Wiederholungen arbeiten und mit mehrfachen Brechungen der Erzählperspektive, nähern sich den Vorstellungen vom unendlichen Gespräch, das zugleich Poesie, Philosophie und Rhetorik wäre, mithin das Absolute streifte."[543]

Aus den Äußerungen in der Autobiographie ist zu schließen, daß die Lust am Spekulieren über den Selbstmord, die gleichzeitig Lust am Spekulieren über das zur Disposition stehende Leben ist, der „Anker"[544] war, der Bernhard vor der Verwirklichung des Selbstmords bewahrt hat. Er sei, schreibt er in der „Kälte", „zeitlebens" von einer „schamlosen Neugierigkeit" gewesen, „das hat immer wieder meinen Selbstmord verhindert, ich hätte mich tausendemale umgebracht, wenn ich nicht immer von meiner schamlosen Neugierde zurückgehalten worden wäre auf der Erdoberfläche" (Kä 65).[545] Dieser lebensbejahende Impetus fehlt den Protagonisten seiner fiktionalen Werke. Sie geraten durch körperliche Versehrtheit, durch Wahnsinn, Lebensekel oder durch eine zerstörerische Landschaft in Isolationszustände hinein, an deren Ausgang niemals ein erfolgreiches Aufbegehren – wie in der Autobiographie – sondern der Tod, häufig durch Selbstmord, beschrieben wird. Selbstmord und Tod als konsequente Korrekturen des ohnehin unerträglichen „momentanen Intermezzo[s] eines ephemeren Da-

---

[543] Hieber, S. 566.
Auch für Franz Eyckeler drängt sich ein „Vergleich [von Bernhards Reflexionen und Berichten, A. M.] mit dem Schlegelschen Postulat einer ‚progressiven Universalpoesie' der Romantik [...] geradezu auf." S. 261.
Zum Verhältnis Bernhards zur Romantik beispielsweise:
Hartmut Zelinsky: Thomas Bernhards „Amras" und Novalis. In: Anneliese Botond (Hrsg.): Über Thomas Bernhard. Frankfurt/M. 1970, S. 24 – 32.
Bei Ingrid Petrasch: Anknüpfungspunkte an die analogische und dialektische Poetik von Novalis (Kap. 3.6; S. 88 – 108).
[544] Gross, S. 120.
[545] Neugierde ist auch noch für den 56jährigen schwerkranken Bernhard der Lebensantrieb. In einem Interview mit Asta Scheib spricht Bernhard ausführlich von seinen Verlustgefühlen nach dem Tod von Hedwig Stavianicek (1984), mit der er sein Leben fünfunddreißig Jahre geteilt hat: „Es ist nicht so, daß man unbedingt weiterleben will. Man will sich aber auch nicht erschießen oder aufhängen. [...] Im Grunde genommen lebt ja jeder Mensch gern. So schlimm kann das Leben gar nicht sein, daß man nicht doch dranhängt. Die Triebfeder ist die Neugierde: Man will wissen: Was ist noch? [...] Je älter man wird, desto interessanter wird das Leben." Asta Scheib: Von einer Katastrophe in die andere. Ansichten des Dichters Thomas Bernhard. In: Süddeutsche Zeitung am Wochenende, Nr. 13 (Feuilleton-Beilage) v. 17./18. 1. 1987.

seins"[546] werden dabei mehr oder weniger ausgiebig diskutiert, aber der dann vollzogene Selbstmord oder der eingetretene Tod werden nur beiläufig bemerkt. Denn für Bernhards Figuren stellt sich der Tod als das einzige logisch vorgezeichnete Ende eines von der Zeugung an vorgegebenen absurden Lebensweges dar, weil, wie Strauch in „Frost" (ähnlich wie Bernhard in der „Ursache"; vgl. U 59 ff.) feststellt, schon die Zeugung eines Kindes bedeute, „'einen neuen Selbstmord bereits verwirklicht zu haben'", und „Mutterschaft" sei „einfach nur *Selbstmordschaft*" (F 309). An diesen Grundgedanken erinnert im gleichen Roman der Famulant seinen Auftraggeber: „Der Selbstmord ist eine Sache des Mutterleibs, wie Sie einmal festgestellt haben; seine Verwirklichung tritt in dem Augenblick der Geburt des Selbstmörders ein" (F 308). Der junge Famulant wird schon in den ersten Tagen seines Aufenthaltes im unwirtlichen Bergdorf Weng und durch die Gespräche mit Strauch von dem Gedanken an Selbstmord wie von einem „Schatten eines mir nahen Gedankengangs, des seinen: seines Selbstmords" [Strauchs, A. M.] beherrscht" (F 19). Er fragt sich: „Darf Selbstmord einem Menschen soviel wie geheime Lust sein, ihm so zusetzen, wie er will? Selbstmord, was ist das? Sich auslöschen. Mit Recht oder nicht. Mit welchem Recht? Warum nicht? Alle meine Gedanken versuchten sich an einem Punkt zu vereinigen, wo Antwort ist auf die Frage: ist Selbstmord erlaubt?" (F 18). Es ist, über das Ende des Romans hinaus vorstellbar, daß ihn diese Gedanken noch weiter beschäftigen werden, nachdem er in der Zeitung gelesen hat, daß Strauch, zu dessen Beobachtung er in Weng war, im Schnee „abgängig" (F 316) sei und die weitere Suche nach ihm wegen der Wetterverhältnisse abgebrochen werden mußte. So wie Strauchs Ende am Schluß des Romans unaufgeklärt bleibt und dadurch sein Leben ebenso wie das Erzählte etwas Fragmentartiges erhalten, bleibt auch das Schicksal vieler anderer im fiktionalen Werk diffus. Doch ihr geschildertes Leben und ihre lebensverneinende Weltsicht schließen die Vermutung, ihr Zustand könne eine positive Wendung erfahren haben, aus, wie folgende Beispiele andeuten:

In der Erzählung „Ja"[547] gibt die Perserin in endlosen Gesprächen zwar dem Erzähler wieder neuen Lebensmut in seiner „Gefühls- und Geisteserkrankung" (J 7), aber am Ende der „Depressionsperiode" (J 139) antwortet sie auf die Frage, ob sie sich eines Tages umbringen werde, lapidar mit „Ja" (J 148), und es ist mehr als wahrscheinlich, daß sie diese Äußerung auch in die Tat umgesetzt hat. Denn eine „merkwürdige Meldung in der Zeitung" (J 146) läßt den Erzähler „so-

---

[546] Arthur Schopenhauer: Vom Tod. In: Vom Nutzen der Nachdenklichkeit. Ein Schopenhauer-Brevier (mit einem Nachwort hrsg. v. Otto A. Böhmer). München, 4. Aufl. 1992, S 147 – 160; S. 153.
[547] Thomas Bernhard: Ja. Frankfurt/M. 1988 [1978].

fort" (J 147) an die Perserin denken. Wie er ein paar Tage später erfährt, sei sie „in ihren Schafpelzmantel geschlüpft", sei mit einem Autobus und dann mit der Bahn gefahren, und nach einem Gaststättenbesuch sei sie in einen „an dem Gasthaus mit mehreren Tonnen Zement vorbeifahrenden Lastwagen hineingelaufen. Ihre Leiche sei fürchterlich zerstückelt gewesen" (J 147). Auch der Tod des „Attaché[s] an der französischen Botschaft"[548] bleibt in der gleichnamigen Erzählung mysteriös, doch ist anzunehmen, daß er Selbstmord begangen hat, obwohl der Leser nur erfährt, daß er lange Gespräche mit dem Onkel des Erzählers im Wald geführt hat und daß jemand, der höchstwahrscheinlich derselbe Attaché ist – aber das wird nicht konkretisiert – „mit durchschossenem Kopf" (AfB 100) aufgefunden wurde. Ebenso kann der Ertrinkungstod des Worringer in „Der Wetterfleck" als Selbstmord nur gemutmaßt werden, aber für seinen Neffen besteht „kein Zweifel", und er glaubt „mit Sicherheit", „daß sich Worringer in sogenannter *selbstmörderischer Absicht* in die Sill gestürzt hat" (Wf 136).[549] Auch die junge Anna Härdtl, deren Namen Rudolf in „Beton" auf dem Grabstein ihres Mannes entdeckt hat, wird sich – obwohl Bernhard dies nicht ausdrücklich erwähnt – wie vermutlich eineinhalb Jahre zuvor ihr Mann, das Leben genommen haben. Dieser Schluß kann aus dem knappen Kommentar des Friedhofwärters gezogen werden, der auf Rudolfs entsprechende Frage mehrmals das Wort „suicidio" (B 212) wiederholt.

Selbstmord ist in vielen Texten von Bernhard der eigentliche Erzählanlaß, doch die Tat selbst bildet nur den nicht weiter konturierten Hintergrund für die Vorkommnisse, die sie auslöst. In „Amras" beispielsweise nehmen sich die Eltern und später ihr jüngerer Sohn das Leben. Ihr Selbstmord führt zum Aufenthalt der den Familien-Suizid überlebenden Geschwister im Turm, der Mittelpunkt der Erzählung ist. Das „Verbrechen des Innsbrucker Kaufmannssohnes"[550] Georg besteht in seinem Selbstmord, der Anlaß für die Reflexionen der Erzählung ist. In „Ungenach"[551] ist der Selbstmord der letzten Überlebenden des jetzt menschenleeren Herrensitzes der Grund für Roberts Heimkehr aus Amerika; Roithamer in „Korrektur" erhängt sich in einer Waldlichtung. Handlungen und Re-

---

[548] Thomas Bernhard: Attaché an der französischen Botschaft. In: T. B.: Erzählungen. Frankfurt/M. 1988, S. 96 – 101 (Quellenhinweis des Verlags: Aus: Prosa. Frankfurt/M., 6. Aufl. 1976).
[549] Thomas Bernhard: Der Wetterfleck. In: T. B.: Erzählungen. Frankfurt/M. 1988, S. 135 – 169 (Quellenhinweis des Verlags: Aus: Midland in Stilfs. BS, Bd. 272). Bernhards Erzählungen sind oft nicht genau datiert. Midland in Stilfs ist etwa 1969 entstanden.
[550] Thomas Bernhard: Das Verbrechen eines Innsbrucker Kaufmannssohns. In: T. B.: Erzählungen. Frankfurt/M. 1988, S. 7 - 21 (Quellenhinweis des Verlags: Aus: Prosa. Frankfurt/M., 6. Aufl. 1976).
[551] Thomas Bernhard: Ungenach. Erzählung. Frankfurt/M. 1988 [1968].

flexionen dieser Texte werden erst durch die Selbstmorde, die als Taten aber nur marginal eine Rolle spielen, ausgelöst. Ausgangspunkt des letzten Theaterstücks von Bernhard, „Heldenplatz", ist die Beerdigung des durch Selbstmord zu Tode gekommenen Professors Schuster, dessen Selbstmord zwar Anlaß der Dialoge des Stücks ist, jedoch wird er nicht als überraschend für die Familie geschildert, da Schuster mit „dem Gedanken schon als Kind gespielt" (Hp 80) hat. Wie gering die ausgeführte Handlung des „Absprungs"[552] erachtet wird gegenüber der ihr vorhergehenden geistigen Auseinandersetzung mit ihr, ist besonders prägnant in der „Jagdgesellschaft"[553] ersichtlich. Während sich die auftretenden Personen beim Kartenspiel lange über die Krankheit des Generals unterhalten, wird dessen Tod am frühen Morgen lediglich durch eine Regieanweisung angekündigt: „Ein Schuß aus dem Nebenzimmer [...] Der Prinz geht zur Tür und öffnet sie. Man sieht auf den im Nebenzimmer liegenden toten General" (Jg 249).Was jedoch als beiläufige Bemerkung überlesen werden könnte, erweist sich im Zusammenhang der Verarbeitung des Selbstmordthemas als beachtenswert. Während die abendfüllenden Gespräche und Reflexionen dem Zuschauer zugewandt im Licht der Bühne geführt werden, vollzieht sich die eigentliche Tat ausdrücklich im „Nebenzimmer" als Ausdruck ihrer *neben*sächlichen Bedeutung.

Das Gedankenspiel über die Möglichkeit des Menschen, „jederzeit" und „wann immer es ihm beliebe" (EK 30), sein Leben selbst zu beenden, erfährt zwar in Bernhards gesamtem Werk eine hohe Wichtung, doch liegt im Resultat dieses Gedankenspiels ein eklatanter Unterschied zwischen der Autobiographie und dem fiktionalen Werk. Denn im Gegensatz zu seinen Figuren, denen der Autor keine Befähigung einer Alternative zur Kapitulation vor dem Leben ermöglicht, erfährt der Hauptdarsteller seiner Autobiographie nach jahrelanger Beschäftigung mit dem Selbstmord *durch* diese Beschäftigung lebensbejahendes Widerstandspotential. Durch endloses Spekulieren im unendlichen Gespräch mit sich selbst – wie es im Geigenspiel in der Schuhkammer versinnbildlicht wird – verliert die endgültige Tat für ihn an Bedeutung. Im Alter von achtzehn Jahren, todkrank und versehen mit der Letzten Ölung, erweist sich der mit dem Selbstmordgedanken Vertraute als „Meister", „selbst das Fürchterliche als eine leicht zu verarbeitende Alltäglichkeit" (A 90) zu ertragen – ein Erkenntnisvermögen, das den Figuren, man möchte sagen: listig versagt bleibt, wie Bernhard in einem Interview vermuten läßt:

---

[552] So nennt Jean Améry den Selbstmord. Diskurs, S. 20.
[553] Thomas Bernhard: Die Jagdgesellschaft. In: T. B.: Stücke 1. Frankfurt/M. 1988 [1974], S. 171 – 249.

„Wenn ich sowas beschreibe, so Situationen, die zentrifugal auf den Selbstmord zusteuern, sind es sicher Beschreibungen eigener Zustände, in denen ich mich, während ich schreibe, sogar wohl fühle vermutlich, eben weil ich mich *nicht* umgebracht habe, weil ich selbst dem entronnen bin."[554]

Das „Vergnügen am Denken und also am Zerlegen und Zersetzen und Auflösen der [...] angeschauten Gegenstände" verhelfen dem „Analytiker", wieder die „Oberhand" (A 90) über jede ihn bedrohende Macht zu gewinnen und ihr seinen Lebenswillen aufzuzwingen: „Ich wollte *leben*, alles andere bedeutete nichts. Leben, und zwar *mein Leben, wie und solange ich es will*. Das war kein Schwur, das hatte sich der, der *schon aufgegeben gewesen war* [...], vorgenommen" (A 17).[555] Nicht der einem Moment abgenötigte „Schwur", sondern langwierige Gedankengänge haben dazu geführt, daß sich Bernhard „von zwei möglichen Wegen [...] für den des Lebens entschieden" (A 17) hat. Jetzt hat sich, wie Bernhard in der „Kälte" erneut bekräftigt, sein „Standpunkt [...] *um alles* geändert [...]. Ich hatte meinen Standpunkt wieder am radikalsten geändert, jetzt *lebte* ich wieder hundertprozentig, jetzt *wollte* ich wieder hundertprozentig leben, meine Existenz haben, koste es, was es wolle" (Kä 26). Diese Stilisierung einer Wiedergeburt erinnert an die Darstellung der wie durch seinen eigenen Willen zustande gekommenen Beschleunigung seiner (ersten) Geburt, die Bernhard folgendermaßen schildert: „Ich hatte immer Schwierigkeiten gemacht. Neunzehnhunderteinunddreißig, als ich geboren wurde, war mein Geburtsort nicht zufällig Heerlen in den Niederlanden, wohin meine Mutter auf den Rat einer in Holland arbeitenden Freundin aus Henndorf geflohen war in dem Augenblick, in welchem ich mich ganz entschieden zum endgültigen Eintritt in die Welt meldete, ich forderte ein rasches Gebären" (EK 56 u. 57).

In einem seiner ersten Romane, in „Verstörung", der ursprünglich „Das Hirn" heißen sollte,[556] wird in einer Äußerung des Fürsten die bedeutsame Bewegung der Selbstmord-Gedanken zum Ausdruck gebracht:

„Wir haben jetzt, in der Mitte des Jahrhunderts, kein anderes Thema mehr in die Höhe entwickeln können als den Selbstmord. Alles ist Selbstmord. Was wir leben, was wir lesen, was wir denken: Anleitungen zum Selbstmord. [...] Aber immer, wenn wir vom Selbstmord sprechen, betätigen wir ein *Komisches. Ich jage mir eine Kugel in (oder durch) den Kopf, ich erschieße, erhänge mich,* ist komisch" (V 142 u. 143).

---

[554] Marquardt, S. 173, zit. nach André Müller: Entblößungen. München 1979, S. 88.
[555] Améry faßt diese Szene nicht als literarische Überhöhung auf, sondern als Wiedergabe eines Realgeschehens. Vgl. Améry (Atemnot), S. 948. Vom Hofe dagegen interpretiert sie als reine Fiktion und als Parodie auf die Lazarus-Legende. Vgl. S. 34.
[556] Thomas Bernhard: Verstörung. Frankfurt/M. 1988 [1967]. Vgl. Dittmar, S. 82.

Es ist bemerkenswert, daß Bernhard den Fürsten bei diesem ernsten Gedanken das Komische betonen läßt. Es erscheint Saurau komisch, durch Selbstmord zu sterben, also lächerlich, unernst, dem gewöhnlichen Lebensverlauf widersprechend. Eine ähnliche Formulierung gebraucht Bernhard in seiner Rede zur Verleihung des „Kleinen Österreichischen Staatspreises für Literatur" im Jahre 1968: „Es ist nichts zu loben, nichts zu verdammen, nichts anzuklagen, aber es ist vieles *lächerlich*; es ist alles lächerlich, wenn man an den Tod denkt."[557] Die Grundlage dieser gelassenen Weltsicht, die angesichts des Denkens an den Tod „alles" (andere) lächerlich erscheinen läßt, hat Bernhard in der „Schule der Spekulation mit dem Selbstmord" (U 12) von Kindheit an gelernt. Seine komplexen Gedankengänge über das *virtuelle* eigenmächtige Beenden des Lebens, wie er sie in der Autobiographie darstellt, haben es ihm ermöglicht, das *faktische* Beenden schließlich ohne Sinn erscheinen zu lassen. So gesehen, erweist sich Bernhard im Unterschied zu seinen Figuren als wahrer Philosoph, der kraft seiner Gedankenspiele fähig ist, allen vernichtenden „Existenzumstände[n]" (vgl. U 8) gelassen zu begegnen.

In Amérys Terminologie ist „der Mensch, der sich auslöscht", ein „Suizidant", und „jener, der das Projekt des Freitodes in sich trägt, ob er es ernsthaft erwäge oder mit ihm spiele", ein „Suizidär".[558] Demnach wäre bezüglich des Selbstmordthemas bei Bernhard zu unterscheiden in die vielen „Suizidanten" des fiktionalen Werkteils und in den „Suizidär" der Autobiographie.
Zwar will sich noch der über fünfzigjährige Bernhard „alle Augenblick' einmal umbringen", wie er in einem Gespräch mit Kurt Hofmann über Leben und Sterben betont, doch fügt er hinzu: „Aber da ich's nicht vollzogen hab', muß mir das Leben mehr wert sein als alles andere"[559] – mehr wert, als es den Figuren seiner Texte wert ist. Diese Fähigkeit zur Wertgewichtung zugunsten des Lebens, die der Autor seinen Figuren versagt, ist das Ergebnis fortwährender Spekulationen über den Selbstmord, die in der Autobiographie im Medium des kunstvollen „philosophischen Lachprogramms" reflektiert werden.

Insofern ist es irreführend, Bernhards Autobiographie mit einem Begriff aus seinem Roman „Auslöschung" zu belegen und von einer „Antiautobiographie" (Ausl 188)[560] zu sprechen. Dieser letzte von Bernhard publizierte Roman ist der

---

[557] Thomas Bernhard: Rede. In: Anneliese Botond (Hrsg.): Über Thomas Bernhard. Frankfurt/M. 1970, S. 7 u. 8.
[558] Améry (Diskurs), S. 14.
[559] Hofmann, S. 55.
[560] Eyckeler ist der Auffassung, bei „Bernhards autobiographischen Schriften, in denen mehr verschwiegen als verhüllt" werde, sei es gerechtfertigt, „das Wort von der ‚Antiautobio-

als Manuskript verlorengegangene Lebensbericht des vor Jahren gestorbenen Georg, den sein Neffe Murau unter dem Titel „Auslöschung" rekonstruieren und niederschreiben will, und der einzig dem Zweck dienen soll, alles „in diesem Bericht", die „ganze Familie" und „ihre Zeit" (Ausl 201) aus seiner Lebensgeschichte zu tilgen. Diese autobiographische Elimination betreibt Bernhard in und mit seiner Autobiographie gerade nicht. Sein Lebensbericht ist von dem Bemühen gekennzeichnet, „der Existenz auf die Spur zu kommen, der eigenen wie den anderen" (Ke 119), um am Ende der Recherche auf eine „lebensfähige Entwicklung" zurückblicken zu können, die es „wert" (Ke 113) war, durchlitten worden zu sein, weil er, wie es abschließend im „Keller" heißt, „tatsächlich in dem immer verlorenen Spiel auf jeden Fall [s]eine letzte Partie gewonnen" (Ke 110) hat: „Wie gut, daß wir immer eine ironische Betrachtungsweise gehabt haben, so ernst uns immer alles gewesen ist. Wir, das bin ich. [...] Wir waren von Ideen besessen und haben uns dem Wahnsinn und dem Verrücktsein ausgeliefert, es hat sich bezahlt gemacht" (Ke 113).

Während Georg und Murau sich von ihrem gesamten, gehaßten „Herkunftskomplex" (Ausl 201) wie die meisten der Figuren des fiktionalen Werkes erdrückt fühlen und ihn auszulöschen versuchen, ist die Autobiographie nicht aus der Negation des individuellen Lebens, sondern aus der selbstbewußten Position der „absolute[n] Existenzbejahung" (Kä 87) geschrieben. Im Gegensatz zu den Figuren des fiktionalen Werkes, aber auch zu den „selbstgemordeten Schülern und anderen" (U 15) in seiner Autobiographie hat Bernhard keinem „Schwächezustand der furchtbaren Last seiner Innenwelt wie seiner Umwelt" (U 17) nachgegeben, sondern trotz des „Alptraum[s]" (Ke 113) seiner schweren Kindheit und Jugend sein „Gleichgewicht" (vgl. U 17) gefunden. Wie Bernhard im „Keller" nachdrücklich versichert, habe ihn die „Zwangslage" seiner Existenz „an jedem neuen Tag und in jedem neuen Augenblick weitergebracht, die Krankheiten und schließlich, viel später, die Todeskrankheiten haben mich aus der Luft heruntergeholt auf den Boden der Sicherheit und der Gleichgültigkeit" (Ke 110).

Wenn Gamper auch 1970 noch über den jungen Autor Bernhard uneingeschränkt feststellen konnte, „alles", was er geschrieben habe, ziele „mit zwanghafter Konsequenz auf geistigen und physischen Selbstmord hin",[561] so muß diese Aussage in Kenntnis der einige Jahre später erschienenen Autobiographie allein auf den fiktionalen Werkteil beschränkt bleiben, denn wie ich versucht habe am Text nachzuzeichnen, gibt die Autobiographie keinen Anlaß, in Bernhard einen der „Untergeher" zu sehen, „denen er so viele Produkte seiner poetischen

---

graphie'" anzuwenden. Dies sei auch die These von Mahler-Bungers. Hier irrt Eyckeler, denn Mahler-Bungers belegt das Gegenteil. Eyckeler, S. 222, Anm. 46.

[561] Herbert Gamper: „Eine durchinstrumentierte Partitur Wahnsinn". In: Anneliese Botond (Hrsg.): Über Thomas Bernhard. Frankfurt/M. 1970, S. 130 – 136; S. 132.

Fantasie widmete."⁵⁶² Um Bernhard möglichst treffend zu charakterisieren, schlägt Jean-Marie Paul in seiner Studie deshalb sophistisch vor, Bernhards Selbstauskunft „J'indique la vie et parle de la mort"⁵⁶³ zu korrigieren, weil ihm die Umkehrung des Satzes (mit der Hinzufügung einer wesentlichen Konjunktion) mit Blick auf Bernhards Leben und Werk passender erscheint: „Je parle de la mort mais j' indique la vie."⁵⁶⁴ Hingegen bezeichnet Huntemann mit einer für mein Dafürhalten nicht überzeugenden Begründung eine Bewertung, in der die „'Entscheidung zum Leben'" dem „destruktiven, suizidären fiktionalen Werk" entgegengestellt werde, als eine „Verkürzung", weil, mit Blick auf die Erzählungen „Ja" und „Wittgensteins Neffe", die zeitgleich mit den Autobiographienbänden erschienen seien, „autobiographisches und fiktionales Schreiben nebeneinander her laufen."⁵⁶⁵
Mahler-Bungers begreift in ihrer psychologisch-literarischen Deutung Bernhards Autobiographie als Signum der „Akzeptanz der eigenen Geschichte [...]. Wenn das Ich nämlich seine eigene Geschichte ist, d. h. heißt Identität und Geschichte eines sind, so ist genau das der Grund für die Lebensnotwendigkeit dieser Akzeptanz."⁵⁶⁶ „Der Antiautobiograph wäre also in letzter Konsequenz einer, der seine eigene Geschichte nicht rekonstruiert, sondern destruiert, der seine Herkunft nicht aufhebt, sondern ‚verbrennt'".⁵⁶⁷ Nach den Ergebnissen der vorliegenden Untersuchung sollte daher nicht Bernhards Lebensbeschreibung, sondern sein fiktionales Werk als ein von Anfang an geplantes „Antiautobiographie"-Projekt bezeichnet werden.⁵⁶⁸
In seinem Buch über Gedächtniskunst erörtert Harald Weinrich⁵⁶⁹ auch im Zusammenhang mit Bernhards Roman „Auslöschung" die interessante Frage, ob die der Mnemotechnik gegenläufige Bewegung, also bewußtes Tilgen von Erinnerungen, überhaupt möglich sei. Weil sich der Erzähler des Romans seine Vergangenheit intensiv vergegenwärtige, sei der Text „zunächst eher ein Erinnerungsbuch".⁵⁷⁰ Da die Vergegenwärtigung aber durch eine dem Erzähler eigene

---

[562] Ulrich Weinzierl: Lachen überm Abgrund. Für Unsterblichkeit genügt's: Neues von und über die österreichische „Schreib-Maschine" Thomas Bernhard. In: Die Welt v. 6. 12. 2003.
[563] Paul, S. 189, zit. nach einem 1983 von Maurice Nadeau für „Le Monde" geführten Interview, veröffentl. in: Ténèbres, 1986, S. 36.
[564] Paul, S. 189.
[565] Huntemann (Treue), S. 51.
[566] Mahler-Bungers, S. 129.
[567] Dies., S. 127.
[568] Zu einem ähnlichen Ergebnis (unter anderer Themenstellung) kommt auch Mahler-Bungers.
[569] Harald Weinrich: Lethe. Kunst und Kritik des Vergessens. München 1997.
[570] Weinrich, S. 255.

"(Schopenhauersche) Willenskraft" geschehe, könne er, "indem er das Wolfsegg, das er in sich trägt, auf- und von sich wegschreibt, für diesen quälenden Zauber ein ‚Auslöscher' werden, und seine ‚ungeheure' Schrift repräsentiert eine Welt als Wille und Auslöschung."[571] Weinrich beendet an dieser Stelle seine Interpretation des Romans, die vorrangig unter dem Aspekt des Auslöschens von Erinnerungen – dem Motiv der Murauschen "Antiautobiographie" – geführt wird. Weinrichs Vermutung, durch das Aufschreiben seiner Geschichte sei Murau (oder Georg) auch ihre Auslöschung gelungen, soll nicht widersprochen werden, zumal der Roman keine Auskunft darüber gibt. Doch der Wunsch, dieses zu tun, ist der Antrieb des Schreibenden, der es rechtfertigt, von einer "Antiautobiographie" zu sprechen im Gegensatz zu Bernhards "eigentlichen[m] ‚autobiographische[m] Antrieb'", der Fragen nach der eigenen Existenz stellt,[572] um deren Wurzeln als Grundlage des eigenen Lebens akzeptieren zu können. Im Zusammenhang mit Bernhards Autobiographie böte sich das Negationspräfix "anti" in seiner Bedeutung als "wider" (= gegen) dennoch zur Erörterung an,[573] wenn es als Zeichen der Formkünstlichkeit einer antithetischen Schreibweise begriffen wird und als konstruktives Element des Komischen, das sich gewohnten Rezeptionserwartungen widersetzt, nicht aber, um den "Bernhard-Konformismus"[574] des einseitig Destruktiven seines Gesamtwerkes fortzuschreiben.

---

[571] Ders., S. 256.
[572] Vgl. Aichinger (Reallexikon), S. 803.
[573] Vgl. Theisen, S. 264.
Vgl. auch Hans Höller/Matthias Part: "Auslöschung" als Antiautobiographie. Perspektiven der Forschung. In: Hans Höller; Irene Heidelberger-Leonard (Hrsg.): Antiautobiografie. Thomas Bernhards "Auslöschung". Frankfurt/M. 1995, S. 97 – 115; bes. S. 97. Höllers und Parts nicht uneingeschränkter Zustimmung zu den Ergebnissen der psychoanalytischen Literaturbetrachtung von Mahler-Bungers schließe ich mich an. Aber Mahler-Bungers' Studie war die erste, in dem der Begriff Antiautobiographie thematisiert und dadurch eine Diskussion angestoßen wurde. Vgl. Höller/Part, S. 100.
[574] Pfabigan kritisiert einen "verabscheuungswürdigen Bernhard-Konformismus" in der Forschungsliteratur. S. 9.

ZUSAMMENFASSUNG

„Jedes Kunstwerk ist eine Projektion des Innenlebens in die Außenwelt, wo es sich dadurch, daß es Form annimmt, seiner selbst bewußt wird."[575] Eine irritierende Spannungsrelation zwischen dem Ernst des Geschilderten und dem Komischen der Schilderung bestimmt die fünfbändige Autobiographie Thomas Bernhards. Ursächlich ist eine auch für zeitgenössische Lebensbeschreibungen ungewöhnliche Darstellungstechnik künstlerischer Verfremdung im Medium des Komischen, die den Leser an eine vom Autor intendierte Rezeptionshaltung von Unmittelbarkeit und Distanz bannt. Im Unterschied zum fiktionalen Werkteil, dessen Komikpotential verschiedentlich beschrieben worden ist, erweist sich die Komik der Autobiographie nicht handlungs- oder dialogmotiviert, sondern als rezeptionslenkendes, kontextgebundenes Transformationsmittel, um Jahrzehnte zurückliegende „innere Vorgänge, die niemand sieht",[576] in „Überdeutlichkeit" (DT 151) erfahrbar werden zu lassen. Bernhard bedient sich dabei probater affektanregender rhetorischer und stilistischer Mittel, die als Deviationen gewohnter und erwarteter schriftlicher Sprachanwendung sowohl auf Wort- als auch auf Satz-, Teiltext- und Gesamttextebene als Komiksignale der Autobiographienbände ermittelt werden konnten. Im einzelnen sind dies (u. a.) exzentrische Neologismen, inflationärer Partizipien- und Partikelngebrauch sowie hyperbolische Formen, die scheinbar ohne Informationswert für das Textverständnis wiederholt, variiert und in Oppositionsverhältnisse zueinander gestellt werden.

An sich könnte keine dieser in poetischer Sprache nicht ungebräuchlichen Formen als komisch = belachbar qualifiziert werden. Erst durch ihren exzessiven Einsatz wuchern sie zu polemischen Verallgemeinerungen, Klischees und karikierenden Wertverschiebungen aus, die im Kommunikationsvorgang zwischen Autor, Text und Leser unter bestimmten subjektiven, individuellen, aber auch sozialen und zeitabhängigen Voraussetzungen als komisch aufgefaßt und durch Lachen beantwortet werden können.

In Rekurrenz auf Bernhards Poetologie der Formdominanz wurden in der vorliegenden Untersuchung diese Elemente des Komischen, die in der Theorie-Diskussion des Komischen als Konstituenzien eines belachbaren Vorgangs ausgewiesen werden, als textkonstituierende Komponenten seines „philosophischen Lachprogramms"[577] analysiert und interpretiert. Als grundlegendes Prinzip artifiziell forcierter Komik in der Autobiographie wurde eine der Darstellungsweise

---

[575] Gusdorf, S. 141.
[576] Fleischmann, S. 274.
[577] Dies., S. 43.

geschuldete zweifache Normverletzung ermittelt: Anfänglich zeigt sie sich als stilistisch bedingte Inkongruenz zwischen einer für das traditionell ernsthafte Genre angemessenen und erwarteten und der tatsächlich vorgefundenen unangemessenen Sprachverwendung. Bezogen auf Bernhards poetologische Vorgabe einer formdominierten Textproduktion und dem intendierten Rezeptionsresultat der Transparenz innerer Vorgänge, wird dem Leser die intellektuelle Leistung abverlangt, den dargebotenen Text theoretisch in Form und Gehalt aufzuspalten und zunächst nur die materiellen Wortkörper wahrzunehmen, um auf die ästhetische Normverletzung reagieren zu können analog Bergsons Theorem, nach dem jede Formexaltiertheit eine Provokation darstellt und Anlaß für die Entstehung des komischen Vorgangs gibt. Die weltweite positive Resonanz, die Bernhards Autobiographie genießt, ist ein Zeichen dafür, daß der dem Lachen inhärenten Mißbilligung der Erwartungsdurchbrechung auch Bewunderung für den Mut und die Grandiosität des Autors unterlegt ist.

Sobald der Betrachter aber darüber nachdenkt, daß das, worüber er lacht, nur der sichtbare Ausdruck eines inneren Zustandes ist, werden mit dem Aufrufen von Bedeutungsfeldern Konnotationen und Emotionen geweckt, in deren ernsthafte Reflexion auch der vorher distanziert aufgefaßte Vorgang einbezogen wird. Am Beispiel der Wiederholungsfigur, ihrer Wirkungsweise und Funktion konnte verdeutlicht werden, wie Bernhards Intention zufolge in einer fortgeschrittenen Phase des prädisponierten Rezeptionsprozesses die inhaltliche Textebene an Bedeutung gewinnt. Die hier zum Tragen kommende Inkongruenz basiert auf den Erwartungen des jungen Bernhard an die für sein damaliges Leben Verantwortlichen und ihrem unverantwortlichen, enttäuschenden und lächerlichen Verhalten.

Bernhards Verfahren spielt die „doppelte[ ] Bewegung"[578] von Ablehnung und Zustimmung aus, die in der Reaktion auf Komisches in ein und demselben Vorgang existent ist und während des Lektürevorgangs „Umspringbilder"[579] evoziert, die sowohl die komische als auch die ernste Komponente des Textes reflektieren: Einerseits ist das Lachen als Reaktion auf einen komischen Vorgang von der Absicht getragen, die Normverletzung als ein „Hinausgehen über die jeweils gegebene Ordnung zu einem von ihr ausgeschlossenen Bereich"[580] zu tadeln, andererseits demonstriert es, wie vor allem moderne Komik-Theorien betonen, daß dieser „ausgeschlossene Bereich in und an dem ihn ausschließenden Bereich selbst sichtbar gemacht wird."[581] Somit ist dem Tadel gleichzeitig

---

[578] Ritter, S. 74.
[579] Schmidt-Dengler (Tragödien), S. 20.
[580] Ritter, S. 74.
[581] Ebd.

ein „Anschein von Wohlwollen"[582] beigemischt, der die Unumstößlichkeit der (geltenden individuellen oder sozialen) Ordnung infrage stellt. Reflektiert der Leser also, daß die komische und von ihm goutierte Form als ästhetische Verfremdung und Pointierung der „Ursache" bedrückender und demütigender Vorgänge im Leben des jungen Bernhard fungiert, wendet sich die der formalen Regelverletzung geschuldete Kritik ihren referentiellen Objekten zu. In der Proposition des Gesamttextes der fünf Autobiographienbände sind es die „Verzieher", „Verstörer" und „Vernichter" (EK 53) einer von Angst, Krankheit und Lieblosigkeit geprägten Kindheit und Jugend. Diese Kritik kann das positivierende Moment des ersten komischen Vorgangs nicht enthalten; hier würde sie ihren „Zweck verfehlen, wenn [sie] von Sympathie und Güte gekennzeichnet wäre".[583] Der Zweck dieser Kritik und mithin dieses Lachens kann nach den Ergebnissen der Einzelanalysen im Kontext der Bernhardschen Autobiographie nur der einer sozialen Ächtung sein.[584] Somit unterliegt Bernhards Autobiographie einer zweischichtigen, ästhetisch *und* lebensweltlich fundierten Inkongruenz, deren subjektive Wahrnehmung als ästhetisch inszenierte Grenzüberschreitung oder als Realitätswiderspiegelung entscheidend für die eminent unterschiedliche Bewertung dieser Texte beim Publikum und der Forschungsliteratur sein könnte.

---

[582] Bergson, S. 122.
[583] Bergson, S. 124.
[584] Vgl. dens., S. 90.

SIGLEN

1. Autobiographie

A	Der Atem. Eine Entscheidung
EK	Ein Kind
Kä	Die Kälte. Eine Isolation
Ke	Der Keller. Eine Entziehung
U	Die Ursache. Eine Andeutung

2. Fiktionales Werk

AfB	Attaché an der französischen Botschaft
AM	Alte Meister. Komödie
Am	Amras
Ausl	Auslöschung. Ein Zerfall
B	Beton
DT	Drei Tage
F	Frost
G	Gehen
H	Holzfällen
Hp	Heldenplatz
J	Ja
Jg	Die Jagdgesellschaft
Mü	Die Mütze
V	Verstörung
VH	Viktor Halbnarr. Ein Wintermärchen
VK	Das Verbrechen eines Innsbrucker Kaufmannssohns
Wf	Der Wetterfleck
WN	Wittgensteins Neffe. Eine Freundschaft

LITERATURVERZEICHNIS

Die Angaben beziehen sich auf die in der Untersuchung verwendete Ausgabe; eckige Klammern kennzeichnen die Erstveröffentlichung.

I Texte von Thomas Bernhard

1. Autobiographie

Die Ursache. Eine Andeutung. München 1977 [Salzburg 1975].

Der Keller. Eine Entziehung. München 1979 [Salzburg 1976].

Der Atem. Eine Entscheidung. München, 7. Aufl. 1990 [Salzburg und Wien 1978].

Die Kälte. Eine Isolation. München, 3. Aufl. 1987 [Salzburg und Wien 1981].

Ein Kind. München, 6. Aufl. 1990 [Salzburg und Wien 1982].

2. Fiktionales Werk

Alte Meister. Komödie. Frankfurt/M. 1988 [1985].

Amras. Frankfurt/M. 1988 [1964].

Attaché an der französischen Botschaft. In: T. B.: Erzählungen. Frankfurt/M. 1988 [1976].

Auslöschung. Ein Zerfall. Frankfurt/M. 1988 [1986].

Beton. Frankfurt/M. 1988 [1982].

Drei Tage. In: T. B.: Der Italiener. Salzburg 1971.

Ein Fest für Boris. In: T. B.: Stücke 1. Frankfurt/M. 1988 [1968].

Frost. Frankfurt/M. 1994 [1963].

Gehen. Frankfurt/M. 1971.

Heldenplatz. Frankfurt/M., 6. Aufl. 1994 [1988].

Holzfällen. Eine Erregung. Frankfurt/M. 1992 [1984].

Der Ignorant und der Wahnsinnige. In: T. B.: Stücke 1. Frankfurt/M. 1988 [1972].

Ja. Frankfurt/M. 1988 [1978].

Die Jagdgesellschaft. In: T. B.: Stücke 1. Frankfurt/M. 1988 [1974].

Korrektur. Frankfurt/M. 1988 [1975].

Die Macht der Gewohnheit. In: T. B.: Stücke 1. Frankfurt/M. 1988 [1974].

Die Mütze. In: T. B.: Erzählungen. Frankfurt/M. 1988 [1967].

Ungenach. Erzählung. Frankfurt/M. 1988 [1968].

Der Untergeher. München 2004 [Frankfurt/M. 1983].

Das Verbrechen eines Innsbrucker Kaufmannssohns. In: T. B.: Erzählungen. Frankfurt/M. 1988 [1976].

Verstörung. Frankfurt/M. 1988 [1967].

Viktor Halbnarr. Ein Wintermärchen. In: Dichter erzählen Kindern (hrsg. v. Gertraud Middelhauve). Köln und Zürich 1991 [1966].

Watten. Frankfurt/M. 1987 [1969].

Der Wetterfleck. In: T. B.: Erzählungen. Frankfurt/M. 1988 [1976].

Wittgensteins Neffe. Eine Freundschaft. Frankfurt/M. 1987 [1982].

II Zu Thomas Bernhard

1. Monographien und Aufsätze

Améry, Jean: Atemnot. Zum dritten Teil der Thomas Bernhardschen Autobiographie. In: Merkur. Deutsche Zeitschrift für europäisches Denken, H. 7, 32. Jg., Stuttgart, Juli 1978, S. 947 – 949.

Atzert, Stephan: Schopenhauer und Thomas Bernhard. Zur literarischen Verwendung von Philosophie. Freiburg im Breisgau 1999.

Bayr, Rudolf: „Aus Schlagobers entsteht nichts". Gespräch zwischen Rudolf Bayr und Thomas Bernhard v. 12. 9. 1975 (ORF). In: Thomas Bernhard und Salzburg. 22 Annäherungen (hrsg. v. Manfred Mittermayer u. Sabine Veits-Falk). Salzburg 2001, S. 245 – 251.

Brändle, Rudolf: Zeugenfreundschaft. Erinnerungen an Thomas Bernhard. Suhrkamp Taschenbuch 3232, 2001 [Salzburg und Wien 1999].

Bugmann, Urs: Bewältigungsversuch. Thomas Bernhards autobiographische Schriften. Bern, Frankfurt/M., Las Vegas 1981 (= Europäische Hochschulschriften, R. 1, Bd. 435).

Bürger, Christa: Schreiben als Lebensnotwendigkeit. Zu den autobiographischen Fragmenten Thomas Bernhards. In: Alexander von Bormann (Hrsg.): Sehnsuchtsangst. Zur österreichischen Literatur der Gegenwart, Bd. 21, Amsterdam 1987, S. 43 – 64.

Dittmar, Jens (Hrsg.): Thomas Bernhard. Werkgeschichte. Frankfurt/M., 2. Aufl. 1990.

Donnenberg, Josef: Thomas Bernhard (und Österreich). Studien zu Werk und Wirkung (1970 – 1989). Stuttgart 1997 (=Stuttgarter Arbeiten zur Germanistik, Nr. 352, hrsg. v. Ulrich Müller, Franz Hundnurscher u. Cornelius Sommer).

Endres, Ria: Am Ende angekommen. Dargestellt am wahnhaften Dunkel der Männerporträts des Thomas Bernhard. Frankfurt/M. 1980.

Eyckeler, Franz: Reflexionspoesie. Sprachskepsis, Rhetorik und Poetik in der Prosa Thomas Bernhards. Berlin 1995 (=Philologische Studien und Quellen, hrsg. v. Hugo Steger und Hartmut Steinecke, H. 133).

Fleischmann, Krista: Thomas Bernhard – Eine Begegnung. Gespräche mit Krista Fleischmann. Wien 1991.

Fuest, Leonhard: Kunstwahnsinn irreparabler. Eine Studie zum Werk Thomas Bernhards. Frankfurt/M., Berlin, Bern (u. a) 2000 (=Beiträge zur Literatur und Literaturwissenschaft des 20. Jahrhunderts, hrsg. v. Eberhard Mannack, Bd. 20).

Gaier, Ulrich: „Ein Fest für Boris" oder das Ende der Hermeneutik. In: Der Deutschunterricht (in Neuer Folge hrsg. v. Friedrich Verlag Velber i. Zusammenarbeit mit Klett u. i. Verbindung mit Gerhard Augst u. a.), Jg. 36, H. 3/84, Drama der Gegenwart (hrsg. v. Wolfram Buddecke i. Verb. mit Heinz-Dieter Weber), S. 31 – 40.

Gamper, Herbert: „Eine durchinstrumentierte Partitur Wahnsinn". In: Anneliese Botond (Hrsg.): Über Thomas Bernhard. Frankfurt/M. 1970, S. 130 – 136.

Glaser, Horst Albert: Die Krankheit zum Tode oder der Wille zum Leben – Überlegungen zu Thomas Bernhards Autobiographie. In: Alexander von Bormann (Hrsg.): Sehnsuchtsangst. Zur Österreichischen Literatur der Gegenwart, Bd. 21. Amsterdam 1987, S. 65 – 73.

Gross, Helmut: Biographischer Hintergrund von Thomas Bernhards Wahrheitsrigorismus. In: Text und Kritik (hrsg. v. Heinz Ludwig Arnold), H. 43. München, 3. Aufl. 1991, S. 112 – 121.

Habringer, Rudolf: Der Auswegsucher. Über Thomas Bernhards Anfänge als Journalist. In: Thomas Bernhard und Salzburg. 22 Annäherungen (hrsg. v. Manfred Mittermayer u. Sabine Veits-Falk). Salzburg 2001, S. 31 – 40.

Haider-Pregler, Hilde u. Peter, Birgit: Der Mittagesser. Eine kulinarische Thomas-Bernhard-Lektüre. Frankfurt/M. 2001.

Hell, Cornelius: Zensierte Kampfgebete. Neues Licht auf Thomas Bernhards Verhältnis zur Religion. In: Orientierung, H. 68, Zürich 2004, S. 43 – 48.

Henscheid, Eckhard: Der Krypto-Komiker. Wie der österreichische Schriftsteller Thomas Bernhard seine Bewunderer, seine Kritiker und wahrscheinlich sich selber an der Nase rumführt. In: Pardon, H. 7, 1973, S. 21 u. 23.

Hieber, Jochen: Thomas Bernhard. In: Die großen Deutschen unserer Epoche (hrsg. v. Lothar Gall). Frankfurt/M. 1995, S. 554 – 567.

Hoell, Joachim: Thomas Bernhard. München 2000 (hrsg. v. Martin Sulzer-Reichel; dtv portrait).

Hofe, Gerhard vom: Ecce Lazarus. Autor-Existenz und ‚Privat'-Metaphysik in Thomas Bernhards autobiographischen Schriften. In: Duitse kroniek (Den Haag), Jg. 32, H. 4, 1982, S. 18 – 36.

Hofmann, Kurt: Aus Gesprächen mit Thomas Bernhard. München 1991.

Höller, Hans: Kritik einer literarischen Form. Versuch über Thomas Bernhard. Stuttgart 1979 (=Stuttgarter Arbeiten zur Germanistik, hrsg. v. Ulrich Müller, Franz Hundnurscher u. Cornelius Sommer).

Höller, Hans: Thomas Bernhard. Reinbek bei Hamburg 1993 (=Rowohlts Monographien, begr. v. Kurt Kusenberg, hrsg, v. Wolfgang Müller).

Höller, Hans; Part, Matthias: „Auslöschung" als Antiautobiografie. Perspektiven der Forschung. In: Hans Höller; Irene Heidelberger-Leonard (Hrsg.): Antiautobiografie. Thomas Bernhards „Auslöschung". Frankfurt/M. 1995, S. 97 – 115.

Honegger, Gitta: Thomas Bernhard. „Was ist das für ein Narr?" München 2003 [Originaltitel: The Making of an Austrian: Yale University 2001].

Honold, Alexander: Bernhards Dämonen. In: Joachim Hoell, Alexander Honold, Kai Luehrs-Kaiser (Hrsg.): Thomas Bernhard – eine Einschärfung. Berlin, 2. Aufl. 1999, S. 17 – 25.

Huber, Martin: „Möglichkeitsfetzen von Erinnerung". Zur Rezeption von Thomas Bernhards autobiographischer Pentalogie. In: Wolfram Bayer (Hrsg.): Kontinent Bernhard. Zur Thomas-Bernhard-Rezeption in Europa. Wien, Köln, Weimar 1995, S. 44 – 57.

Huber, Martin: „Romanfigur klagt den Autor." Zur Rezeption von Thomas Bernhards „Die Ursache. Eine Andeutung". In: Wendelin Schmidt-Dengler;

Martin Huber: Statt Bernhard. Über Misanthropie im Werk Thomas Bernhards. Österreichische Staatsdruckerei 1987, S. 59 – 110.

Huber, Martin: Rettich und Klavier. Zur Komik im Werk Thomas Bernhards. In: Komik in der österreichischen Literatur (hrsg. v. Wendelin Schmidt-Dengler, Johann Sonnleitner u. Klaus Zeyringer). Berlin 1996 (=Philologische Studien und Quellen; hrsg. v. Hugo Steger, Hartmut Steinecke, Horst Wenzel, H. 142), S. 275 – 284.

Huguet, Louis: Chronologie. Johannes Freumbichler, Thomas Bernhard (hrsg. v. Hans Höller). Wien, Linz, Weitra 1995.

Huntemann, Willi: „Treue zum Scheitern". Bernhard, Beckett und die Postmoderne. In: Text und Kritik, H. 43, Thomas Bernhard (hrsg. v. Heinz Ludwig Arnold). München, 3. Aufl. 1991, S. 42 – 74.

Huntemann, Willi: Artistik & Rollenspiel. Das System Thomas Bernhard. Würzburg 1990.

Jahraus, Oliver: Das ‚monomanische' Werk. Eine strukturale Werkanalyse des Œuvres von Thomas Bernhard. Frankfurt/M., Berlin, Bern (u. a.) 1992 (=Münchener Studien zur literarischen Kultur in Deutschland, hrsg. v. Renate von Heydebrand, Georg Jäger, Jürgen Scharfschwerdt).

Jang, Eun-Soo: Die Ohn-Machtspiele des Altersnarren. Untersuchungen zum dramatischen Schaffen Thomas Bernhards. Frankfurt/M. (u. a.) 1993 (=Europäische Hochschulschriften, R. 1, Deutsche Sprache und Literatur, Bd. 1417).

Judex, Bernhard: Wild wächst die Blume meines Zorns ... Die Vater-Sohn-Problematik bei Thomas Bernhard. Biographische und werkbezogene Aspekte. Frankfurt/M. (u. a.) 1977 (=Europäische Hochschulschriften, R. 1, Deutsche Sprache und Literatur, Bd. 1600).

Jurgensen, Manfred: „Todesarten" der Sprache. Zu Ingeborg Bachmann, Thomas Bernhard und Peter Handke. In: Neue Zürcher Zeitung v. 4./5. 1. 1981.

Klingmann, Ulrich: Begriff und Struktur des Komischen in Thomas Bernhards Dramen. In: Wirkendes Wort. Deutsche Sprache in Forschung und Lehre (hrsg. v. Theodor Lewandowski u. a.), 34. Jg., H. 2, 1984, S. 78 – 87.

Kohlhage, Monika: Das Phänomen der Krankheit im Werk von Thomas Bernhard. Herzogenrath 1987.

König, Josef: „Nichts als ein Totenmaskenball". Studien zum Verständnis der ästhetischen Intentionen im Werk Thomas Bernhards. Frankfurt/M., Bern, New York 1983 (=Europäische Hochschulschriften, R. 1, Bd. 682).

Korte, Hermann: Dramaturgie der „Übertreibungskunst" In: Text und Kritik (hrsg. v. Heinz Ludwig Arnold), H. 43, München, 3. Aufl. 1991, S. 88 – 103.

Kurz, Paul Konrad: Gegen die Sinnlosigkeit aufstehen. Thomas Bernhards autobiographische Inszenierungen. In: P. K. K.: Apokalyptische Zeit. Zur Literatur der mittleren 80er Jahre. Frankfurt/M. 1987, S. 281 – 289.

Laemmle, Peter: Karriere eines Außenseiters. Vorläufige Anmerkungen zu Thomas Bernhards fünfteiliger Autobiographie. In: Text und Kritik (hrsg. v. Heinz Ludwig Arnold), München, 2. erw. Aufl. 1982, S. 1 – 7.

Lüdtke, Martin: Ein „Ich" in der Bewegung: stillgestellt. Wegmarken der Bernhardschen Autobiographie. In: Merkur, H. 11, 1981, S. 1175 – 1183.

Luehrs-Kaiser, Kai: Komik der Grausamkeit. Heimito von Doderer und Thomas Bernhard. In: Thomas Bernhard. Traditionen und Trabanten (hrsg. v. Joachim Hoell u. Kai Luehrs-Kaiser). Würzburg 1999, S. 75 – 84.

Mahler-Bungers, Annegret: Die Anti-Autobiographie. Thomas Bernhard als ‚Antiautobiograph'? In: Über sich selber reden. Zur Psychoanalyse autobiographischen Schreibens (hrsg. v. Johannes Cremerius, Wolfram Mauser, Carl Pietzcker, Frederick Wyatt). Würzburg 1991 (=Freiburger literaturpsychologische Gespräche, Bd. 11), S. 121 – 133.

Maier, Andreas: Die Verführung. Thomas Bernhards Prosa. Göttingen 2004.

Markolin, Carolin: Die Großväter sind die Lehrer. Johannes Freumbichler und sein Enkel Thomas Bernhard. Salzburg 1988.

Marquardt, Eva: Entwicklungstendenzen in der Erzählprosa Thomas Bernhards. Tübingen 1990.

Mauch, Gudrun: Thomas Bernhards Biographie des Schmerzes. In: Modern Austrian Literature. Journal of The International Arthur Schnitzler Research Association (hrsg. v. Donald G. Daviau und Herbert Zeman), Vol. 13, No. 1, 1980, S. 91 – 110.

Meyerhofer, Nicholas J.: Thomas Bernhard. Berlin, 2. erg. Aufl. 1989 (=Köpfe des 20. Jahrhunderts, Bd. 104).

Meyerhofer, Nicholas: To Laugh or not to Laugh: Humor in the Works of Thomas Bernhard. In: Humor. International Journal of Humor Research. Berlin 1988, Vol. 1 – 3, S. 269 – 277.

Mittermayer, Manfred: Thomas Bernhard. Stuttgart 1995.

Oberreiter, Suitbert: Lebensinszenierung und kalkulierte Kompromißlosigkeit. Zur Relevanz der Lebenswelt im Werk Thomas Bernhards. Wien, Köln, Weimar 1999.

Paul, Jean-Marie: Le point final de la mort: De la fiction autobiographique à la verité de la fiction dans l'œuvre de Thomas Bernhard. In: Le texte et l'idée. Centre de l'université de Nancy II, 4/1989, S. 165 – 210.

Petrasch, Ingrid: Die Konstitution von Wirklichkeit in der Prosa Thomas Bernhards. Sinnbildlichkeit und groteske Überzeichnung. Frankfurt/M., Bern, New York 1987 (=Münchener Studien zur literarischen Kultur in Deutschland, hrsg. v. Renate v. Heydebrand, Georg Jäger, Jürgen Scharfschwerdt, Bd. 2).

Pfabigan, Alfred: Thomas Bernhard. Ein österreichisches Weltexperiment. Wien 1999.

Piechotta, Hans Joachim: „Naturgemäß". Thomas Bernhards autobiographische Bücher. In: Text und Kritik (hrsg. v. Heinz Ludwig Arnold), H. 43, München, 2. Aufl. 1982, S. 8 – 24.

Pütz, Herbert: Einige textlinguistische Bemerkungen zu „Beton". In: Text & Kontext (hrsg. v. Klaus Bohnen u. Sven Aage Jörgensen; Themaheft Thomas Bernhard, hrsg. v. Bernd Neumann). Zeitschrift für germanistische Literaturforschung in Skandinavien, Bd. 14, H. 2, 1986, S. 211 – 236.

Rambures, Jean-Louis de: Ich behaupte nicht, mit der Welt gehe es schlechter. Aus einem Gespräch mit dem Schriftsteller Thomas Bernhard. Interview für „Le Monde". Übersetzt von Andres Müry, genehmigt von Thomas Bernhard. In: Frankfurter Allgemeine Zeitung Nr. 46 v. 24. 2. 1983.

Reich-Ranicki, Marcel: Thomas Bernhard. Aufsätze und Reden. Zürich 1990.

Röntgen, Julius: Autobiographie und Dichtung. Ihr Wechselspiel bei Thomas Bernhard. In: Duitse kroniek, H. 1, Bd. 31, Amsterdam 1981, S. 14 – 34.

Scheib, Asta: Von einer Katastrophe in die andere. Ansichten des Dichters Thomas Bernhard. In: Süddeutsche Zeitung am Wochenende, Nr. 13 (Feuilleton-Beilage) v. 17./18. 1. 1987.

Schmidt-Dengler, Wendelin: „Der Tod als Naturwissenschaft neben dem Leben, Leben". Zu Bernhards Sprache der Ausschließlichkeit. In: W. Sch.-D.: Der Übertreibungskünstler. Studien zu Thomas Bernhard. Wien, 3. Aufl. 1997, S. 9 – 16.

Schmidt-Dengler, Wendelin: Bernhards Scheltreden. Um- und Abwege der Bernhard-Rezeption. In: W. Sch.-D.: Der Übertreibungskünstler. Studien zu Thomas Bernhard. Wien, 3. Aufl. 1997, S. 129 – 147.

Schmidt-Dengler, Wendelin: Die Tragödien sind die Komödien oder Die Unbelangbarkeit Thomas Bernhards durch die Literaturwissenschaft. In: Wolfram Bayer (Hrsg.): Kontinent Bernhard. Zur Thomas-Bernhard-Rezeption in Europa. Wien, Köln, Weimar 1995, S. 15 – 30.

Schmidt-Dengler, Wendelin: Thomas Bernhard. In: Literaturlexikon. Autoren und Werke deutscher Sprache (hrsg. v. Walther Killy u. a.), Bd. 1. Gütersloh u. München 1988, S. 461 – 464.

Sorg, Bernhard: Die Zeichen des Zerfalls. Zu Thomas Bernhards „Auslöschung" und „Heldenplatz". In: Text und Kritik (hrsg. v. Heinz Ludwig Arnold), H. 43, München, 3. Aufl. 1991, S. 75 – 87.

Sorg, Bernhard: Thomas Bernhard. München, 2. Aufl. 1992.

Strutz, Johann: „Wir, das bin ich". – Folgerungen zum Autobiographienwerk von Thomas Bernhard. In: In Sachen Thomas Bernhard (hrsg. v. Kurt Bartsch, Dietmar Goltschnigg, Gerhard Melzer). Königstein/Ts. 1983, S. 179 – 198.

Theisen, Bianca: Im Guckkasten des Kopfes. Thomas Bernhards Autobiographie. In: Politik und Medien bei Thomas Bernhard (hrsg. v. Franziska Schößler u. Ingeborg Villinger). Würzburg 2002, S. 246 – 265.

Tismar, Jens: Thomas Bernhards Erzählerfiguren. In: Anneliese Botond (Hrsg.): Über Thomas Bernhard. Frankfurt/M. 1970, S. 68 – 77.

Tschapke, Reinhard: Hölle und zurück. Das Initiationsthema in den Jugenderinnerungen Thomas Bernhards. Hildesheim, Zürich, New York 1984 (=Germanistische Texte und Studien, Bd. 22).

Vancea, Georgetta: Das tragikomische Lachen Thomas Bernhards und seine Resonanz in der Gegenwartsliteratur. In: Zeitschrift für Literaturwissenschaft und Linguistik (LiLi) 31, H. 124, 2001, S. 164 – 176.

Walitsch, Herwig: Thomas Bernhard und das Komische. Versuch über den Komikbegriff Thomas Bernhards anhand der Texte „Alte Meister" und „Die Macht der Gewohnheit". Erlangen 1992 (=Erlanger Studien, Bd. 96, hrsg. v. Detlef Leistner-Opfermann u. Dietmar Peschel-Rentsch).

Wiese, Benno v.: Thomas Bernhard. In: B. v. W. (Hrsg.): Deutsche Dichter der Gegenwart. Berlin, S. 632 – 646.

Zelinsky, Hartmut: Thomas Bernhards „Amras" und Novalis. In: Anneliese Botond (Hrsg.): Über Thomas Bernhard. Frankfurt/M. 1970, S. 24 – 32.

2. Rezensionen

Anz, Thomas: Thomas Bernhard, der große Komödiant. In: Frankfurter Allgemeine Zeitung v. 6. 4. 1982.

Damerau, Burghard: Der Geschichtenzerstörer. In: Wochenpost v. 21. 11. 1993.

Hartung, Harald: Das Scheitern und das Höchste. In: Tagesspiegel v. 16. 5. 1982.

Jacobi, Hansres: Inszenierung frühen Schreckens. In: Neue Zürcher Zeitung v. 25. 8. 1982.

Melzer, Gerhard: Unterwegs auf dunklen Wegen. Versuch über Thomas Bernhards autobiographische Texte. In: Neue Zürcher Zeitung v. 2./3. 9. 1989.

Michaelis, Rolf: Einmal Hölle und zurück. In: Die Zeit, Nr. 14, v. 27. 3. 1981.

Michaelis, Rolf: Himmelssturz, Höllenflug. In: Die Zeit v. 4. 6. 1982.

Razumovsky, Andreas: Das Virtuosentum der Wutanfälle. In: Frankfurter Allgemeine Zeitung v. 7. 11. 1988.

Reich-Ranicki, Marcel. In: Frankfurter Allgemeine Sonntags-Zeitung vom 25. 5. 2003 (Rubrik: Fragen Sie Reich-Ranicki).

Reich-Ranicki, Marcel. In: Frankfurter Allgemeine Zeitung v. 8. 4. 1978.

Reich-Ranicki, Marcel: Der Sieg vor dem Abgrund. Thomas Bernhards Buch „Wittgensteins Neffe – Eine Freundschaft". In: Frankfurter Allgemeine Zeitung v. 5. 2. 1983.

Reich-Ranicki, Marcel: Meine Bilder (Folge 18). In: Frankfurter Allgemeine Zeitung v. 27. 1. 2002.

Reich-Ranicki, Marcel: Thomas Bernhards entgegengesetzte Richtung. Seine autobiographischen Erzählungen „Die Ursache", „Der Keller" und „Der Atem". In: Frankfurter Allgemeine Zeitung v. 8. 4. 1978.

Weinzierl, Ulrich: Lachen überm Abgrund. Für Unsterblichkeit genügt's: Neues von und über die österreichische „Schreib-Maschine" Thomas Bernhard. In: Die Welt v. 6. 12. 2003.

Weinzierl, Ulrich: Zauberberg dritter Klasse. Der Dichter schweigt, die Exegeten reden. In: Frankfurter Allgemeine Zeitung v. 23. 3. 1999.

III Allgemeine Literatur

Aichinger, Ingrid: Probleme der Autobiographie als Sprachkunstwerk. In: Die Autobiographie. Zu Form und Geschichte einer literarischen Gattung (hrsg. v. Günter Niggl). Darmstadt 1989 (=Wege der Forschung, Bd. 565), S. 170 – 199).

Aichinger, Ingrid: Selbstbiographie. In: Reallexikon der deutschen Literaturgeschichte (hrsg. v. Werner Kohlschmidt u. Wolfgang Mohr). Berlin, New York, 2. Aufl. 1977, Bd. 3, S. 801 – 819.

Aksákov, Sergéj Timoféjewitsch: Bagrovs Kinderjahre. Zürich 1978 [Moskau 1858].

Améry, Jean: Hand an sich legen. Diskurs über den Freitod. Stuttgart, 6. Aufl. 1979.

Aristoteles: Poetik (Griechisch/Deutsch). Übers. u. hrsg. v. Manfred Fuhrmann. Stuttgart 1984.

Bachtin, Michail M.: Literatur und Karneval. Zur Romantheorie und Lachkultur. Aus dem Russischen übersetzt und mit einem Nachwort versehen von Alexander Kaempfe. Frankfurt/M. 1990.

Badinter, Elisabeth: Die Mutterliebe. Geschichte eines Gefühls vom 17. Jahrhundert bis heute. München 1981.

Ballod, Matthias (u. a.): ‚Zwischen den Zeilen lesen'. Eine Computeranalyse von Gedichten Hilde Domins. In: Michael Braun u. a. (Hrsg.): „Hinauf und Zurück/ in die herzhelle Zukunft". Deutsch-jüdische Literatur im 20. Jahrhundert. Festschrift für Birgit Lermen. Bonn 2000, S. 427 – 452.

Barthes, Roland: Roland Barthes par Roland Barthes. Paris 1975. [Titel der deutschen Ausgabe: Über mich selbst. München 1978.]

Bergson, Henri: Das Lachen. Ein Essay über die Bedeutung des Komischen. Frankfurt/M. 1988 [Paris 1900].

Bettelheim, Bruno: Kinder brauchen Märchen. München, 4. Aufl. 1981.

Bogdal, Klaus Michael: Hinter der Blindtür. Thomas Bernhards Auto(r)biographie. In: Klaus Michael Bogdal (Hrsg.): Historische Diskurs-Analyse der Literatur. Opladen/Wiesbaden 1999, S. 172 – 185.

Brettschneider, Werner: „Kindheitsmuster". Kindheit als Thema autobiographischer Dichtung. Berlin 1982.

Brinker, Klaus: Linguistische Textanalyse. Eine Einführung in Grundbegriffe und Methoden. Berlin, 3. durchges. u. erw. Aufl. 1992 (=Grundlagen der Germanistik; hrsg. v. Werner Besch u. Hartmut Steinecke).

Büchner, Georg: Der hessische Landbote. In: G. B.: Werke und Briefe (nach der historisch - kritischen Ausgabe von Werner R. Lehmann. München, Wien 1980 [1834], S. 210 – 233.

Buddecke, Wolfram und Fuhrmann, Helmut: Das deutschsprachige Drama seit 1945. Schweiz. Bundesrepublik. Österreich. DDR. Kommentar zu einer Epoche. München 1981.

Buddecke, Wolfram: Phantastik in Kunstmärchen und Jugendliteratur am Beispiel motivverwandter Texte. In: Literarische und didaktische Aspekte der phantastischen Kinder- und Jugendliteratur (hrsg. v. Günter Lange und Wilhelm Steffens). Würzburg 1993 (=Schriftenreihe der Deutschen Akademie für Kinder- und Jugendliteratur Volkach e. V., Bd. 13), S. 51 – 69.

Bünting, Karl-Dieter: Einführung in die Linguistik. Königstein/Ts., 11. Aufl. 1984.

Canetti, Elias: Die gerettete Zunge. Geschichte einer Jugend. Frankfurt/M. 1986 [München 1977].

Clyne, Michael: Einige Überlegungen zu einer Linguistik der Ironie. In: Zeitschrift für deutsche Philologie, Bd. 93, 1974, S. 343 – 355.

Coseriu, Eugenio: Textlinguistik. Tübingen, 2. Aufl. 1981 (=Tübinger Beiträge zur Linguistik, Bd. 109).

Dressler, Wolfgang: Einführung in die Textlinguistik. Tübingen, 2. Aufl. 1973 (=Konzepte der Sprach- und Literaturwissenschaft, Bd. 13).

Eco, Umberto: Der Name der Rose. (München 1982).

Eco, Umberto: Nachschrift zum ‚Namen der Rose'. München, 3. Aufl. 1986.

Ekmann, Björn: Wieso und zu welchem Ende wir lachen. In: Text & Kontext. Zeitschrift für germanistische Literaturforschung in Skandinavien (Kopenhagen – München), Bd. 9, H. 1, 1981, S. 19 – 46.

Feibleman, James K.: In Praise of Comedy. A Study in Its Theorie and Practise. New York 1970.

Fleischer Wolfgang; Michel, Georg; Starke, Günter (Hrsg.): Stilistik der deutschen Gegenwartssprache. Frankfurt/M. 1993.

Freud, Sigmund: Psychologische Schriften, Bd. IV (hrsg. v. Alexander Mitscherlich, Angela Richards, James Strachey). Frankfurt/M. 1970 [1905] (=Conditio humana. Ergebnisse aus den Wissenschaften vom Menschen).

Frieden, Sandra: „Falls es strafbar ist, die Grenzen zu verwischen": Autobiographie, Biographie und Christa Wolf. In: Vom Anderen und vom Selbst. Beiträge zu Fragen der Biographie und Autobiographie (hrsg. v. Reinhold Grimm und Jost Hermand). Königstein/Ts. 1982, S. 153 – 166.

Goethe, Johann Wolfgang von: Aus meinen Leben. Dichtung und Wahrheit. (Goethes Werke, Bd. 9; Autobiographische Schriften 1. Hamburger Ausgabe in 14 Bänden, hrsg. u. kommentiert v. Erich Trunz). München, 10. Aufl. 1982 [1981] [Tübingen 1811].

Grass, Günter: Die Blechtrommel. Darmstadt, 5. u. 6. Aufl. 1960.

Grimm, Reinhold; Hermand, Jost (Hrsg.): Vom Anderen und vom Selbst. Beiträge zu Fragen der Biographie und Autobiographie. Königstein/Ts. 1982.

Gusdorf, Georges: Voraussetzungen und Grenzen der Autobiographie. In: Die Autobiographie. Zu Form und Geschichte einer literarischen Gattung (hrsg. v. Günter Niggl). Darmstadt 1989 (=Wege der Forschung, Bd. 565), S. 121 – 147.

Hattemer, Matthias: Das erdichtete Ich. Zur Gattungspoetik der fiktiven Autobiographie bei Grimmelshausen, E. T. A. Hoffmann, Thomas Mann und Rainer Maria Rilke. Frankfurt/M., Bern, New York, Paris 1989 (=Europäische Hochschulschriften, R. 1, Deutsche Sprache und Literatur, Bd. 1151).

Hilmes, Carola: Das inventarische und das inventorische Ich. Grenzfälle des Autobiographischen. Heidelberg 2000 (=Frankfurter Beiträge zur Germanistik; Bd. 34).

Holdenried, Michaela: Im Spiegel ein anderer. Erfahrungskrise und Subjektdiskurs im modernen autobiographischen Roman. Heidelberg 1991 (=Beiträge zur neueren Literaturgeschichte, Folge 3, Bd. 114).

Horn, András: Das Komische im Spiegel der Literatur. Versuch einer systematischen Einführung. Würzburg 1988.

Hösle, Vittorio: Woody Allen. Versuch über das Komische. München 2001.

Iser, Wolfgang: Der Akt des Lesens. Theorie ästhetischer Wirkung. München, 2. Aufl. 1984 [1976].

Iser, Wolfgang: Die Appellstruktur der Texte. Unbestimmtheit als Wirkungsbedingung literarischer Prosa. Konstanz, 3. Aufl. 1972 [1970].

Jauß, Hans Robert: Ästhetische Erfahrung und literarische Hermeneutik. Frankfurt/M. 1991 [1982].

Jauß, Hans Robert: Literaturgeschichte als Provokation der Literaturwissenschaft. In: Rainer Warning (Hrsg.): Rezeptionsästhetik. Theorie und Praxis. München, 3. Aufl. 1988.

Jurzik, Renate: Der Stoff des Lachens. Studien über Komik. Frankfurt/M., New York 1985.

Kablitz, Andreas. Lexikonartikel über Komik, Komisch. In: Reallexikon der deutschen Literaturwissenschaft. Neubearb. d. Reallexikons der dtsch. Literaturgeschichte (hrsg. v. Harald Fricke, Bd. II). Berlin, New York, 3. neubearb. Aufl. 2000, S. 289 – 294.

Kafka, Franz: Briefe an Milena. In: Gesammelte Werke (hrsg. v. Max Brod; hrsg. v. Willy Haas). New York 1952.

Kafka, Franz: In der Strafkolonie. In: F. K.: Sämtliche Erzählungen (hrsg. v. Paul Raabe). Frankfurt/M. 1985 [1935], S. 100 – 123.

Kunze, Reiner: Die Aura der Wörter. Denkschrift. Stuttgart, 3. Aufl. 2003.

Lejeune, Philippe: Der autobiographische Pakt. In: Die Autobiographie. Zu Form und Geschichte einer literarischen Gattung (hrsg. v. Günter Niggl). Darmstadt 1989 (=Wege der Forschung, Bd. 565), S. 214 – 257.

Lipps, Theodor: Komik und Humor. Eine psychologisch-ästhetische Untersuchung. Hamburg u. Leipzig 1898.

Mallarmé, Stephane: L'Azur. In: Œuvres complètes. Paris 1970 [1864].

Michel-Andino, Andreas: Kleine Philosophie des Lachens. Ein Essay über das Phänomen des Komischen. Koblenz 2000.

Miller, Alice: Das Drama des begabten Kindes und die Suche nach dem wahren Selbst. Frankfurt/M. 1981.

Moritz, Karl Philipp: Anton Reiser. Ein psychologischer Roman. Leipzig 1987 [1785].

Müller, Klaus-Detlef: Die Autobiographie der Goethezeit. Historischer Sinn und gattungsgeschichtliche Perspektiven. In: Die Autobiographie. Zu Form und Geschichte einer literarischen Gattung (hrsg. v. Günter Niggl). Darmstadt 1989 (=Wege der Forschung, Bd. 565), S. 459 – 481.

Musil, Robert: Der Mann ohne Eigenschaften. Hamburg 1952.

Nickel, Horst: Entwicklungspsychologie des Kindes- und Jugendalters (Bd. II, Schulkind und Jugendlicher). Bern 1975.

Nübel, Birgit: Autobiographische Kommunikationsmedien um 1800. Studien zu Rousseau, Wieland, Herder und Moritz. Tübingen 1994 (=Studien zur deutschen Literatur, Bd. 136, hrsg. v. Wilfried Barner, Richard Brinkmann u. Conrad Wiedemann).

Pascal, Roy: Die Autobiographie als Kunstform. In: Die Autobiographie. Zu Form und Geschichte einer literarischen Gattung (hrsg. v. Günter Niggl). Darmstadt 1989 (=Wege der Forschung, Bd. 565), S. 148 – 157.

Pascal, Roy: Die Autobiographie. Gehalt und Gestalt (übers. v. M. Schaible). Stuttgart 1965 (=Sprache und Literatur, Bd. 19).

Picard, Hans Rudolf: Die existentiell reflektierende Autobiographie im zeitgenössischen Frankreich. In: Die Autobiographie. Zu Form und Geschichte einer literarischen Gattung (hrsg. v. Günter Niggl). Darmstadt 1989 (=Wege der Forschung, Bd. 565), S. 520 – 538.

Plessner, Helmuth: Lachen und Weinen. Eine Untersuchung der Grenzen menschlichen Verhaltens. In: H. P.: Philosophische Anthropologie (hrsg. v. Günter Dux). Frankfurt/M. 1970 [1941] (=Conditio humana. Ergebnisse aus den Wissenschaften vom Menschen, hrsg. v. Thure von Uexküll und Ilse Grubrich-Simitis), S. 5 – 171.

Preisendanz, Wolfgang: Lexikonartikel über das Komische und das Lachen. In: Historisches Wörterbuch der Philosophie (hrsg. v. Joachim Ritter und Karlfried Gründer). Völlig neubearb. Ausg. d. Wörterbuches der philosophischen Begriffe v. Rudolf Eisler, Bd. 4. Darmstadt 1976, Sp. 889 – 893.

Preisendanz, Wolfgang: Zum Vorrang des Komischen bei der Darstellung von Geschichtserfahrung in deutschen Romanen unserer Zeit. In: Das Komische (hrsg. v. Wolfgang Preisendanz und Rainer Warning). München 1976 (=Poetik und Hermeneutik VII), S. 153 – 164.

Reich-Ranicki, Marcel: Mein Leben. Stuttgart, 2. Aufl. 1999.

Ritter, Joachim: Über das Lachen. In: J. R.: Subjektivität. Sechs Aufsätze. Frankfurt/M. 1989 [1940], S. 62 – 92.

Rousseau, Jean-Jacques: Emile oder Über die Erziehung (hrsg., eingeleitet u. mit Anm. versehen v. Martin Rang). Stuttgart 1963 [1762].

Scheuer, Helmut: Biographische Romane der 70er Jahre – Kunst und Wissenschaft. In: Der Deutschunterricht 43, H. 4, 1991, S. 32 – 42.

Schmidt-Dengler Wendelin; Zeyringer, Klaus: Komische Diskurse und literarische Strategien. Komik in der österreichischen Literatur – eine Einleitung. In: Komik in der österreichischen Literatur (hrsg. v. Wendelin Schmidt-Dengler, Johann Sonnleitner und Klaus Zeyringer). Berlin 1996 (=Philologische Studien und Quellen, hrsg. v. Hugo Steger, Hartmut Steinecke, Horst Wenzel, H. 142), S. 9 – 19.

Schopenhauer, Arthur: Die Welt als Wille und Vorstellung (hrsg. v. Ludger Lütkehaus nach der Ausgabe letzter Hand; hier: der dritten, verbesserten und beträchtlich vermehrten Auflage). Zürich 1988 [Leipzig 1859] [1819], Band 1 und 2 der Werke in 5 Bänden.

Schopenhauer, Arthur: Vom Tod. In: Vom Nutzen der Nachdenklichkeit. Ein Schopenhauer-Brevier (mit einem Nachwort hrsg. v. Otto A. Böhmer). München, 4. Aufl. 1992, S. 147 – 160.

Schutte, Jürgen: Einführung in die Literaturinterpretation. Stuttgart 1990.

Schwind, Klaus: Lexikonartikel über „Komisch". In: Ästhetische Grundbegriffe. Historisches Wörterbuch in 7 Bänden, Bd. 3 (hrsg. v. Karlheinz Barck u. a.). Stuttgart 2001, S. 332 – 384.

Segebrecht, Wulf: Über Anfänge von Autobiographien und ihre Leser. In: Die Autobiographie. Zu Form und Geschichte einer Gattung (hrsg. v. Günter Niggl). Darmstadt 1989 (=Wege der Forschung, Bd. 565), S. 158 – 169.

Sill, Oliver: Zerbrochene Spiegel. Studien zur Theorie und Praxis modernen autobiographischen Erzählens. Berlin, New York 1991 (=Quellen und Forschungen zur Sprach- und Kulturgeschichte der germanischen Völker. Begr. v. Bernhard Ten Brink und Wilhelm Scherer. Neue Folge, hrsg. v. Stefan Sonderegger, 98; 222).

Spillmann, Hans Otto: Einführung in die germanistische Linguistik. Kassel 2000 (=Germanistische Fernstudieneinheit 5, hrsg. v. Britta Hufeisen u. Volker Kilian).

Stanzel, Franz K.: Theorie des Erzählens. Göttingen, 3. Aufl. 1985.

Starobinski, Jean: Der Stil der Autobiographie. In: Die Autobiographie. Zu Form und Geschichte einer literarischen Gattung (hrsg. v. Günter Niggl). Darmstadt 1989 (=Wege der Forschung, Bd. 565), S. 200 – 213.

Stierle, Karlheinz: Komik der Handlung, Komik der Sprachhandlung, Komik der Komödie. In: Das Komische. Hrsg. v. Wolfgang Preisendanz und Rainer Warning. München 1976 (= Poetik und Hermeneutik, Bd. VII), S. 237 – 268.

Stierle, Karlheinz: Komik der Lebenswelt und Komik der Komödie. In: Das Komische (hrsg. v. Wolfgang Preisendanz und Rainer Warning). München 1976 (=Poetik und Hermeneutik VII); Statements der Autoren, S. 372 – 373.

Trautwein, Wolfgang: Komödientheorien und Komödie. Ein Ordnungsversuch. In: Jahrbuch der deutschen Schillergesellschaft (hrsg. v. Fritz Martini u. a.), 27. Jg. 1983, S. 86 – 123.

Trier, Jost: Der deutsche Wortschatz im Sinnbezirk des Verstandes. Von den Anfängen bis zum Beginn des 13. Jahrhunderts. Heidelberg, 2. Aufl. 1973 [1931].

Ueding, Gert: Rhetorik des Schreibens. Eine Einführung. Weinheim, 4. Aufl. 1996.

Volkelt, Johannes: System der Ästhetik, Bd. II. München, 2. Aufl. 1925.

Voß, Ursula (Hrsg): Kindheiten. Gesammelt aus Lebensberichten (mit einem Vorwort v. Gabriel Laub). München 1979.

Wagner-Egelhaaf, Martina: Autobiographie. Stuttgart, Weimar 2000.

Waldmann, Günter: Autobiografisches als literarisches Schreiben: kritische Theorie, moderne Erzählformen und –modelle, literarische Möglichkeiten eigenen autobiografischen Schreibens. Hohengehren 2000.

Weber, Karl Julius: Demokritos oder Hinterlassene Papiere eines lachenden Philosophen. In neuer Anordnung herausgegeben von Dr. Karl Martin Schiller. Leipzig 1927.

Weinrich, Harald: Lethe. Kunst und Kritik des Vergessens. München 1997.

Wittgenstein, Ludwig: Tractatus logico-philosophicus. Logisch-philosophische Abhandlung. Frankfurt/M. 1963 [1921].

Wolf, Christa: Kindheitsmuster. Darmstadt 1977 [Berlin u. Weimar 1976].

IV Hilfsmittel

Grimm, Jacob und Wilhelm: Deutsches Wörterbuch, Bd. 11 = Bd. 5 (bearb. v. Rudolf Hildebrand). München 1984 [1873].

Kluge, Friedrich: Etymologisches Wörterbuch der deutschen Sprache. Berlin, New York, 21. unveränderte Aufl. 1975 [1883].

NACHWORT

„Eine Frau, die wirklich natürlich ist, also das, was man unter einer Frau versteht, würde nie so einen Blödsinn schreiben und verzapfen. Die steigert sich auch nicht in sowas hinein. Die muß ja schon völlig verschroben und verbildet und ruiniert sein, daß sie fähig ist, Germanistin zu werden. Das wird man ja nur, wenn man eh schon einen Mordstick hat und einen Krampf und einen Ausweg sucht. Germanisten werden die Leut' ja nicht aus Liebe zur Dichtung oder Kunst, sondern weil ihnen alle anderen Möglichkeiten als Chauffeur, Bäcker oder Schlosser völlig verwehrt sind."

(Thomas Bernhard in einem Gespräch mit Kurt Hofmann, S. 103.)

Diese Äußerung des großen Provokateurs wird kaum jemand ernst nehmen. Doch nicht immer tritt das Komische bei Bernhard so offensichtlich zutage wie hier, obwohl es ein fester und reizvoller Bestandteil seines Werkes ist. Das Komische in seiner Autobiographie zu erhellen und seine Funktion für den Textsinn zu ergründen, war das Anliegen meiner Untersuchung.
Meinem Lehrer an der Kasseler Universität, Herrn Professor Dr. Wolfram Buddecke, danke ich dafür, daß er diese Arbeit angeregt und begleitet hat und Herrn Professor Dr. Helmut Scheuer für vielfältige konstruktive Hinweise.
Während der Schreibarbeit hat meine Familie ihre „völlig verschroben[e] [...] Germanistin" (s. o.) geduldig ertragen und liebevoll unterstützt. So sei meiner Mutter, meinem Mann und meinen Kindern gedankt, vor allem meinem Sohn Philipp, ohne dessen Geduld und Hilfe mir der Computer zur „katastrophalen Verstümmelungsmaschinerie" (U 77) geraten wäre.

A. M.

Mona Hashem

Satirische Elemente im dramatischen Werk Frank Wedekinds

Frankfurt am Main, Berlin, Bern, Bruxelles, New York, Oxford, Wien, 2005.
XIV, 234 S.
Europäische Hochschulschriften: Reihe 1, Deutsche Sprache und Literatur.
Bd. 1912
ISBN 3-631-53118-4 · br. € 42.50*

Die Arbeit geht von der These aus, daß Wedekinds Dramen nur aus ihrer satirischen Grundhaltung heraus richtig interpretiert werden können. Nach dem Herausarbeiten der satirischen Elemente wird darüber reflektiert, inwiefern die Verbindung von Satire und Drama die Gattung des Dramas vor dem literarischen Aussterben bewahren konnte.

Aus dem Inhalt: Die Krise des Dramas · Wedekinds satirischer Gegenentwurf · Die Interpretationen der Dramen: *König Nicolo, Die junge Welt, Frühlings Erwachen* und *Oaha. Die Satire der Satire* · Das Verhältnis Tragödie-Satire und Komödie-Satire

Frankfurt am Main · Berlin · Bern · Bruxelles · New York · Oxford · Wien
Auslieferung: Verlag Peter Lang AG
Moosstr. 1, CH-2542 Pieterlen
Telefax 00 41 (0) 32 / 376 17 27

*inklusive der in Deutschland gültigen Mehrwertsteuer
Preisänderungen vorbehalten
Homepage http://www.peterlang.de